ZHIYE JINENG PEIXUN JIANDING JIAOCAI

■ 职业技能培训鉴定教材 ■

本书编审人员

主　编　尹立俊

副主编　宋　维

主　审　沈百渭

参　审　徐卫人

无线电调试工

（中级）

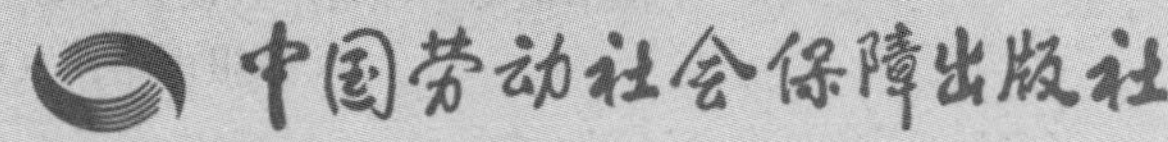

图书在版编目(CIP)数据

无线电调试工：中级/人力资源和社会保障部教材办公室组织编写. —北京：中国劳动社会保障出版社，2010

职业技能培训鉴定教材

ISBN 978-7-5045-8273-7

Ⅰ. 无… Ⅱ. 人… Ⅲ. 无线电技术：测试技术-职业技能鉴定-教材 Ⅳ. TN06

中国版本图书馆 CIP 数据核字(2010)第 085113 号

中国劳动社会保障出版社出版发行

(北京市惠新东街 1 号 邮政编码：100029)

出 版 人：张梦欣

*

三河市华骏印务包装有限公司印刷装订 新华书店经销

787 毫米×1092 毫米 16 开本 10.5 印张 226 千字

2010 年 5 月第 1 版 2023 年 2 月第 10 次印刷

定价：20.00 元

营销中心电话：400－606－6496

出版社网址：http://www.class.com.cn

内容简介

本教材由人力资源和社会保障部教材办公室组织编写。教材以《国家职业标准·无线电调试工》为依据，紧紧围绕“以企业需求为导向，以职业能力为核心”的编写理念，力求突出职业技能培训特色，满足职业技能培训与鉴定考核的需要。

本教材详细介绍了中级无线电调试工要求掌握的最新实用知识和技术。全书分为3个模块单元，主要内容包括：调试前准备、装接质量复检和调试。每一单元后安排了单元测试题及答案，书末提供了理论知识和操作技能考核试卷，供读者巩固、检验学习效果时参考使用。

本教材是中级无线电调试工职业技能培训与鉴定考核用书，也可供相关人员参加岗位培训使用。

前言

1994年以来，劳动和社会保障部职业技能鉴定中心、教材办公室和中国劳动社会保障出版社组织有关方面专家，依据《中华人民共和国职业技能鉴定规范》，编写出版了职业技能鉴定教材及其配套的职业技能鉴定指导200余种，作为考前培训的权威性教材，受到全国各级培训、鉴定机构的欢迎，有力地推动了职业技能鉴定工作的开展。

劳动保障部从2000年开始陆续制定并颁布了国家职业标准。同时，社会经济、技术不断发展，企业对劳动力素质提出了更高的要求。为了适应新形势，为各级培训、鉴定部门和广大受培训者提供优质服务，教材办公室组织有关专家、技术人员和职业培训教学管理人员、教师，依据国家职业标准和企业对各类技能人才的需求，研发了职业技能培训鉴定教材。

新编写的教材具有以下主要特点：

在编写原则上，突出以职业能力为核心。教材编写贯穿"以职业标准为依据，以企业需求为导向，以职业能力为核心"的理念，依据国家职业标准，结合企业实际，反映岗位需求，突出新知识、新技术、新工艺、新方法，注重职业能力培养。凡是职业岗位工作中要求掌握的知识和技能，均作详细介绍。

在使用功能上，注重服务于培训和鉴定。根据职业发展的实际情况和培训需求，教材力求体现职业培训的规律，反映职业技能鉴定考核的基本要求，满足培训对象参加各级各类鉴定考试的需要。

在编写模式上，采用分级模块化编写。纵向上，教材按照国家职业资格等级单独成册，各等级合理衔接、步步提升，为技能人才培养搭建科学的阶梯型培训架构。横向上，教材按照职业功能分模块展开，安排足量、适用的内容，贴近生产实际，贴近培训对象需要，贴近市场需求。

在内容安排上，增强教材的可读性。为便于培训、鉴定部门在有限的时间内把最重要的知识和技能传授给培训对象，同时也便于培训对象迅速抓住重点，提高学习效率，在教材中精心设置了"培训目标"等栏目，以提示应该达到的目标，需要掌握的重点、难点、鉴定点和有关的扩展知识。另外，每个学习单元后安排了单元测试题，每个级别的教材都提供了理论知识和操作技能考核试卷，方便培训对象及时巩固、检验学习效果，并对本职业鉴定考核形式有初步的了解。

本书在编写过程中得到北京市人力资源和社会保障局、北京市第五十一职业技能鉴定所的大力支持和热情帮助，在此一并致以诚挚的谢意。

编写教材有相当的难度，是一项探索性工作。由于时间仓促，不足之处在所难免，恳切希望各使用单位和个人对教材提出宝贵意见，以便修订时加以完善。

人力资源和社会保障部教材办公室

目录

第1单元

调试前准备

第一节 调试工艺文件准备

→ 掌握编制工艺文件的原则
→ 能够按功能单元的调试要求准备好其工艺文件
→ 能够阅读和领会功能单元调试工艺文件中的调试目标和方法

一、设计文件管理制度

设计文件就是记录设计信息的媒体，是在产品的研究、设计、试制和生产过程中，通过不断的积累而形成的图样及技术资料。

设计文件应全面表述产品的软、硬件组成、形式、结构、接口、原理等设计信息，以及在制造、验收、使用、维护和修理时所必需的技术数据和说明。它是产品研究、设计、试制与生产实践经验积累所形成的技术资料，为组织生产和使用产品提供基本依据。编制设计文件时，应根据产品的复杂程度、继承程度、生产批量、组织生产的方式以及试制与生产等特点确定其内容和组成。在满足组织生产和使用要求的前提下，按照少而精的原则编制设计文件。产品设计文件应准确、清晰，设计文件之间应协调，其编制应符合相关的标准。用不同媒体记录同一产品设计文件时应标识相同的设计文件的编号和更改标记，其记载的技术内容应一致。产品设计文件应给出编号。

设计文件被用来组织和指导企业内部的产品生产；设计文件中的使用说明能够指导产品使用人员对产品进行安装和使用；维修人员根据设计文件提供的技术说明可以对产品进行维修；技术人员和单位利用设计文件提供的产品信息进行技术交流，相互学习，不断提高产品水平。此外，行政主管部门和监督部门对产品进行监测，也离不开设计文件提供的产品信息。由此可见，设计文件的作用十分重要。

电子产品设计文件通常由产品开发设计部门编制和绘制，经工艺部门和其他有关部门会签、开发部门技术负责人审核批准后生效。

1. 设计文件的分类

(1) 设计文件按其表达形式分类

1) 图样。以投影关系绘制并用于说明产品加工和装配要求的设计文件，如装配图、外形图、零件图等。

2) 简图。以图形符号为主绘制，用于说明产品的装配连接、有关工作原理和其他示意性内容的设计文件，如框图、电路图、接线图、印制板图等。

3) 文字内容。以文字的方式说明产品的组成和技术要求情况的设计文件，如技术条件（企业标准、产品详细规范）、技术说明、使用说明、安装说明、调试说明等。

4) 表格。以表格的方式说明产品的组成和技术要求情况的设计文件，如明细表、接线表、汇总表等。

（2）设计文件根据生成的过程和使用特征分类

1）草图。设计产品时一种临时性的可用徒手方式绘制的原始图样。

2）原图。供绘制底图用的设计图样。

3）底图。作为产品确定的基本凭证图样，是用来复制、复印图的设计文件。底图可分为外基本底图和副底图。

4）复制图。用底图晒制、照相等方法复制，供生产时使用的图样文件，可分为晒制复印图（蓝图）和照相复印图。

5）载有程序的媒体。载有完整独立的功能程序的媒体，如载有设计程序的计算机磁盘、光盘、U盘等。

（3）设计文件按记录信息的媒体分类

1）非纸质。如磁盘（软盘、硬盘）、光盘、磁带等。

2）纸质。如硫酸底图样、晒图样、印刷纸、打印纸、照相纸、复印纸等。

（4）设计文件依据产品研制阶段分类

1）试制设计文件。

2）设计定型设计文件。

3）生产定型设计文件。

2. 设计文件的组成

每个产品都有成套的设计文件，一套设计文件的组成部分随产品的复杂程度、生产特点的不同而不同。产品设计文件的成套性是指以产品为对象所编制的设计文件的总和，是产品设计试制完成后应具备的设计文件。电子设备产品设计文件的成套性见表1—1。

表1—1　　电子设备产品设计文件的成套性

序号	文件名称	文件简号	产品		产品的组成部分		
			成套设备	整机	整件	部件	零件
			1级	2、3、4级	2、3、4级	5、6级	7、8级
1	产品标准	—	●	●	—	—	—
2	零件图	—	—	—	—	—	●
3	装配图	—	—	●	●	●	—
4	媒体程序图	—	—	—	■	■	—
5	外形图	WX	—	○	○	○	○
6	安装图	AZ	○	○	—	—	—
7	总布置图	BL	○	—	—	—	—
8	概略图（框图）	FL	○	○	○	—	—
9	信息处理流程图	XL	—	—	□	—	—
10	电路图	DL	○	○	○	—	—

续表

序号	文件名称	文件简号	产品		产品的组成部分		
			成套设备	整机	整件	部件	零件
			1级	2、3、4级	2、3、4级	5、6级	7、8级
11	接线图	JL	—	○	○	○	—
12	线缆连接图	LL	○	○	—	—	—
13	机械传动图	CL	○	○	○	○	—
14	其他图	T	○	○	○	○	—
15	程序	CX	—	—	■	—	—
16	软件规范文本	RB	—	—	□	—	—
17	技术条件	JT	—	—	○	○	○
18	技术说明书	JS	●	●	○	—	—
19	使用说明书	SS	○	○	—	—	—
20	软件生产操作说明	CS	—	—	□	□	—
21	说明	S	○	○	○	○	—
22	表格	B	○	○	○	○	—
23	明细表	MX	●	●	●■	—	—
24	整件汇总表	ZH	○	○	—	—	—
25	备附件及工具汇总表	BH	○	○	—	—	—
26	成套运用文件清单	YQ	○	○	—	—	—
27	其他文件	W	○	○	○	○	—

注：①产品的分级。电子产品及其组成部分按结构特征及用途可分成8个等级。7级和8级代表零件级；5级和6级代表部件级；2级、3级和4级代表整件级；1级代表成套设备。

②表中“●”“■”分别表示硬件、软件必须编制的文件；“○”“□”分别表示硬件、软件应根据产品的生产和使用的需要而编制的文件。“—”表示不需编制的文件。

③表中“其他图（T）”“说明（S）”“表格（B）”和“其他文件（W）”4个文件简号的右方，允许加数字作为序号，并应从本身开始算起，如S、S_1、S_2等。

④必要时，可在程序（CX）文件简号后加脚点和后缀，后缀由企业自定。

⑤在表1—1中，当零件需要绘制外形图时，则可不绘制零件图。

⑥产品较简单时，可只编制使用说明书，而不编制技术说明书。

3. 整机装配常用设计文件介绍

（1）电路图。电路图是用于说明产品各元器件或单元电路间相互关系及电气工作原理的图样，它是产品设计和性能分析的原始资料，也是编制印制电路板、装配图和接线图的依据。在装接、检查、试验、调整和使用产品时，电路图与接线图一起使用。图1—1所示为有线对讲机的电路图。

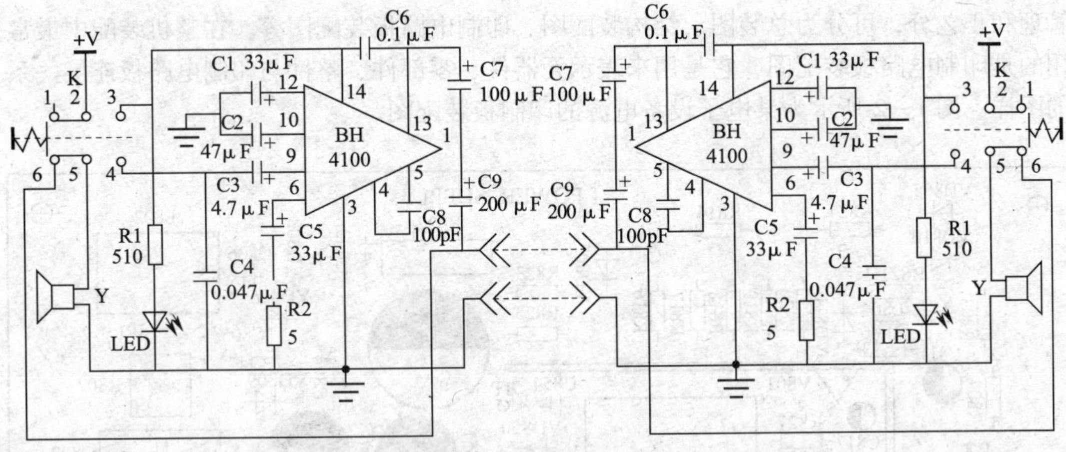

图 1—1 有线对讲机电路图（产品原因）

电路图的绘制应遵循以下规定：

1）电路图中所有元器件以国家标准规定的简图图形符号表示。各元器件图形符号的附近标注元器件的项目代号。各元器件的项目代号一般由元器件的文字符号和序号组成。对于几个单元组成的产品，必要时元器件顺序号也可以按单元编制，此时在文字符号的前面加一该单元的项目代号，并与文字符号写在同一行上。

2）有时为了清晰方便，某些单元电路在电路图上可以用方框符号表示，并单独绘制其电路图。

3）各图形符号在图上的配置可根据产品的基本工作原理，自左向右或自上而下排列成一列或数列，以图面紧凑清晰、便于看阅、顺序合理、连线短且交叉最少为原则。此外，对组合元器件可分开绘制图形符号，如继电器。

4）电路图上的组件可另外列出明细表，标明各组件的项目代号、名称、型号及数量。

（2）明细表。明细表是用以确定产品组成内容及其数量的基本设计文件，是构成产品（或某部分）的所有零部件、元器件和材料的汇总表，也叫物料清单。明细表是产品资料配套、生产准备的技术依据。

（3）装配图。装配图是表示产品、组件、部件各组成部分装配组合相互关系的图样。在装配图上，仅按直接装入的零、部、整件的装配结构进行绘制，要求完整、清楚地表示出产品的组成部分及其结构总形状。

装配图一般应包括以下内容：

1）各种必要的视图。

2）装配时需要检查的尺寸及其偏差。

3）外形尺寸、安装尺寸、与其他产品连接的位置和尺寸。

4）装配过程中或装配后的加工要求。

5）装配过程中需借助的配合或配制方法。

6）其他必要的技术要求和说明。

装配图的种类有很多，按产品的级别分，可分为部件装配图和整件装配图；按生产管理和工艺分，可分为总装图、结构装配图、印制电路板装配图等。在整机装配中最常用的是印制电路板装配图，它是用来表示元器件、零部件、整件与印制电路板连接关系的图样。图 1—2 所示为某电子设备电源的印制板装配图。

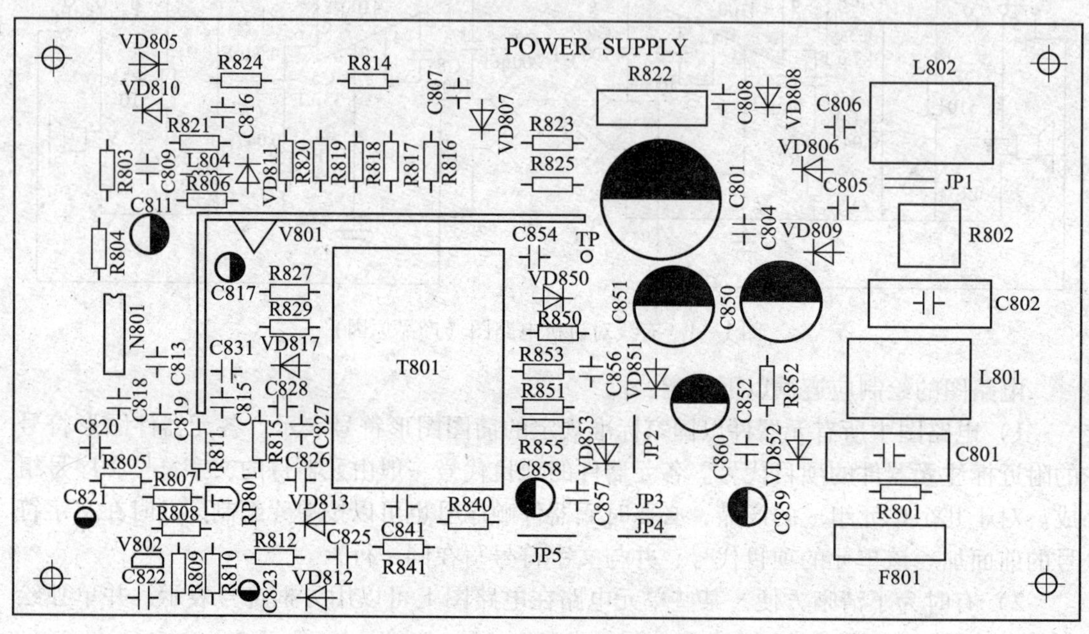

图 1—2　电源印制板装配图

印制电路板装配图的绘制应遵循以下规定：

①元器件在装配图上一般以图形符号表示，有时也可以用简化的外形轮廓表示，但此时必须将与装配方向相关的符号、代号和文字标注清楚。

②元器件只装在一面的装配图，画一个视图即可。如果两面均装有元器件，则应以元器件较多的一面为主视图，另一面为后视图画出两个视图。

③若印制电路板有一面仅分布很少的元器件，则可以只画一个视图。而反面的元器件用符号表示时，符号画成实线，引线画成虚线；用外形轮廓表示时，应用虚线画。在这种情况下，两面上的元器件在视图上不能重叠，以正面元器件排列为主，将反面元器件的引线迂回画出。

④在印制电路板装配图上一般不画出印制导线。同时标出印制导线和元器件的图，称为检修图。

⑤对于变压器等元器件，不仅要在装配图上表示其位置所在，还应该将其引线编号或引线套管颜色标注清晰。

⑥在印制电路板装配图中，应分别使用实心圆点和空心圆点表示需焊接的穿孔和不需焊接的穿孔。

（4）接线图。接线图是按照产品装接面上各元器件的相对位置关系和接线点实际位置绘制的略图，能够表示产品部件、整件内部的接线情况。接线图主要用于产品的安装接线、线路检查和线路维修。常用的接线图有直连型、简化型和接线表等，主要特点及绘制方法如下：

1）直连型接线图。这种接线图类似于实物图，将各个零部件之间的接线用连线直接画出来，对于简单电子产品既方便又实用。

①接线图主要用于表示接线关系，因此图中各个零件主要画出接线板、接线端子等与接线有关的部位，其他部分则可以简化或者省略。但各零件的位置及方向等要同实际的位置及方向对应，比例可适当调整。

②连线可以用任意线条表示，但大多数情况下都采用直线表示，目的是为了保持图形的整齐、美观。

③导线的规格、颜色等如果有特定的要求或其他方面的一些特殊要求，应在布线图中的导线附近标注清楚。如果没有标注，那就意味着由制作者任意选择。

图 1—3 所示为某稳压电源直连型接线图。

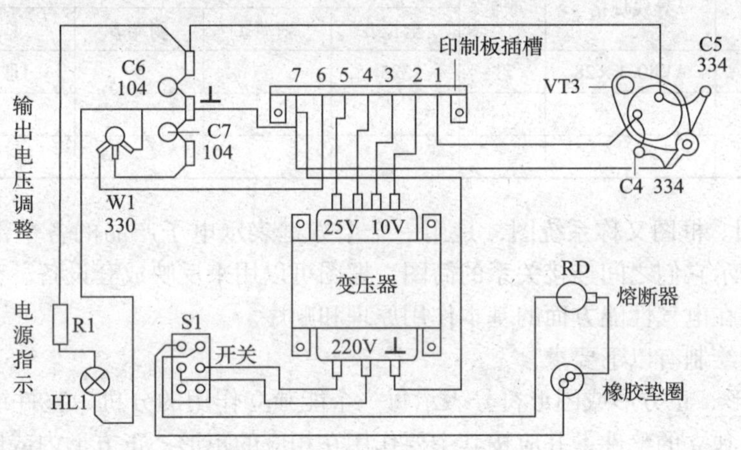

图 1—3　稳压电源直连型接线图

2）简化型接线图。直连型接线图虽然识读方便、使用简明，但对于复杂产品来说，绘图比较费时，而且连线太多并互相交错，识读图时容易出错。在这种情况下，可以使用简化接线图。简化型接线图的主要特点如下：

①汇集成束的导线，可以用单线表示，用圆弧或 45°线表示结合的部位。用粗线表示线束，其形状及走向必须与实际的线束相似。

②在每根导线的两端，应该标明端子的号码。

③在简化接线图中，也可以将导线的规格、颜色等要求直接标注出来。

④零部件只画出简单轮廓，不必画出实物，即以结构的形式画出来。同时，可以用符号表示元器件，用单线表示导线，与接线无关的零部件可以不画。

图 1—4 所示为步进电动机实验装置的简化型接线图。

3）接线表。上述接线图也可以用接线表表示。在接线表中，先为各零部件标明代号或序号，再编出它们接线端子的序号，将编好号码的线依次填入表 1—2 所列的表格中。这种方法较多的使用在较复杂的功能单元、整件、整机生产中。

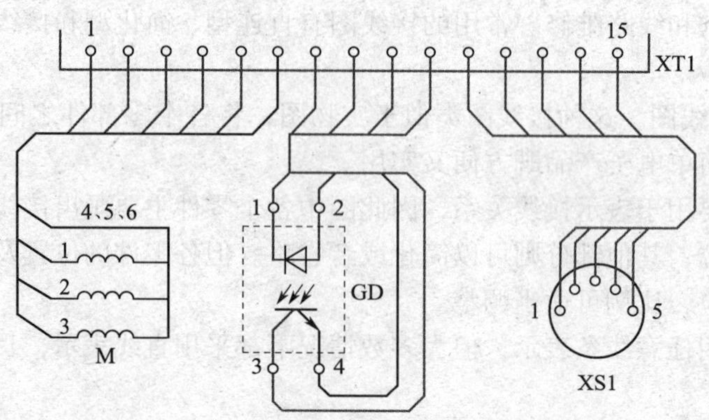

图 1—4　步进电动机实验装置简化型接线图

表 1—2　　接线表示例

序号	线号	导线规格	颜色	导线长度（mm）			连接点	
				全长 L	剥端 A	剥端 B	Ⅰ	Ⅱ
1	1－1	AVR0.1×28	红	325	5	6	JⅢ	CZⅡ
2	…	…	…					
…	…							

（5）框图。框图又称系统图，是用一个个方框表示电子产品的各个部件或功能模块，用连线表示它们之间连接关系的简图。框图可以用来反映成套设备、整件和各个组成部分及它们在电气性能方面的基本作用原理和顺序。

单元 1

对框图的绘制有以下要求：

1）用矩形、正方形或图形符号表示每一个能独立作用的分机、整件或元器件组合以及在结构上独立的整件，并应按其主要作用在相应的矩形、正方形内或图形符号上标出它们的名称、代号、主要特性参数或主要组件的型号等。

2）图中各个组成部分应按其所起作用和相互联系的先后次序，自左向右、自上而下排成一列或数列。

3）各组成部分间的连接用实线表示，机械连接用虚线表示，并在连接线上用箭头表示其作用过程和方向。必要时可将信号电平、波形、频率和阻抗等该处的特征参数标注在连接线上方。

图 1—5 所示为超外差式收音机功能框图。

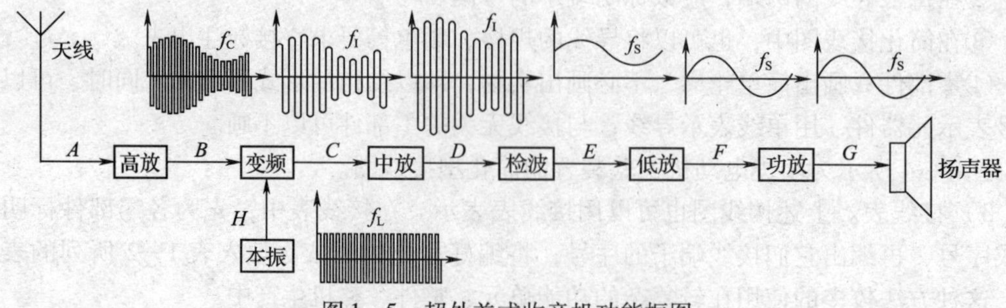

图 1—5　超外差式收音机功能框图

（6）技术条件。技术条件是对产品性能、质量、规格、技术参数、试验方法和检验要求等所作的规定，是产品设计、生产和使用的技术依据。

（7）技术说明书。技术说明书是用以说明产品的用途、性能、组成、工作原理及其使用维护方法等的设计文件，是供研究、使用和维修产品用的，其主要内容应包括产品技术参数、结构特点、工作原理、安装调整、使用和维修等内容。

二、工艺文件

工艺文件是按照一定的条件，即根据设计文件、图样及生产定型样机，结合工厂实际，如工艺流程、工艺装备、工人技艺水平和产品的复杂程度，选择产品最合理的工艺过程，将实现这个工艺过程的程序、内容、方法、工具、设备、材料以及每一个环节应该遵守的技术规程，用文字和图表的形式表示出来的文件。工艺文件的组成和内容应根据产品的生产性质、生产类型、生产阶段、产品的复杂程度及生产组织方式等情况而定。成套的工艺文件必须做到正确、完整、统一和清晰。调试工艺文件包括：根据产品标准及产品等级规格所拟订的调试内容；调试用工具、仪器、仪表等；调试接线图；调试所需的图表、数据资料；调试的方法和步骤；调试工序的人数；测试的条件与注意事项；调试安全操作规程。只有保证调试工艺完整性，才能使生产过程的稳定性、产品的一致性和可靠性得到保证。

工艺文件为生产计划部门和核算部门确定工时定额和材料定额，并控制产品的制造成本和生产效率；为生产部门提供规定的流程和工序，便于组织产品有序的生产；按照工艺文件的要求可以组织生产部门的工艺纪律管理和员工的管理。另外，工艺文件还提出各工序和岗位的技术要求和操作方法，保证操作员工生产出符合质量要求产品。可见，工艺文件是产品加工、装配、检验的技术依据，也是生产路线、计划、调度、原材料准备、劳动力组织、定额管理、质量管理、安全管理等的主要依据。有一套完整的、合理而行之有效的工艺文件体系，才能保障企业实现优质、高效、低消耗及安全的生产，获得最佳的经济效益。

工艺文件通常分为工艺管理文件和工艺规程两大类。工艺管理文件是指企业科学地组织生产和控制工艺工作的技术文件，包括工艺文件目录、工艺路线表、配套明细表、材料消耗定额表、工艺文件更改通知单等。工艺规程是指在企业生产中，规定产品或零、部、整件制造工艺过程和操作方法等的工艺文件，是工艺文件的主要部分，按使用性质可分为专用工艺规程、通用工艺规程、成组工艺规程、典型工艺规程和标准工艺规程。

1．工艺工作程序

对时间、速度、能源、方法、程序、生产手段、工作环境、组织机构、劳动管理、质量监控等生产因素科学研究的总结称为工艺工作。工艺工作在电子工业中占有重要的位置，它是一个工业企业生产中带有法规性质的工作程序，是企业全面质量管理的一个重要组成部分，也是现代企业管理中的一项基本制度，并贯穿于产品设计、制造的全过程。

在工业企业中，最基础的工作是产品的生产和生产技术管理工作。在一个企业中，把材料制成零件，把零件组装成部件、整件，都是一项复杂的工作，必须通过一种计划的形式来组织和指导。为了使生产活动有秩序地按计划进行，各企业应有一个符合本企业客观规律的工艺工作程序。

电子产品制造工艺工作程序是指电子产品从研究到生产所经过的方案论证阶段、工程设计阶段、设计定型阶段和生产定型阶段中有关工艺方面的工作规程。

（1）方案论证阶段。方案论证阶段的主要任务之一是为确定设计任务书选择最佳设计方案，这一阶段离不开对新产品的设计调研，并要求在产品设计前解决掉复杂的关键技术问题。这一阶段的另一项任务是探求把新技术的成果应用于产品设计的途径，同时为不断在产品设计中采用新技术、创造新产品打下坚实的基础，这需要有计划地了解和掌握新线路、新结构、新工艺、新理论。在方案论证阶段要对新产品设计进行调研和用户访问，搜集国内外相关资料，必要时调查研究实际使用中的技术要求。同时，还要编制研究任务书，拟订研究方案，提出专题研究课题，并就课题进行分析、计算，探讨解决问题的方法。最后，研究任务书和研究方案需经过审查并得到批准。在这一阶段完成后，应已具备各种专题研究的试验数据记录并被整理成册，同时还应具备各项专题的试验研究报告等一系列原始材料。

（2）工程设计阶段。在工程设计阶段要以被批准的研究任务书为依据，进行对产品的全面设计。此时，应编制必要的工艺文件和产品设计文件，制造出样机，并通过对样机的全面试验来检查鉴定产品的性能，从而肯定产品设计与关键工艺。在这个过程中，首先要对产品设计方案进行论证，并下达设计任务书，确定研制产品的目的、要求以及主要技术性能指标。接下来，要进行初步设计和理论计算，并根据计算和试验的结果来分配各项参数，同时还要确定采用的工作原理、基本组成部分、主要的新材料以及结构和工艺上主要问题的解决方案等。最后，进行技术设计和样机制造。经历这一阶段后，产品设计方案的论证报告、初步设计文件、技术设计文件和产品设计结构图样、产品工艺方案以及必要的工艺文件等都应已具备，还要有各种整理成册的试验原始资料、试验方法与规程。除此以外，还应具备必要的专用工艺装置、设备及其设计图样、结构的工艺性审查报告、标准化审查报告及产品的技术经济分析报告，另外还应制造出一批样机；产品需用的原材料、协作配套件及外购件汇总表也应准备好。

（3）设计定型阶段。设计定型阶段的任务是对研制出的样机进行使用现场的试验和鉴定，全面评价产品的主要性能。在这一阶段中，要评审工艺质量，对工艺文件进行补充与完善，并对设计文件的正确性进行全面考验，使工艺得到进一步的稳定和改进，为产品生产定型做好生产技术准备工作。首先，要现场试验检查产品的主要性能指标是否与设计任务书中的规定和要求相符合，并在反复试验的基础上编写技术说明书、修改产品设计文件。再对工艺方案，具有关键零件、重要部件、关键工序的工艺文件，特种工艺的工艺文件，所采用的新工艺、新结构、新理论、新材料以及新线路、新器件的使用和试验结果等各种工艺文件进行重点审查，并做出修改或补充。然后，进行样机试生产并进行产品成本概算。最后，通过召开设计定型会，对样机试生产提出结论性意见。经历设计定型阶段后，应已具备修改过的产品设计文件、产品技术说明书、各项工艺文件的审查结论、设计定型会的全部资料和样机结论性意见，并根据需要选定标准样机。

（4）生产定型阶段。生产定型阶段的任务是在总结产品设计定型的基础上，按照正式生产的生产类型要求，提出生产定型的各项工艺技术准备工作。在这一阶段中，全套工艺文件应被编制完善，并制定批量生产的工艺方案。接下来，培训人员组织指导批量生产，确定批量生产时的流水线和劳动组织。然后，进行工艺标准化和工艺质量审查。最后，通过生产定型会，得出结论性意见。生产定型工作结束后，应已具备批量生产全套工艺文件的工艺方案和满足批量生产所需的工艺装置、专用设备及其设计图样，还有工艺文件成套性审查结论、明确的生产成本、产品生产定型会的全部资料和结论性意见。

2. 工艺文件的编制原则

工艺文件的编制既要保证产品的质量、有利于生产的稳定，又要保证进行加工的工艺手段最经济、最合理。编制工艺文件时应遵循以下几点原则：

（1）编制工艺文件，要区别对待批量大小、技术指标高低和复杂程度不同的产品。根据具体情况，对于一次性生产产品，可编制临时的工艺文件或参照借用同类产品的工艺文件。

（2）对于未定型的产品，可以编写临时工艺文件或编写部分必要的工艺文件。

（3）编制工艺文件必须保证编制的工艺文件切实可行，不仅要考虑到车间的组织形式、工艺装备，工人的技术水平等情况也要认真考虑。

（4）工艺文件应该以图为主，力求达到容易识读，便于操作，必要时加注简要的说明。

（5）装调工应知应会的基本工艺规程内容，无须编入工艺文件。

在编制电子产品调试工艺文件时，还应确定产品的调试项目、主要性能指标和调试的具体方法、步骤。同时，还要考虑调试组件间、部件间的相互影响，调试人员的技术水平，调试用设备的通用性、可靠性、可操作性以及维修、安全等因素。此外，批量生产时的实际情况也应考虑，尽量采用新技术、新工艺，提高生产效率，保证产品质量和性能。通过合理的调试工艺来保证调试顺利。

3. 整机工艺文件编制要求

（1）工艺的编写需要执行审核、会签、批准手续。

（2）工艺文件应与设计文件使用相同的产品名称、编号、图号、符号、材料和元器件代号等。

（3）工艺文件的字体要正规、书写要清楚、图形要正确。工艺图上的文字说明越简明越好。

（4）工艺文件的格式、幅面要统一，图幅大小应符合国家标准，并装订成册，配齐成套。

（5）线扎图尽量采用 1∶1 的图样，并准确地绘制，以便于直接按图样做排线板排线。

（6）接线图中的接线部位要清楚，连接线的接点要明确。内部接线可假想移出展开。

（7）在工序安装图中基本轮廓应相似，安装层次表示清楚即可，不必完全按实品绘制。

4. 工艺文件格式

工艺文件格式是按工艺技术和管理要求规定的工艺文件栏目的编排形式。生产企业工艺文件常用格式有以下几种：

（1）封面。工艺文件封面是工艺文件装订成册的封面。简单产品的工艺文件可按整机装订成一册，复杂产品的工艺文件可按组成部分装订成若干册。将工艺文件的总册数填入“共×册”中；将该册文件在全套工艺文件中的序号填入“第×册”中；该册的总页数填入“共×页”中；执行批准手续后，将批准日期填写清楚。图1—6所示为电子工业工艺文件封面格式。

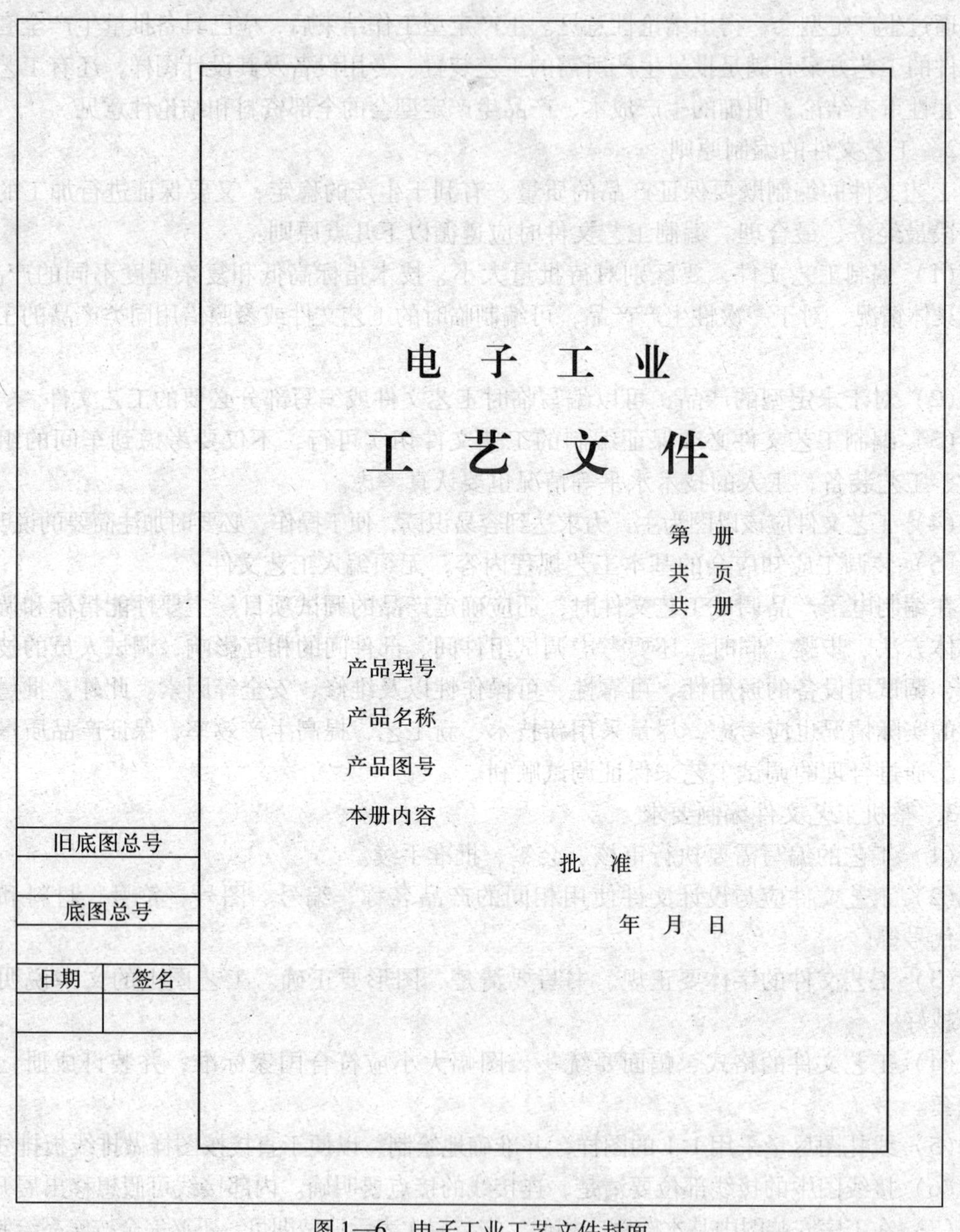

图1—6 电子工业工艺文件封面

（2）工艺文件目录。工艺文件目录是工艺文件的明细表，紧跟在工艺文件封面后。多册成套的工艺文件应具备成套工艺文件的总目录表和各分册的目录表。工艺文件目录反映产品工艺文件的齐套性，表中的“产品名称或型号”“产品图号”应与封面内容保持一致；“更改标记”栏内填写更改事项；“文件代号”栏内填写文件的简号；“拟制”“审核”栏内，由有关职能人员签署姓名和日期。图1—7所示为工艺文件目录格式。

<table>
<tr><td rowspan="3"></td><td colspan="3">工艺文件目录</td><td colspan="2">产品名称或型号</td><td>产品图号</td></tr>
<tr><td>序号</td><td>文件代号</td><td>零部件、整件
图　号</td><td>零部件、整件
名　称</td><td>页数</td><td>备注</td></tr>
<tr><td>1</td><td>2</td><td>3</td><td>4</td><td>5</td><td>6</td></tr>
<tr><td>使用性</td><td></td><td></td><td></td><td></td><td></td><td></td></tr>
<tr><td>旧底图总号</td><td></td><td></td><td></td><td></td><td></td><td></td></tr>
</table>

<table>
<tr><td colspan="2">底图总号</td><td>更改标记</td><td>数量</td><td>文件名</td><td>签名</td><td>日期</td><td colspan="2">签名</td><td>日期</td><td colspan="2" rowspan="3">第　页

共　页</td></tr>
<tr><td colspan="2" rowspan="2"></td><td></td><td></td><td></td><td></td><td></td><td>拟制</td><td></td><td></td></tr>
<tr><td></td><td></td><td></td><td></td><td></td><td>审核</td><td></td><td></td></tr>
<tr><td>日期</td><td>签名</td><td></td><td></td><td></td><td></td><td></td><td></td><td></td><td></td><td>第　册</td><td>第　页</td></tr>
</table>

图 1—7　工艺文件目录

（3）工艺路线表。工艺路线表为产品的整件、部件、零件在加工准备过程中做工艺路线的简明显示用，供企业有关部门作为组织生产的依据。“装入关系”栏以方向指示线显示产品零件、整件的装配关系；“部件用量”“整件用量”栏内填写与产品明细表对应的数量；“工艺线路表内容”栏内填写整件、部件、零件加工过程中各部门（车间）及其对应工序名称和代号。图 1—8 所示为工艺路线表格式。

		工艺路线表				产品名称或型号		产品图号
	序号	图　号	名　称	装入关系	部件用量	整件用量	工艺路线表内容	
	1	2	3	4	5	6	7	
使用性								
旧底图总号								

底图总号		更改标记	数量	文件名	签名	日期		签名	日期	第　页
							拟制			
							审核			共　页
日期	签名									
										第　册　第　页

图 1—8　工艺路线表

(4) 导线及线扎加工卡。导线及线扎加工卡供导线和线扎的加工准备及排线时使用。填写时，“线号”栏填写导线、线缆的编号或线扎图中导线的编号；“名称牌号规格”栏填写导线或线缆的名称及规格；“导线长度 mm”栏的“全长 L”“剥头 A”“剥头 B”分别填写导线的开线尺寸，导线 A、B 端头的修剥长度；“连接点”栏填写该导线 A 端从何处来，B 端到哪里去；“设备及工装”栏填写导线及线扎加工所采用的设备。图 1—9 所示为导线及线扎加工卡片格式。

导线及线扎加工卡片					产品名称				名称		
					产品图号				图号		

序号	线号	名称牌号规格	颜色	数量	导线长度mm			连接点Ⅰ	连接点Ⅱ	设备及工装	工时定量	备注
					L 全长	*A* 剥头	*B* 剥头					

旧底图总号									
底图总号							设计		
							审核		
日期	签名								
							标准化		第　页共　页
		更改标记	数量	更改单号	签名	日期	批准		

图 1—9　导线及线扎加工卡片格式

（5）配套明细表。配套明细表是编制配套用的零部件、整件及材料与辅助材料用的清单，供各有关部门在配套及领、发料时使用。填写时，“图号”“名称”“数量”栏填写相应的整件设计文件明细表的内容；一般在顺序的末尾填写配套的辅助性材料。图 1—10 所示为配套明细表格式。

		配套明细表		装配件名称		装配件图号
	序号	图号	名　称	数量	来自何处	备注
	1	2	3	4	5	6
使用性						
旧底图总号						

底图总号		更改标记	数量	文件号	签名	日期	签名		日期	第　页	
							拟制				
							审核			共　页	
日期	签名										
										第　册	第　页

图 1—10　配套明细表

（6）装配工艺过程卡。装配工艺过程卡是整机装配中的重要文件，反映整机生产全过程中各零部件、组件和整机装配的工艺流程（包括装配准备、装联、调试、检验、包装入库等），供机械装配和电气装配时使用。图 1—11 所示为装配工艺过程卡格式。

装配工艺过程卡片	产品名称		名称	
	产品图号		图号	

装入件及辅助材料			工作地	工序号	工种	工程（步）内容及要求	设备及工装	工时定额
序号	代号、名称、规格	数量						

旧底图总号									
底图总号						设计			
						审核			
日期	签名								
						标准化			
		更改标记	数量	更改单号	签名	日期	批准		第　页共　页

图 1—11　装配工艺过程卡

（7）工艺说明及简图。工艺说明及简图可做任何一种工艺过程的续卡，可供画简图、表格及文字说明时使用；也可以用来编写调试说明、检验要求及各种典型工艺文件等。图 1—12 所示为工艺说明及简图格式。

单元 1

	工艺说明及简图	名称	编号或图号
		工序名称	工序编号
使用性			
旧底图总号			

底图总号	更改标记	数量	文件号	签名	日期	签名		日期	第　页	
						拟制				
						审核			共　页	
日期　签名										
									第　册	第　页

图 1—12　工艺说明及简图

（8）材料消耗定额表。材料消耗定额表列出生产产品所需的所有原材料（包括外购件、外协件、辅助材料）的定额，一般以 1 000 套为一个单位，并留有一定的余量作为生产中间的损耗。在供应部门采购原料、财务部门核算成本时，都要以材料消耗定额表为依据。图 1—13 所示为材料消耗定额表格式。

	材料消耗定额表			产品型号和名称		产品图号
	序号	材料名称	单机用量/kg	序号	材料名称	单机用量/kg

旧底图总号	更改标记	数量	更改单号	签名	日期		签名	日期	第 页	
						拟制				
						审核			共 页	
底图总号										
						标准化			第 册	第 页

图 1—13　材料消耗定额表

（9）工艺文件更改通知单。工艺文件更改通知单供进行工艺文件内容的永久性修改时使用。“生效日期”“更改原因”及“处理意见”等栏目都要准确填写，其中“更改标记”栏应该按照图样管理制度中规定的字母进行填写。图 1—14 所示为工艺文件更改通知单格式。

<table>
<tr><td>更改单号</td><td colspan="5" rowspan="2">工艺文件更改通知单</td><td colspan="2">产品名称或型号</td><td colspan="3">零、部、整件名称</td><td colspan="3">图号</td><td colspan="2">第　页</td></tr>
<tr><td></td><td colspan="2"></td><td colspan="3"></td><td colspan="3"></td><td colspan="2">共　页</td></tr>
<tr><td>生效日期</td><td colspan="3">更改原因</td><td colspan="2">通知单的分发</td><td colspan="5"></td><td colspan="2">处理意见</td><td colspan="3"></td></tr>
<tr><td></td><td colspan="3"></td><td colspan="2"></td><td colspan="5"></td><td colspan="2"></td><td colspan="3"></td></tr>
<tr><td>更改标记</td><td colspan="6">更　改　前</td><td colspan="2">更改标记</td><td colspan="7">更　改　后</td></tr>
<tr><td></td><td colspan="6"></td><td colspan="2"></td><td colspan="7"></td></tr>
<tr><td>拟制</td><td></td><td>日期</td><td></td><td>审核</td><td></td><td>日期</td><td></td><td>标准化</td><td></td><td>日期</td><td></td><td>批准</td><td></td><td>日期</td><td></td></tr>
</table>

图 1—14　工艺文件更改通知单

三、作业指导书的识读

为了使学员对功能单元调试工艺文件有进一步地了解，以尽快掌握其阅读方法，这里以某功放模块调试作业指导书为例，以供参考。

作业指导书是指为保证过程的质量而制定的程序，有时也称为工作指导令或操作规范、操作规程、工作指引等。这里的“过程”可理解为一组相关的具体作业活动，如插件、装配、调试等。作业指导书是指导保证过程质量的最基础的文件，能为开展纯技术性质量活动提供指导。

图 1—15 所示为某功放模块调试作业指导书封面。该封面包含了一些与此工艺文件相关的主要信息，如保密级别、名称、编号、版号、编制、审核、批准、发布日期、实施日期等。

受控状态		密级	
分发号			

××公司

作 业 文 件

甲乙类功放模块调试作业指导书

编 号 SPFQ（电视）0005—2005

版 号 A

编 制

审 核

批 准

20××—12—20 发布　　　　20××—12—20 实施

图 1—15　某功放模块调试作业指导书封面

单元 1

图 1—16 所示为该调试作业指导书的内页第 1 页。此页主要描述了编制此文件的目的、文件适用范围，并列出了按该文件进行调试时所需的仪器、工具、设备，以及仪器连接图，指导调试人员进行调试环境的设置。

1. 目的

指导调试人员正确快速地完成模拟甲乙类功放模块的调试作业。

2. 适用范围

适用于分米波甲乙类功放模块的调试。

3. 仪器、工具、设备、连接图

3.1 调试使用仪器

√ 扫频仪：SIXMEN RST-2C RF
√ 频滞仪：Tektronix（泰克）2712
√ 网络分析仪：HP4396B
√ 视频信号发生器：CC5372电视测试信号发生器
√ 波形监视器：CC5441A
√ 测试发射机：R/S TV TEST TRANS MI TIER · 25–1000MHz · SBUF
√ 功率计：R/S ROWER REFLECTION METER NAP
√ 温度计：0 ~ 100℃
√ 数字万用表
√ 电源：带有限流保护装置（32V/20A）
√ 300W风冷油负载：本公司生产（驻波比：25 ~ 30dB）
√ 散热器：功放模块专用

3.2 仪器连接框图

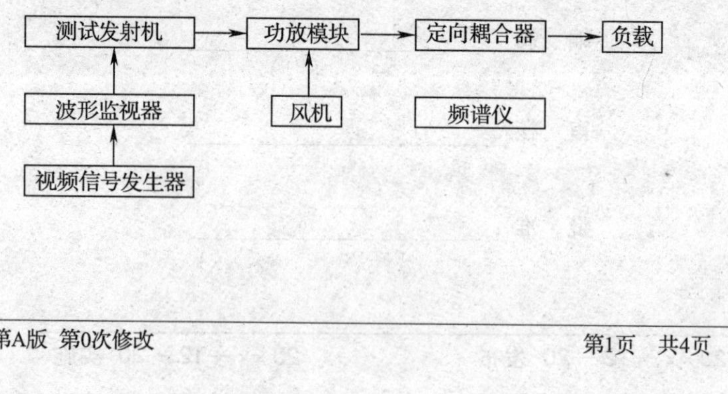

第A版 第0次修改 第1页 共4页

图 1—16 某功放模块调试作业指导书的内页第 1 页

单元 1

图 1—17 所示为该调试作业指导书内页第 2 页。此页中列出了调试要求，即调试对象应达到的标准。

4. 调试要求

4.1 静态工作点：32V/600mA ×2

4.2 带宽：470~800MHz

4.3 增益G：>13dB

4.4 输出功率：200W（同步项）

4.5 互调失具：<−45dB

4.6 DG：<5%

4.7 DP：5″

4.8 流升（满功率约2min）：<35℃（管壳根部）

4.9 互调指标如图

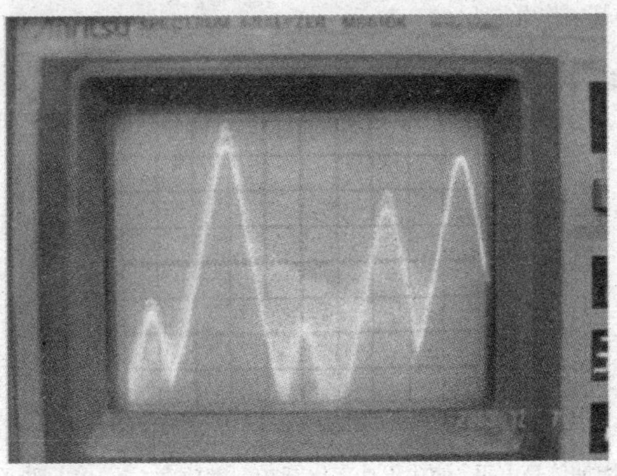

第A版 第0次修改 第2页 共4页

图 1—17 某功放模块调试作业指导书的内页第 2 页

图 1—18 所示为该调试作业指导书内页第 3 页。此页中描述了具体的调试步骤，要注意的是：这里的调试步骤是根据调试对象的实际情况设置的，不同的调试对象，其调试步骤也不尽相同。

5. 调试步骤（是否包含测试目标）

5.1 通电前检查

5.1.1 检查电路外观：印制板上有无虚焊，漏焊，5分贝线各端点位置是否正确，电容及其他元器件焊点是否完好。

5.1.2 由于调试需要，频将功放模块装到特制的散热片上进行固定，然后接入正确的供电电源。

5.1.3 冷测量：测量场效应管的栅极对地的电阻值均为2 kΩ；漏极对地的电阻值均为8~10 kΩ；测量吸收负载是否为50 Ω。

5.2 静态测试（即上电过程）

5.2.1 将模块接到扫频仪上，调节栅极偏置电位器P_3，使中心接头对地的电阻值为0 Ω。测量场效管的栅极对地阻值约为1.7 kΩ左右。

5.2.2 将电源电压降到5 V左右，再加到模块上。

5.2.3 打开电源，缓缓升压，同时反复测量供电电路上的稳压块7809输出端的电压，随着电压的升高，7809输出量电压趋于稳定不变为9 V，此时场效应管栅极的电压应为0 V，之后将电压升到稳定电压值（32 V）。

5.2.4 测量栅压，调节栅极偏置电位器P_4。使栅压由0 V增加，直至扫描仪的屏幕上出现频响增益曲线。 此时开启风机，测量电流取样电阻上的压降，再慢慢转动P_4，使其工作电流为600 mA。

5.3 频响调试

调节输入电路中电容可变电容，使放大器的增益最高，输入匹配最佳，不平度最小，尤其要针对所使用的工作频道内的匹配必须很好（优于1.1），如下图所示。

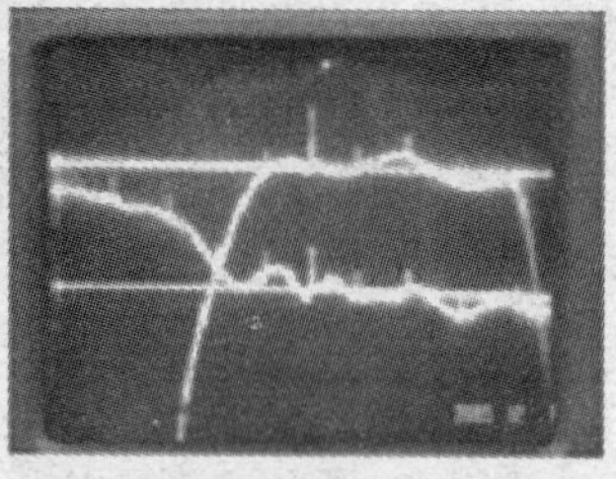

5.4 动态测试

缓慢增加信号电平，使输出功率逐渐扣到满功率（200 W同步原）因为工作状态为甲乙类，所以电流变化很大，由于频响已调好，所以尽量不要改变可变电容的参数。视具体某个频道而言，即使需要调节电容，也不要大角度转动，由于要保证两路输出的均衡，所以两侧场效应管的电流不能相差太多。尽量控制在0.54之内。

第A版 第0次修改 第1页 共4页

图 1—18 某功放模块调试作业指导书的内页第 3 页

单元 1

图 1—19 所示为该调试作业指导书内页第 4 页，即最后一页。此页中主要是对调试记录的要求。例如，对已调试对象进行编号并做标志；调试数据的收集（以表格形式）等。此外，在本页中还附上了所调功放模块的电路图，以供调试时使用。

6. 调试记录

6.1 给已调功放编号并粘贴标识。

6.2 记录各模块数据，填写《功放调试记录表》。

6.3 根据功放记录表数据进行配比组合。

功放调试记录表

机号：									
功放编号	型号/批号	V_{GS1}	V_{GS3}	P_U	$P_{※}P_{※}$	$I_{※}$	I_1	I_2	互调

另附：

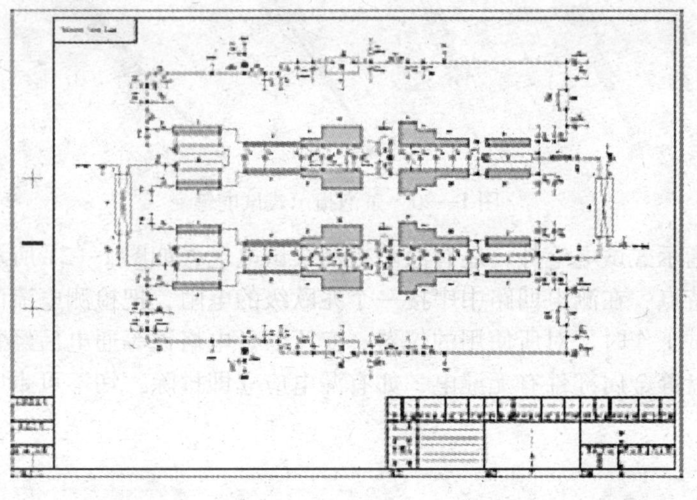

第A版 第0次修改　　　　第4页　共4页

图 1—19　某功放模块调试作业指导书的内页第 4 页

如果仔细观察还可以看出：在上述作业指导书的每一内页的页眉处均标明了其所属单位的名称和文件编号；在页脚处也都标有文件版号、修改次数和页码。

第二节　调试工艺环境设置

→ 掌握常用调试工具的用途
→ 熟悉各种仪器仪表的使用方法
→ 能够合理选用调试工具

一、常用调试工具

1. 验电笔

验电笔（试电笔）主要用来指示用电器是否带电，即是否漏电。目前使用最普遍的是氖泡指示式试电笔，如图 1—20 所示。试电笔在使用前一定要判断其工作是否正常，通常的方法是先用试电笔测量电网的相（火）线，看氖泡是否发亮，若不亮，则需要及时更换试电笔中的氖泡。在使用试电笔时，应该用手握住试电笔的柄部，并要同时触及柄部的金属部分，把试电笔的另一端（即旋具部分）插入市电 220 V 的电源插孔，其中一个插孔会使试电笔中的氖泡发亮，表明该插孔与市电电源火线相通。人体如果触及火线就会发生触电事故。

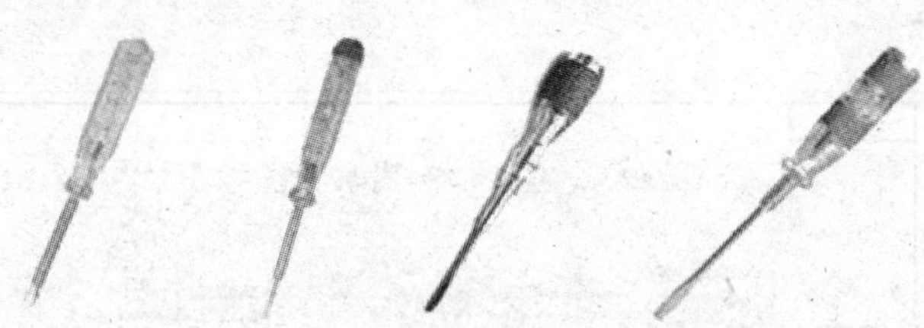

图 1—20　氖泡指示式试电笔

除了氖泡指示式试电笔外，还有液晶指示式试电笔，如图 1—21 所示。这两种试电笔具有共同的特点：在测电回路中串接一个兆欧级的电阻，把检测电流限制在安全范围内。在进行调试工作时，对所使用的仪器、变压器、电烙铁等通电后经常要用试电笔测一下外壳、底盘等金属部件有无漏电，如有漏电应立即排除，切不可带电操作，以免发生事故。

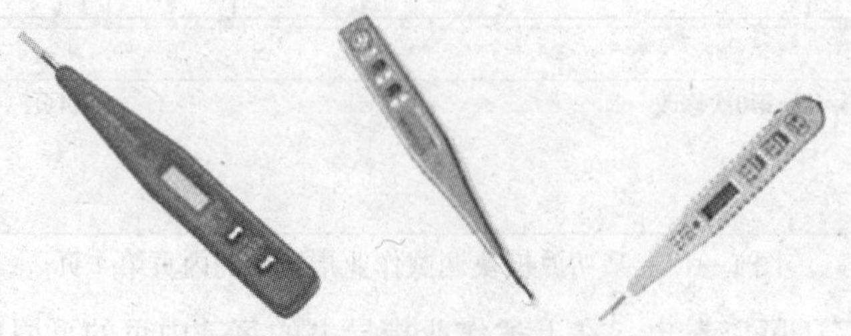

图 1—21　液晶指示式试电笔

2. 旋具

(1) 旋具。旋具也称螺丝刀、改锥、起子或解刀，用来紧固或拆卸螺钉。它的大小长短不一，种类很多，按照螺钉头部形状的不同，可分为一字和十字两种。

1）一字形旋具如图 1—22 所示。这种旋具主要用来旋转一字槽形的螺钉、木螺钉和自攻螺钉等。它有多种规格，通常说的大、小旋具是用手柄以外的旋具体长度来表示的，常用的有 100 mm、150 mm、200 mm、300 mm 和 400 mm 等几种。要根据螺钉的大小选择不同规格的旋具。若用型号较小的旋具来旋拧大号的螺钉很容易损坏旋具，使用时应注意。

2）十字形旋具如图 1—23 所示。这种旋具主要用来旋转十字槽形的螺钉、木螺钉和自攻螺钉等，其规格与一字旋具相同。使用十字形旋具时，应注意使旋杆端部与螺钉槽相吻合，否则容易损坏螺钉的十字槽。

在使用过程中，无论使用哪种旋具，都要根据螺钉尺寸合理选择使用，而不应将其当成撬棒或錾子使用。在电气调试中常用的旋具具有以下特点：

①手柄用塑料或木材制成，绝缘性能好。

②有些旋具的旋杆端部经过磁化处理，可以用来吸起小螺钉，便于操作。

还有一种无感旋具专门用来对无线电产品中电感类元件进行调试，其旋杆通常也用绝缘材料制成，可减少调试过程中旋杆或人体对电路的感应。无感旋具是电子电气行业中不可缺少的调试工具，但一般不能承受较大的扭矩，如图 1—24 所示。

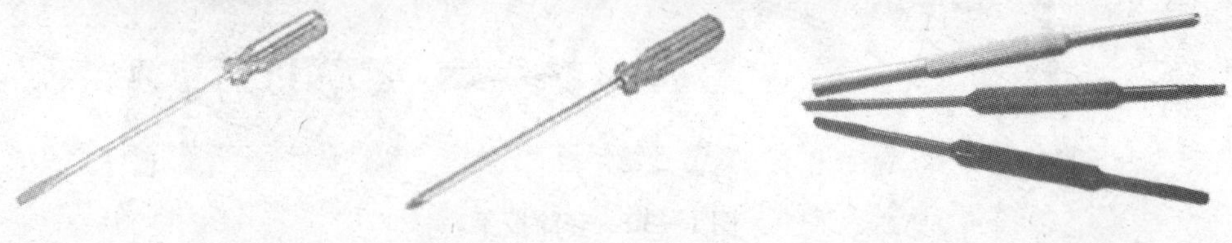

图 1—22　一字形旋具　　图 1—23　十字形旋具　　图 1—24　无感旋具

(2) 扳手。扳手是一种利用杠杆原理拧转螺栓、螺钉、螺母和其他螺纹紧固件的手工工具。扳手通常用碳素结构钢或合金结构钢制造，在柄部的一端或两端制有夹持螺栓或螺母的开口或套孔。使用时沿螺纹旋转方向在扳手柄部施加外力，就能拧转螺栓或螺母。以下介绍一些常用的扳手类型：

1）呆扳手。又叫开口扳手，一端或两端制有固定尺寸的开口，用以拧转一定尺寸的螺母或螺栓，如图 1—25 所示。

2）梅花扳手。两端具有带六角孔或十二角孔的工作端，适用于工作空间狭小，不能使用普通扳手的场合，如图 1—26 所示。

3）两用扳手。一端与单头呆扳手相同，另一端与梅花扳手相同，两端拧转相同规格的螺栓或螺母，如图 1—27 所示。

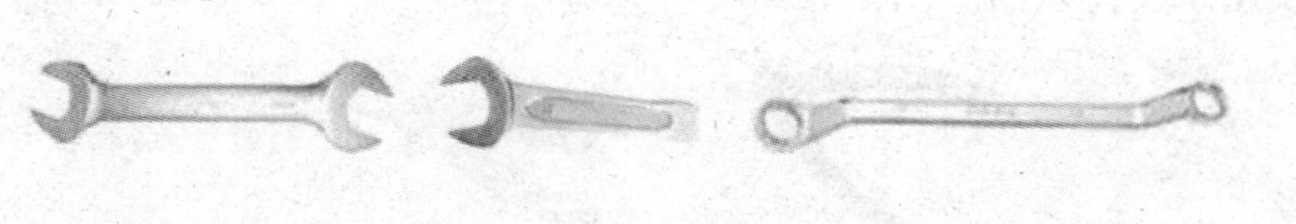

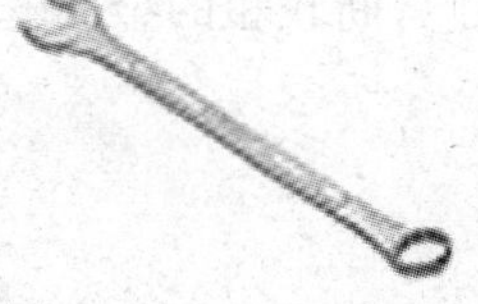

图 1—25　呆扳手　　图 1—26　梅花扳手　　图 1—27　两用扳手

4）活扳手。又叫活络扳手，开口宽度可在一定尺寸范围内进行调节，能拧转不同规格的螺栓或螺母。活扳手的使用方法如图 1—28 所示，呆扳唇在上，活扳唇在下，切不可反过来使用。

5）钩形扳手。又称月牙形扳手，用于拧转厚度受限制的扁螺母等，如图 1—29 所示。

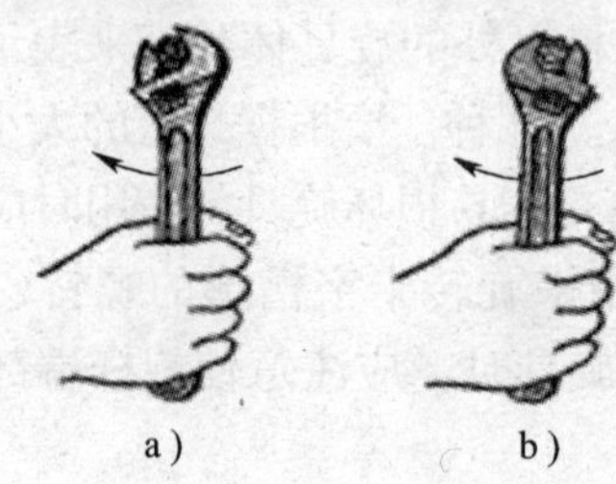

图 1—28　活扳手的使用
a）正确　b）错误

图 1—29　钩形扳手

6）套筒扳手。它是由多个带六角孔或十二角孔的套筒，并配有手柄、接杆等多种附件，特别适于在位置很狭小、凹下很深的部位及不容许手柄有较大转动角度的场合下，紧固、拆卸六角螺栓或螺母使用，如图 1—30 所示。

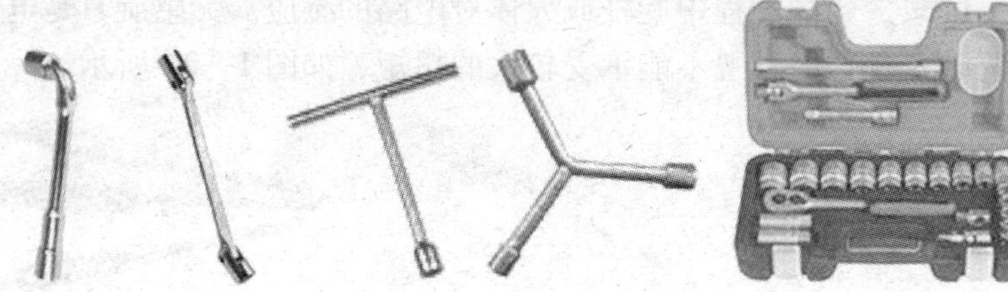

图 1—30　套筒扳手

7）内六角扳手。呈 L 形的六角棒状扳手，用于拧转内六角螺钉，如图 1—31 所示。

图 1—31　内六角扳手

8）扭力扳手。它在拧转螺栓或螺母时，能显示出所施加的扭矩；或者当施加的扭矩到达规定值后，会发出光或声响信号。扭力扳手适用于对扭矩大小有明确地规定的装配工作，如图 1—32 所示。

图 1—32　扭力扳手

3．钳子

（1）斜口钳。斜口钳可以用于剪断导线或其他较小的金属或塑料等对象，但不能用于剪断较粗的金属丝或用来夹持东西。图 1—33 所示为斜口钳。

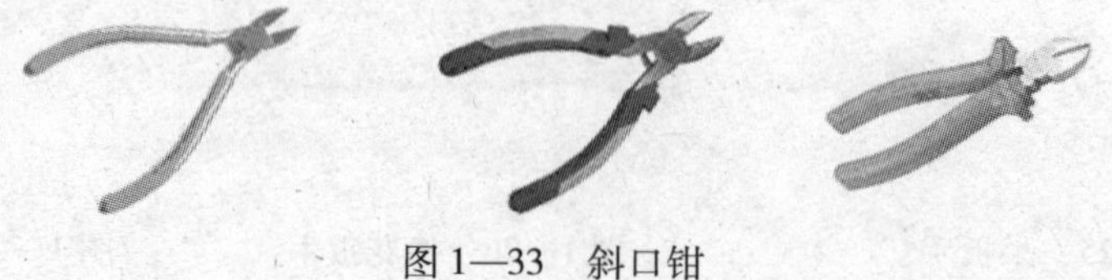

图 1—33　斜口钳

常用的斜口钳身长约 160 mm 带塑胶绝缘柄。一些斜口钳的两钳柄之间装配有弹簧或弹片，能使钳口自动张开，使用时方便省力，大大减轻了手部疲劳，提高了工作效率。斜口钳在并拢钳口时应没有间隙，用其剪断元器件的多余引线比较方便。为了保持剪切轻快、切口整齐，要经常保持钳口结合紧密、刀口锐利，如果钳口有轻微损坏或变钝的现象，可用砂轮或油石进行修磨。

斜口钳在操作时，要特别注意防止剪下的线头飞出，造成危害。在剪线时，双目不要直视被剪物，应该使钳口向下。必要时，要用遮挡物挡住飞出的线头。

（2）平口钳。平口钳又叫钢丝钳，外形如图 1—34 所示。平口钳有大平口钳和小平口钳两种，都可以用来弯曲元器件引线。小平口钳钳口平直，并拢后前部无间隙，后部稍有间隙；大平口钳钳口较厚，有纹路。在使用这两种钳子时不宜夹取螺母或其他受力较大的部位，特别是小平口钳容易变形。

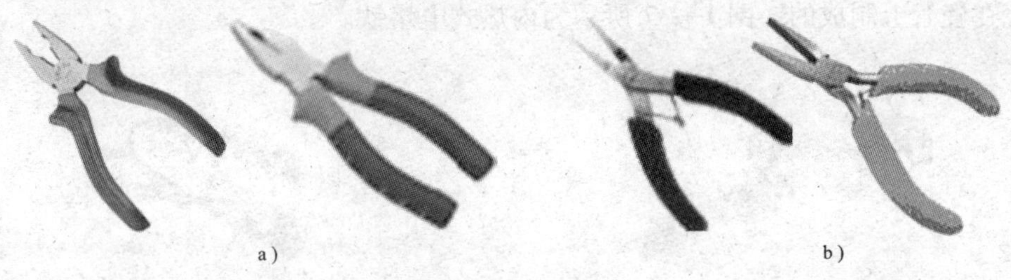

图 1—34　平口钳

a）大平口钳　b）小平口钳

（3）尖嘴钳。在处理导线打圈、小直径导线弯曲等小零件时，一般使用尖嘴钳，外形如图 1—35 所示。尖嘴钳不能用于扳弯粗导线，也不能用来夹持螺母，但是适合在其他工具难以到达的部位进行操作。焊接点上网绕导线、元器件的引线及布线、少量导线及元器件的引线成型都可用到尖嘴钳。

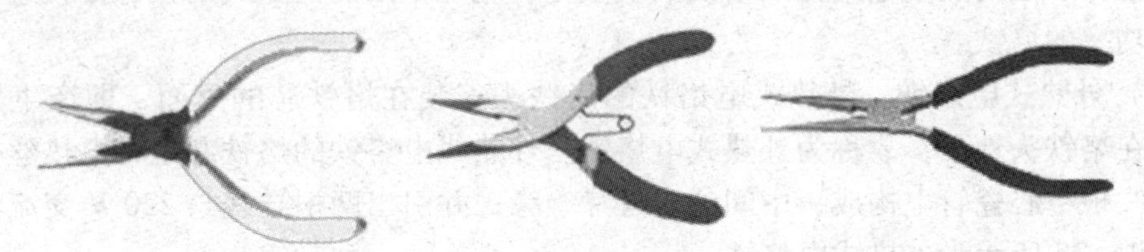

图 1—35　尖嘴钳

尖嘴钳可分为铁柄和绝缘柄、带刀口和不带刀口等几种类型。带刀口尖嘴钳的刀口一般不做剪切工具使用，在没有专用工具时也可用来剪断一些较细的导线。

尖嘴钳不能用来装拆螺母，更不能当做锤子敲击他物。不要用尖嘴钳夹取焊片等在锡锅内热浸锡，这样容易使尖嘴钳头部退火，降低钳头强度，同时也会使塑料手柄老化。带电工作时，严禁使用绝缘套破裂的尖嘴钳在非安全电压下工作。

（4）剥线钳。剥线钳用于剥去导线的绝缘层，外形如图 1—36 所示。剥线钳有钳长 140 mm 和 180 mm 两种规格，其钳口有不同直径的剥头口，用来剥去不同直径导线的绝缘层。使用时，应注意将需要剥皮的导线放入合适的槽口，剥皮时不能损伤芯线。

剥线钳使用效率高，剥线尺寸准确，不易损伤芯线。在操作时，一只手握住剥线钳的钳柄，另一只手握住待剥导线。将导线放入选定的钳口内，紧握住钳柄用力合拢，这样即可切断导线的绝缘层并将其推出，然后松开钳柄拿出导线。

4. 电烙铁

电烙铁是无线电调试中最常用的手工焊接工具之一，被广泛用于各种无线电产品的调试与维修中。随着焊接技术的发展，电烙铁的种类也不断增多，常见的有内热式电烙铁、外热式电烙铁、恒温电烙铁、调温电烙铁、吸锡电烙铁等多种类型。

（1）内热式电烙铁。内热式电烙铁的发热部分（烙铁芯）安装于烙铁头内部，其热量由内向外散发，故称为内热式电烙铁。内热式电烙铁的烙铁芯是用比较细的镍铬电阻丝绕在瓷管上制成的。图 1—37 所示为内热式电烙铁。

图 1—36　剥线钳

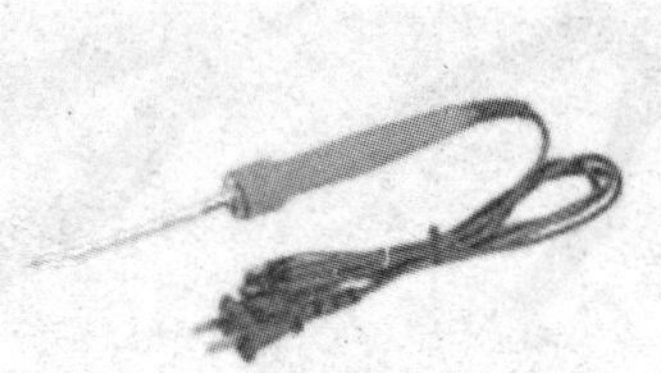

图 1—37　内热式电烙铁

内热式电烙铁的常用规格有 20 W、50 W 几种。由于它的热效率高，20 W 内热式电烙铁就相当于 40 W 左右的外热式电烙铁，烙铁的温度一般可达 350℃左右。

内热式电烙铁的热效率高，烙铁头升温快，相同功率的烙铁温度高、体积小、质量轻，特别适合修理人员或业余电子爱好者使用，也适合偶尔需要临时焊接的工种，如调试、质检等。但内热式电烙铁的烙铁头易氧化、烧死，因而内热式烙铁寿命较短，不适合做大功率的烙铁。

（2）外热式电烙铁。外热式电烙铁的烙铁头安装在烙铁芯的里面，即产生热能的烙铁芯在烙铁头外面，故称为外热式电烙铁。外热式电烙铁的烙铁芯是将电热丝平行地绕制在一根空心瓷管上构成，中间的云母片绝缘，并引出两根导线与 220 V 交流电源连接。图 1—38 所示为外热式电烙铁。

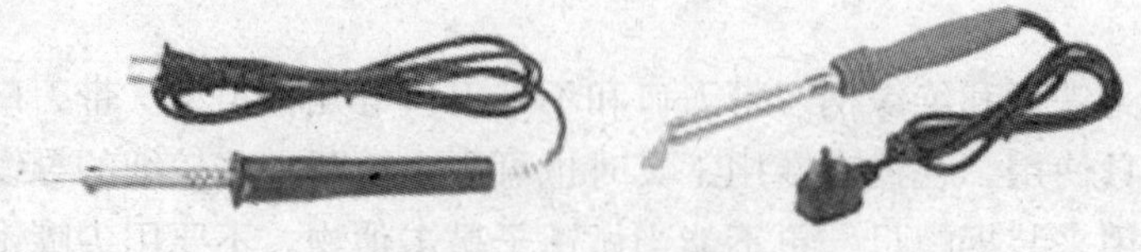

图 1—38　外热式电烙铁

外热式电烙铁的规格很多，常用的有 25 W、45 W、75 W、100 W 等，功率越大，烙铁头的温度也就越高。烙铁芯的功率规格不同，其内阻也不同，25 W 烙铁的阻值约为 2 kΩ，45 W 烙铁的阻值约为 1 kΩ，75 W 烙铁的阻值约为 0.6 kΩ，100 W 烙铁的阻值约为 0.5 kΩ。

外热式电烙铁经久耐用、使用寿命长，长时间工作时温度平稳，焊接时不易烫坏元器件。但外热式电烙铁的体积大，热效率低。

烙铁头是用紫铜材料制成的，它的作用是储存热量和传导热量。烙铁的温度与烙铁头的体积、形状、长短等都有一定的关系。另外，为适应不同焊接物的要求，烙铁头的形状也有所不同，常见的有锥形、錾形、圆斜面形等。图 1—39 所示是几种常用烙铁头的外形及用途。

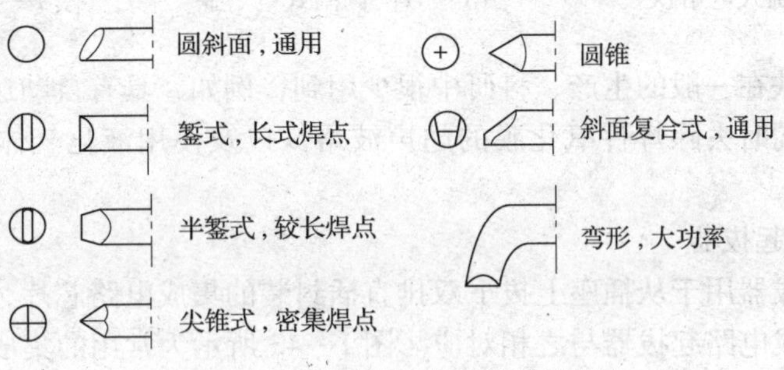

图 1—39　常用烙铁头的外形及用途

普通的新烙铁第一次使用前要用锉刀去掉烙铁头表面的氧化层，并修整成自己要求的形状，然后给烙铁头上锡。烙铁头长时间工作后，由于氧化和腐蚀作用，使烙铁面变得凹凸不平，故须用锉刀锉平。应该注意的是，新的电烙铁在通电使用前，一定要先浸松香水，否则烙铁头表面会生成难以镀锡的氧化层。

（3）恒温式电烙铁。恒温式电烙铁是用电烙铁内部的磁控开关来控制烙铁的加热电路，从而使烙铁头达到恒温。磁控开关中的软磁铁被加热到一定温度时，便失去磁性，断开触点，切断电源。恒温烙铁也有用热敏元件测温，控制加热电路，使烙铁头恒温。图 1—40 所示为恒温式电烙铁。

（4）调温式电烙铁。调温式电烙铁实际上就是将电烙铁接到一个可调电源上，由调压器上的刻度可以调定烙铁的温度。图 1—41 所示为调温式电烙铁。

（5）吸锡电烙铁。吸锡电烙铁是一种焊接和拆焊两用电烙铁，故又称两用式烙铁。它是在普通直热式电烙铁上增加吸锡结构组成的，使其具有加热、吸锡两种功能。吸锡电烙铁与普通电烙铁相比，烙铁头是空心的，多了一个吸锡装置。拆焊操作时，先加热焊点，待焊锡熔化后，按动吸锡装置，焊锡被吸走，使元器件与印制板脱焊。图 1—42 所示为吸锡电烙铁。

在电子产品的调试与维修过程中，有时需要从印制板上拆卸某个元器件。若采用普通的焊锡烙铁，有时会因为印制板上的锡不易清除，而难以取下装在印制板上的元器件，若采用吸锡电烙铁进行拆焊就非常方便。

（6）其他电烙铁。除以上几种电烙铁外，还有适用于集成电路，特别是对电荷敏感的 MOS 电路的储能式电烙铁。这种电烙铁本身不接电源，当把烙铁插到配套的充电器上时，烙铁处于储能状态。焊接时从充电器上拿下烙铁，这时靠储存在烙铁中的能量完成焊接，一次可以焊接若干个点。

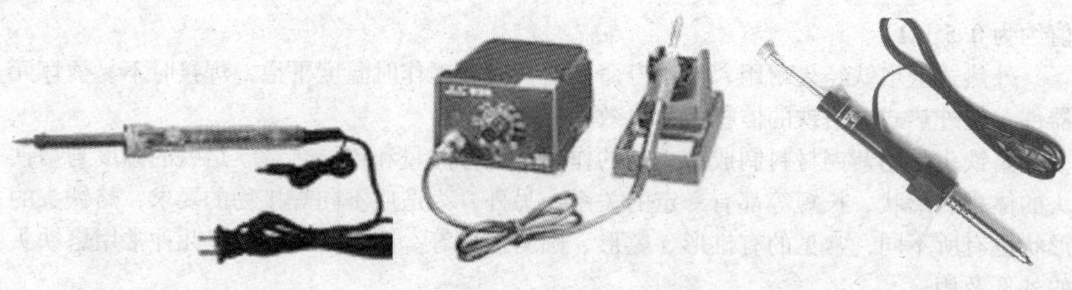

图 1—40　恒温式电烙铁　　图 1—41　调温式电烙铁　　图 1—42　吸锡电烙铁

还有一些烙铁在一般的生产、科研中很少用到，例如，具有自动送进焊锡装置的自动烙铁，它可以同时去除焊件氧化膜的超声波烙铁以及使用液化气体作为燃料的烙铁等。

5．集成电路起拔器

集成电路起拔器用于从插座上拔下双排直插封装的集成电路芯片，不同的封装方式有不同规格的集成电路起拔器与之相对应。图 1—43 所示为常用的集成电路起拔器。

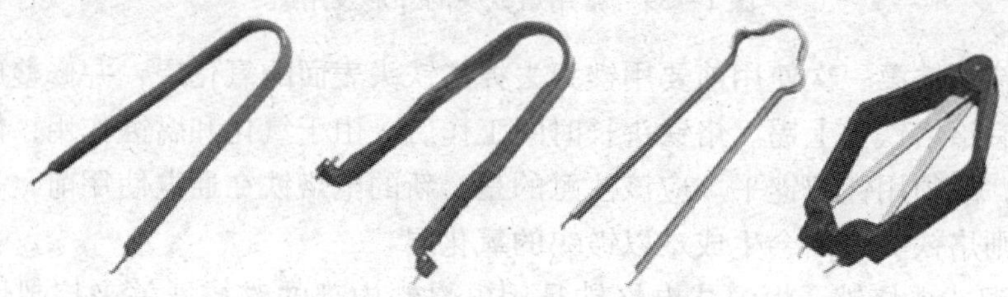

图 1—43　集成电路起拔器

6．常用小工具

（1）镊子。镊子适用于夹持细小的元器件和导线；在焊接某些怕热的元器件时，用镊子夹住元器件的引线还可以起到散热的作用；导线塑料胶绝缘层的端头遇热要收缩，在焊点尚未完全冷却时，用镊子夹住塑胶绝缘层向前推动，可使塑胶绝缘层恢复到收缩前的位置；在装配件上网绕较细的线材时也会用到镊子。镊子的一般要求是弹性强，合拢时尖端对正吻合。图 1—44 所示为各式镊子。

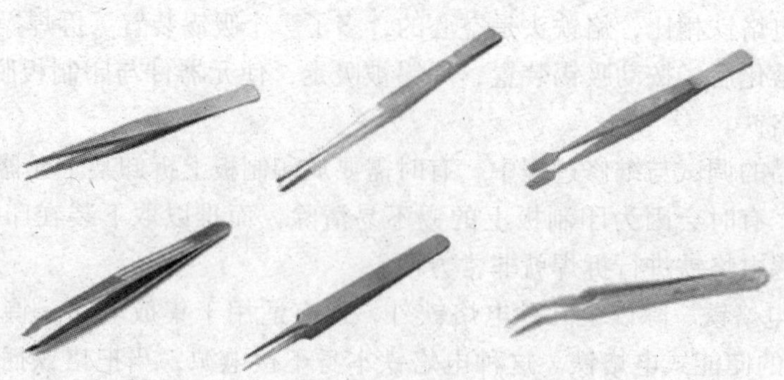

图 1—44　镊子

单元 1

（2）小刀。小刀常用来刮去待焊导线上的绝缘层或氧化层，有时也会用来修整印制电路。可以根据需要用废锯条磨制成各种各样的小刀，这样既经济又适用。在工作中，一般使用壁纸刀，如图 1—45 所示。

（3）锥子。锥子用来拨线或通穿印制电路板上的小孔。有时，印制电路板上的小孔中会有杂物，为了清除这些杂物，常使用锥子。锥子尖一般有圆形和三角形两种，这样在工作时能够根据不同情况选用适用的锥子。图 1—46 所示为几种常用的锥子。

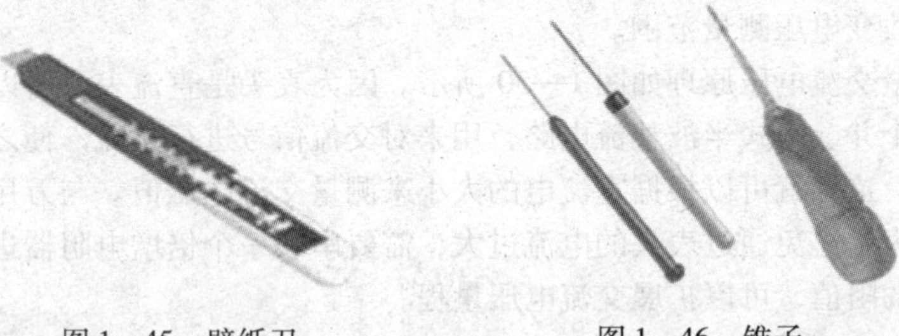

图 1—45　壁纸刀　　　图 1—46　锥子

二、常用仪器、仪表

调试、测试工作离不开仪器、仪表。仪器、仪表的正确选择与使用，将直接影响调试、测试质量和产品的性能。调试常用的仪器、仪表有万用表、晶体管毫伏表、稳压电源、信号发生器、示波器、扫频仪、频谱仪和晶体管特性图示仪等。

1．万用表

万用表是电子测量中最常用的仪表。它一般可以用来测量电流、电压和电阻，因此也叫三用表或多用表。有些万用表又增加了测量电容量、电感量及半导体三极管的一些参数（如放大倍数 β）等项目。由于它的用途多而被称为万用表，在国家标准中称其为复用表。万用表具有用途多、量程广、使用方便等优点，掌握万用表的使用方法是无线电调试工的一项基本技能。

万用表按指示方式一般可分为指针式万用表和数字式万用表。指针式万用表以指针的形式指示测量结果，图 1—47 所示为 MF500 型指针式万用表。数字式万用表以数字方式指示测量结果，可以自动显示数值、单位、正负极性，读数十分准确，图 1—48 所示为数字式万用表。

图 1—47　MF500 型指针式万用表

图 1—48　数字式万用表

（1）MF500 型指针式万用表

1）测量原理。万用表测量直流电压工作原理如图 1—49 所示。当被测电压很高时，流经表头的电流就会很大，有可能使指针的摆动幅度超出指示范围而无法正常指示，甚至将表头烧坏。为了避免这些情况的出现，需要在表头串联一个适当的电阻器（即倍增电阻）进行降压，这样可以使流经万用表表头的电流不会很大，防止烧坏表头，并保证指针的正常指示，以此来扩展万用表的电压量程。测量过程中，通过改变倍增电阻的阻值，就能改变电压测量范围。

万用表测量交流电压原理如图 1—50 所示。因为表头是直流表，所以测量交流信号时，需加装一个并、串式半波整流电路，用来对交流信号进行整流，使之变为直流信号后再通过表头，这样就可以根据直流电的大小来测量交流电压值。与万用表测量直流电压原理相似，为了避免通过表头的电流过大，需要串联一个倍增电阻器进行降压。通过改变倍增电阻的阻值，可以扩展交流电压量程。

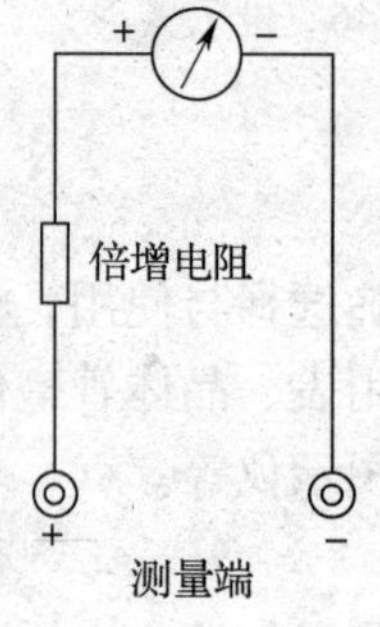

图 1—49　用万用表测量直流电压

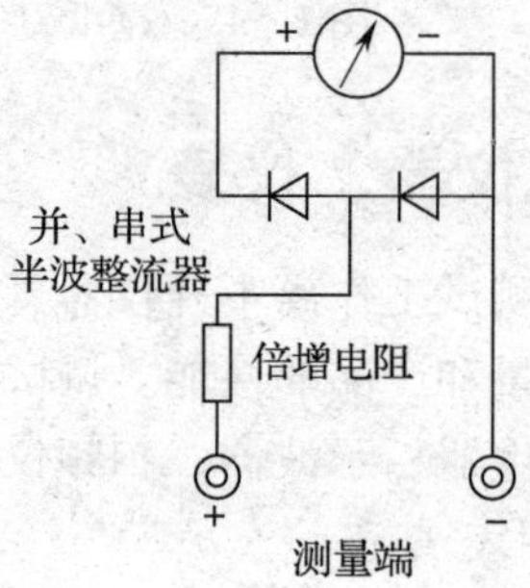

+
−
并、串式
半波整流器
倍增电阻
+
−
测量端

图 1—50　用万用表测量交流电压

万用表测量直流电流原理如图 1—51 所示，在表头上并联一个适当的电阻器（即分流电阻）进行分流，就可以扩展电流量程。被测的电流越大，选择的测量挡位就越大，而与之对应的分流电阻就越小。可见，改变分流电阻的阻值就能改变电流测量范围。

万用表测量电阻工作原理如图 1—52 所示。用适当的电阻器与表头进行并联和串联，同时串接一节电池，使电流通过被测电阻，根据电流的大小，就可测量出电阻值。被测电阻阻值越小，回路的电阻也就越小，流经表头的电流也就越大，指针摆动的幅度越大，这一点与测电压、电流的情况相反，因此，万用表表盘上电阻挡标度尺标注的数值大小与电压、电流挡标度尺的标注是相反的。在对电阻值的测量过程中，通过改变分流电阻的阻值，就能改变电阻测量的量程。

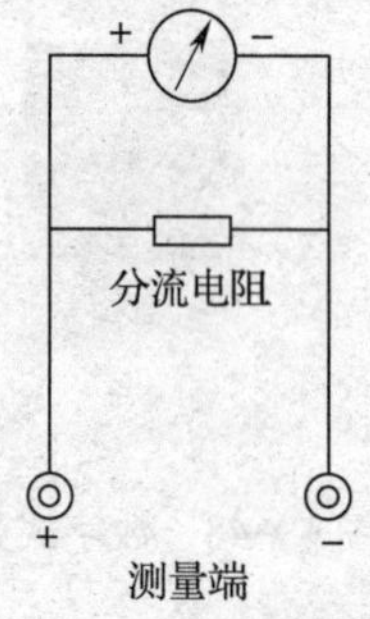

图 1—51　用万用表测量直流电流

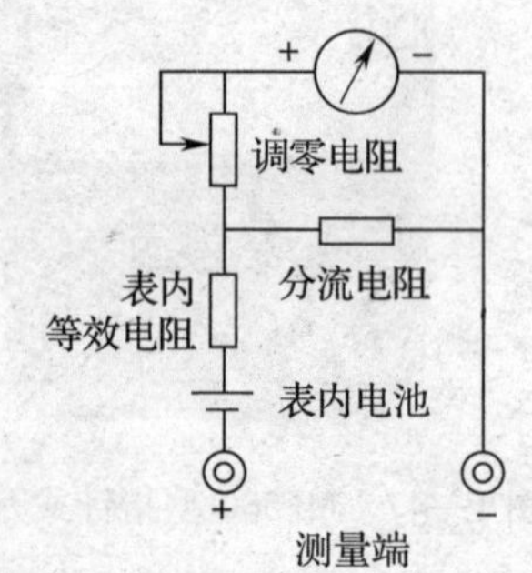

图 1—52　用万用表测量电阻

2）性能指标。MF500 型指针式万用表性能指标见表 1—3。

表 1—3　　**MF500 型指针式万用表性能指标**

测量范围		灵敏度（Ω/V）	准确度等级	基本误差表示法
直流电压	0 ~ 2.5 ~ 10 ~ 50 ~ 250 ~ 500 V	20 000	2.5	以标度尺工作部分上限的百分数表示之
	2 500 V	4 000	5.0	
交流电压	0 ~ 10 ~ 50 ~ 250 ~ 500 V	4 000	5.0	
	2 500 V	4 000	5.0	
交流电流	0 ~ 50 μA ~ 1 ~ 10 ~ 100 ~ 500 mA		2.5	
电阻	0 ~ 2 ~ 20 ~ 200 kΩ ~ 2 ~ 20 MΩ		2.5	以标度尺工作部分长度上限的百分数表示之
音频电平	-10 ~ 50 dB			

3）使用方法。测量前的准备工作：将万用表水平放置；熟悉一下表盘；检查表针是否停在表盘左端的零位，如有偏离，可用小旋具轻轻转动表头上的机械零位调整旋钮，使表针指零；插接表笔，将红表笔插在标有“+”的插孔内，黑表笔插在“＊”的公共插孔内。测量高压时，应将红表笔插入 2 500 V 插孔，黑表笔仍旧插入“＊”插孔。

①测直流电压。测量前，先估计被测电压的最大值，将万用表右侧（量程）转换开关置于直流电压挡，左侧（量程）转换开关则根据估计值选择挡位。为了保证测量结果的准确性，选定的挡位要大于并接近估计的最大电压值。在某些情况下，被测电压的最大值无法预先估计，此时应先使用测直流电压的最高挡进行试测，再根据试测结果选取合适挡位进行测量。

测量时，将两表笔并接在被测线路两端，已经知道被测端口的电压方向，就可以直接用红表笔接高电位处，黑表笔接低电位处；如果不知道就必须用点测，选定正确接法（点测方法：用红表笔接触断开位置的一端，黑表笔快速接触另一端，看指针的偏转方向，向右偏转接法正确，向左偏转应掉转表笔连接）。

读数时，使用表盘上第二条标度尺，当前挡位所标电压值为满标度尺量程，观察指针停在该标度尺上的位置。第二条标度尺同时标有 3 组数字，分别对应不同的测量挡位。例如，测量时选择的挡位是 250 V 挡，就应该用最大值是 250 的那组数与标度尺对应读数；在选择 2.5 V 挡时仍使用该组数，但必须将 250 看成 2.5，该组其他数也要相应变化。同样道理，在选择 10 V 挡测量时，就应该用最大值是 10 的那组数与标度尺对应读数，在选择 50 V 或 500 V 挡测量时，则应该用最大值是 50 的那组数来读数。

②测交流电压。测量前，先估计被测交流电压的最大值，将万用表右侧转换开关置于交流电压挡，左侧转换开关则根据估计值选择挡位。为了保证测量结果的准确性，选定的挡位要大于并接近估计的最大电压值。在某些情况下，被测电压的最大值无法预先估计，此时，应先使用测交流电压的最高挡进行试测，再根据试测结果选取合适挡位进行测量。

测量时，将两表笔并接在被测线路两端。由于交流电压无正、负之分，故不必区分红、黑表笔分别接被测线路的哪一端。

读数时，使用表盘上第二条标度尺，这里读出的是被测电压的有效值。具体的读数方法与测量直流电压的方法一致。唯一不同的是：如果当前选择的是交流 10 V 挡，则应在第三条标度尺上读值，也就是在交流 10 V 专用标度尺上读值。

③测直流电流。测量前，先估计被测电流的最大值，再根据此估计值选择合适的直流电流挡位。为了保证测量结果的准确性，选定的挡位要大于并接近估计的最大电流值。

测量时，将被测电路断开，红表笔接断开位置的高电位处，黑表笔接断开位置的低电位处，不知电位高低用点测。

读数时，使用表盘上第二条标度尺。具体的读数方法与测量直流电压的方法相同。

④测电阻。将万用表左侧转换开关置于“Ω”挡，在不知被测电阻阻值的情况下将右侧转换开关置于 $R\times100$ 挡或 $R\times1$ k 挡。

将两表笔短接，调整欧姆挡零位调整旋钮，使表针指向电阻刻度线最右端的零位，若指针无法调到零点，说明表内电池电压不足，应更换电池。

用两表笔分别被测电阻器两引脚进行测量，两只手不能同时接触两根表笔的金属杆或被测电阻器两根引脚，否则测得的阻值是人体电阻与待测电阻并联后等效电阻的阻值，而不是待测电阻器的阻值（测量连接在电路中的电阻时，应将电路的电源断开，如果电阻器两端还与其他组件相连，应断开一端后再测量，如果电路中有电容器，应先将电容器放电后再测）。

正确读出指针所指欧姆挡标度尺的数值，再乘以倍率（$R\times100$ 挡应乘 100，$R\times1$ k 挡应乘 1 000……），就是被测电阻的阻值。为使测量较为准确，测量时应使指针指在标度尺中心位置附近，否则应更换挡位并应重新调整欧姆挡零位调整旋钮，然后再测。

⑤测音频电平。将两支表笔分别插入标有“＊”和“dB”的插孔内。万用表右侧转换开关置于交流电压挡，左侧转换开关则根据被测量估计值置于相应的交流电压挡位上。接入被测量音频电平值，待指针停止摆动后，观察指针停在第四条标度尺上的位置。如果当前使用的是交流电压“10 V”挡进行测量，可以直接从标度尺上读数。但是，如果使用的是交流电压“50 V”挡或“250 V”挡进行测量，测量结果应在表面读值的基础上分别加上 14 dB 和 28 dB。例如，使用交流电压“50 V”挡测量一音频电平值，指针停止摆动后指在第四条标度尺上 15 dB 处，那么，此时的测量结果应为 15 dB 加上 14 dB 等于 29 dB。为了方便使用，万用表表盘上一般都印有附加分贝数表，见表 1—4。

表 1—4　　附加分贝数表

~	dB
10 V	0
50 V	+14
250 V	+28

4）注意事项

①万用表使用过程中，不允许带电旋动转换开关。

②严禁使用万用表的“电流”挡、“欧姆”挡测量交、直流电压。

③测量交直流 2 500 V 量限时，应先将接地表笔固定在被测电路的公共地端，然后用另外一支表笔去触碰被测高压（切不可用手触碰表笔的导电部分），测试过程中应严格执行高压操作的有关规程，操作者须站在绝缘良好的地方，佩戴高压绝缘手套，并应单手操作，谨防触电。

④万用表用完后，应将转换开关放在关的位置（符号为“·”）或交流电压最大量程挡，而不可将开关置于电阻挡，防止两表笔被短接时使表内电池耗尽；更重要的是防止下次测量时，不慎用电阻挡误测电压而烧坏万用表。

⑤万用表若长期不用，应将表内电池取出，以防电池电解液渗漏而腐蚀内部电路。

（2）DT－830 型数字式万用表

1）测量原理。DT－830 型数字式万用表操作简便、读数精确，而且还具备了较完善的过压、过流等保护功能，主要归因于应用了大规模集成电路。

数字式万用表主要由 3 部分组成：功能变换器、转换开关和直流数字电压表，其工作原理框图如图 1—53 所示。数字式万用表的核心部分是直流数字电压表，各种电量或参数的测量都必须先利用交流/直流（AC/DC）变换器、电流/电压（I/V）变换器或电阻/电压（R/V）变换器，将其转化为直流数字电压表可以接受的直流电压，然后送入直流数字电压表，经模/数（A/D）转换器变换为数字量，最后通过计数器计数以十进制数字的形式将被测量显示出来。

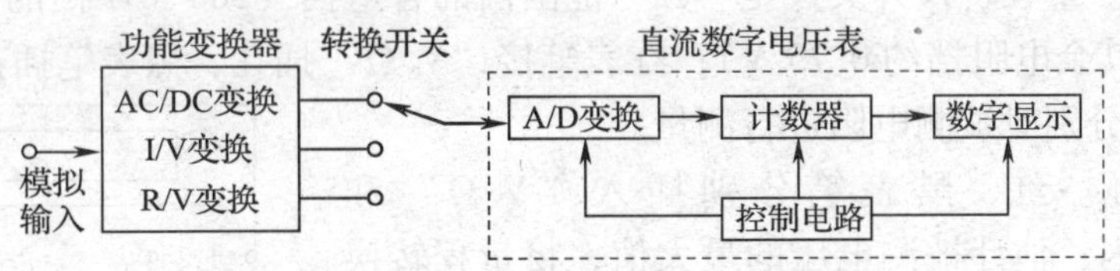

图 1—53　数字式万用表工作原理框图

数字万用表的显示位数一般为 4 ~ 8 位。若最高位不能显示 0 ~ 9 的所有数字，即称为“半位”，写成“1/2”位。例如，袖珍式万用表共有 4 个显示单元，习惯上叫“3 $\frac{1}{2}$”位（读作“三位半”）数字万用表。同样道理，具有 8 个显示单元的数字万用表，称为“7 $\frac{1}{2}$”位数字万用表。也有少数数字万用表，没有半位，全是整数。DT－830型数字万用表属于“3 $\frac{1}{2}$”位数字万用表。

2）性能指标。DT－830 型数字式万用表主要性能指标见表 1—5。

3）使用方法。DT－830 型数字式万用表面板如图 1—54 所示。在使用 DT－830 型数字式万用表时，必须先接通电源，也就是将电源开关拨至“ON”。

表 1—5　　DT－830 型数字式万用表性能指标

测量功能	量程设置	测量准确度	分辨力
直流电压（DCV）	200 mA、2 V、20 V、200 V、1 000 V	±（0.5% +1 字）~ ±（0.8% +2 字）	0.1 mV
交流电压（ACV）	200 mA、2 V、20 V、200 V、750 V	±（1.0% +5 字）	0.1 mV
直流电流（DCA）	200 μA、2 mA、20 mA、200 mA	±（1.0% +2 字）~ ±（2.0% +2 字）	0.1 μA
交流电流（ACA）	200 μA、2 mA、20 mA、200 mA	±（1.2% +5 字）~ ±（2.0% +2 字）	0.1 μA
电阻（Ω）	200 Ω、2 kΩ、20 kΩ、200 kΩ、2 MΩ、20 MΩ	±（1.0% +2 字）~ ±（2.0% +3 字）	0.1 Ω
三极管放大系数 h_{FE}	NPN、PNP		
二极管	鉴别二极管好坏		
线路通断	蜂鸣器提示线路的通断		
附加挡	（1）DCA：10 A （2）ACA：10 A		

此外，该表的输入阻抗为 10 MΩ，采样速率为 3 次/s，工作电压为 9 V，工作温度为 0 ~ 40℃，环境的相对湿度为≤80%，整机功耗约为 17.5 ~ 25 mW。

单元 1

①测电阻。量程转换开关拨至“Ω”范围内的合适挡（200 MΩ 挡的最大开路电压约为 1.5 V，其余电阻挡约 0.75 V）；红表笔接“V. Ω”插孔，黑表笔插在“COM”插孔内；两表笔分别对被测电阻进行测量。

②测电压。红、黑表笔分别插入“V. Ω”和“COM”插孔内；估计被测电压的最大值，将量程转换开关拨至“DCV”（测直流电压时）或“ACV”（测交流电压时）范围内的合适量程。如果预先无法估计被测电压的大小，则应先拨至最高量程挡进行试测，再根据试测结果把转换开关拨至合适位置。测量时若用交流电压挡去测量直流电压，或用直流电压挡去测交流电压，将显示“000”，或在低位上出现跳数。

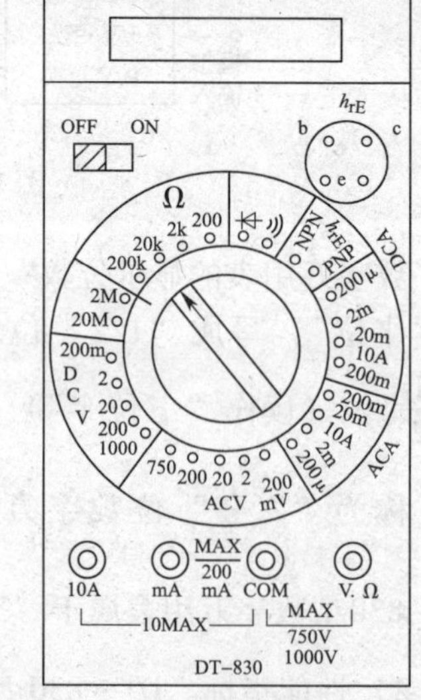

图 1—54　DT－830 型数字式万用表面板示意图

③测电流。将红表笔插入“mA”孔（被测电流小于 200 mA）或“10 A”孔（被测电流大于等于 200 mA），黑表笔插在“COM”插孔内；估计被测电流的最大值，将量程转换开关拨至“DCA”（测直流电流时）或“ACA”（测交流电流时）范围内的合适量程；将表笔串入被测电路进行测量。

④测二极管。红表笔分别插入“V. Ω”和“COM”插孔内；将量程转换开关拨至标有二极管符号⊣◁⊢的位置；红表笔接二极管正极、黑表笔接二极管负极，此时为正向测量，若管子正常，测锗管应显示0. 150 ~0. 300 V；测硅管应显示0. 550 ~0. 700 V。进行反向测试时，二极管的接法与上述描述相反，若管子正常，将显示出“1”；若管子已损坏，将显示“000”。

⑤测三极管 h_{FE}值。根据被测管的类型（PNP 或 NPN）的不同，把量程开关转至“PNP”或“NPN”处。将三极管管脚插入相应的e、b、c孔内，从显示屏读取 h_{FE}值的大小。

⑥检查线路的通、断。将红表笔插入“V. Ω”插孔内，黑表笔插在“COM”插孔内。将量程转换开关拨至蜂鸣器符号 ·))) 挡，若被测线路电阻低于规定值（20 Ω ± 10 Ω），蜂鸣器可发出声音，说明电路是通的，否则不通。

4）注意事项

①面板下方有“10 MAX”或“$\frac{\text{MAX}}{\text{200 mA}}$”和“$\frac{\text{MAX}}{\text{750 V、1 000 V}}$”的标记，前者表示在对应的插孔间所测量的电流值不能超过10 A或200 mA；后者表示测交流电压不能超过750 V，测直流电压不能超过1 000 V。

②电阻挡的最大允许输入电压为250 V（DC或AC），该250 V指的是操作人员误用电阻挡测量电压时仪表的安全值，绝不表示可以带电测量电阻。

③测量三极管 h_{FE}值时，由于工作电压仅为2. 8 V且未考虑 U_{be}的影响，因此测量值偏高，只能是一个近似值。

④数字万用表的输入阻抗很高，当两支表笔开路时，外界干扰信号会从输入端窜入，显示出没有变化规律的数字。

⑤袖珍式 $3\frac{1}{2}$位数字万用表的频率特性较差，如按照规定，DT－830型只能测45 ~500 Hz的交流电压或交流电流，实际测出的工作频率范围是20 Hz ~1 kHz，说明该项指标在设计时留有一定余量。

⑥严禁在测高压（220 V以上）或大电流（0. 5 A以上）时拨动量程开关，以防产生电弧，烧毁开关触点。

⑦测量焊在线路上的组件时，应当考虑与之并联的其他电阻的影响。必要时可拆开被测组件的一端再进行测量，对于三极管则需焊开两个极才能做全面的检测。

⑧测量完毕，应将仪表量程开关拨到最高电压挡，关闭电源。若长期不用时，还应取出电池，以免电池漏液。

2. 直流稳压电源

稳压电源是指能为负载提供稳定交流电源或直流电源的电子装置，按输出电源的类型可分为交流稳压电源和直流稳压电源两大类。

直流稳压电源外形如图1—55所示，它是能够提供持续稳定的直流电能的电源。

电源变压器、整流电路、滤波电路及直流稳压电路组合在一起，就构成了直流稳压电源，其基本框图如图1—56所示。电源变压器的作用是将电网220 V、50 Hz的交流

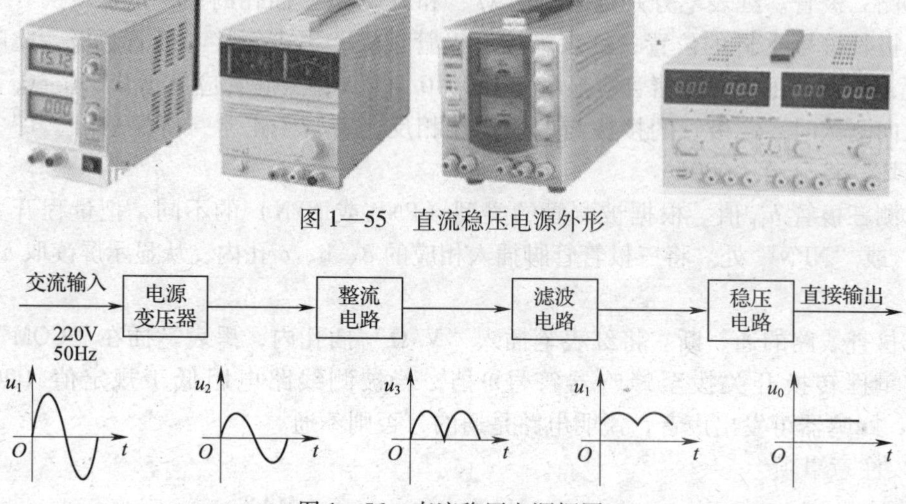

图 1—55　直流稳压电源外形

图 1—56　直流稳压电源框图

电压 u_1 变换成符合电路需要的交流电压 u_2 并送给整流电路，变压器的变比由变压器的二次侧电压确定；整流电路则是利用单向导电元件，把 50 Hz 的正弦交流电变换成方向不变、大小随时间变化的脉动直流电压 u_3；滤波电路可以将整流电路输出的脉动直流电压中的交流成分大部分加以滤除，从而得到比较平滑的直流电压 u_1；稳压电路的功能是使输出的直流电压更加稳定，不随交流电网电压的波动或负载的变化而变化。

JC1733S 型直流稳压电源是一种输出电压连续可调、稳压与稳流自动转换的高精度电源。输出电压从 0 V 起在额定范围内任意选择，且限流保护点也可任意选择，在稳流状态时，稳流输出电流能在额定范围内连续可调。下面以 JC1733S 型直流稳压电源为例，介绍直流稳压电源的主要技术指标和使用方法。

（1）JC1733S 型直流稳压电源技术指标。JC1733S 型直流稳压电源技术指标见表 1—6。

表 1—6　JC1733S 型直流稳压电源技术指标

项　目	技术指标
输入电压	（220 ±10%）V　50 Hz ±2 Hz
输出电压	0 ~ 30 V
输出电流	0 ~ 3 A
电源效应	CV≤1 ×10⁻⁴ +2 mV CC≤2 ×10⁻³ +2 mA（输出电流大于 5 A 时，为 CC≤1 ×10⁻² +5 mA）
负载效应	CV≤1 ×10⁻⁴ +2 mV（输出电流大于 5 A 时为 CV≤2 ×10⁻³ +5 mV） CC≤5 ×10⁻³ +5 mA（输出电流大于 5 A 时为 CC≤1 ×10⁻² +5 mA）
纹波与噪声	CV≤1 mV 有效值（rms）（输出电流大于 5 A 时为 2 mVrms） CC≤3 mA 有效值（rms）（输出电流大于 5 A 时为 10 mArms）
保护	电流限制保护或短路保护
电压表指示精度	±1% ±2 个字
电流表指示精度	±2% ±2 个字
使用环境	0 ~ 40℃，相对湿度 <90%

续表

项目		技术指标
固定电源	输出电压	(5 ±3%) V
	输出电流	3 A
	电源效应	CV≤1×10^{-3}
	负载效应	CV≤5×10^{-3}
	纹波与噪声	≤1 mVrms

(2) 面板结构及按键功能。图 1—57 所示为 JC1733S 型直流稳压电源，其前面板示意图如图 1—58 所示，面板各控件名称及功能见表 1—7。

图 1—57 C1733S 型直流稳压电源

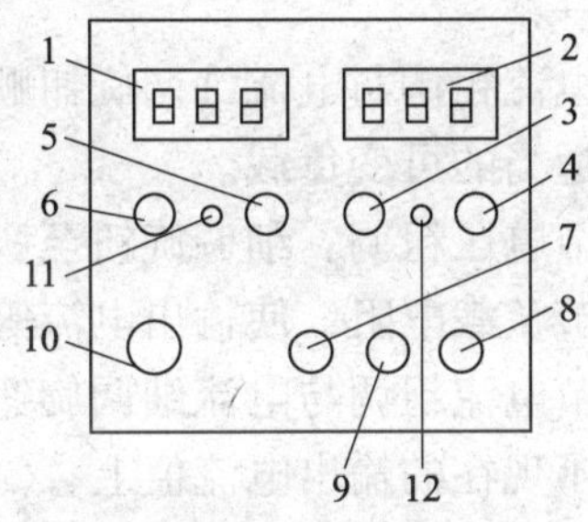

图 1—58 C1733S 型直流稳压电源前面板示意图

表 1—7 JC1733S 型直流稳压电源前面板各控件名称及功能

序号	面板标志	名称	功能
1	——	电流显示	显示输出电流值
2	——	电压显示	显示输出电压值
3	FINE	电压细调	细调输出电压值
4	COARSE	电压粗调	粗调输出电压值
5	COARSE	电流粗调	粗调限流保护点或输出电流
6	FINE	电流细调	细调限流保护点或输出电流
7	—	输出负端	输出电压的负端
8	+	输出正端	输出电压的正端
9	GND	接地端	机壳接大地
10	POWER	电源开关	按下开关，电源接通，电源指示灯亮
11	CC	稳流状态指示灯	当仪器处于稳流状态时，此指示灯亮
12	CV	稳压状态指示灯	当仪器处于稳压状态时，此指示灯亮

(3) 使用方法

1) 作为稳压源使用。开机前，应将电流粗调与细调旋钮顺时针调至最大位置。开机后，分别调节电压粗调与细调旋钮至需要的电压值。一般先调节电压粗调旋钮，使输出电压达到需要值附近，然后再调节输出电压细调旋钮，从而得到所需的准确电压值。此时稳压状态指示灯应点亮。

2）负载连接。将负载连接至电源输出正端和负端，开机后电流表显示的是输出电流值，电压表显示的是输出电压值，电源处于稳压状态时，稳压指示灯亮。若输出电流显示超出额定值，且稳压指示灯熄灭；稳流指示灯亮时，说明电源过载或短路，进入了限流保护状态。这时应调整负载，使仪器恢复正常工作。

3）作为稳流源使用。在打开电源后，先将电压粗调与细调旋钮顺时针调节到最大；同时将电流粗调与电流细调旋钮均逆时针调到最小。然后，连接所需负载，再顺时针调节电流粗调与电流细调旋钮，使输出电流达到所需稳定值。此时稳压状态指示灯应熄灭，稳流状态指示灯点亮。

4）限流保护。当本电源作为稳压源使用时，一般将电流粗调与电流细调旋钮顺时针调至最大位置，如果需要电源限流输出时，可按以下两种方法调节。

方法一：

①将电流粗调与电流细调旋钮顺时针旋足。

②接适当的可变负载。

③调节电压粗调、细调旋钮至所需电压值。

④调节负载电阻，使输出电流等于限流保护点的电流值。

⑤调节电流粗调与电流细调旋钮，使稳流指示灯处于临界状态，此时限流保护点就被设定在了现在的输出电流值上。

方法二：

①调节电压粗调、细调旋钮至1 V左右。

②将输出端短路。

③调节电流粗调与细调旋钮，使输出电流为所需的限流保护点的电流值。

（4）注意事项

1）这类电源具有限流及短路保护特性，一旦发生短路，输出调整大功率管功率损耗最大。为避免不必要的损耗和损坏，应关闭电源，排除故障，恢复仪器的正常工作。

2）在电源使用过程中，由于某种原因引起电源损坏时，输出端将有高于额定电压的电压输出，使用时应加以注意。

3）在电源使用过程中，遇到感性或容性负载，应在本机输出端并接相应的电解电容器（4 700 μF/35 V）。

4）当负载本身电流很小，又对使用电压要求苛刻，使用结束时应先卸除负载，再关电源开关，目的是避免在关机过程中由于瞬时电压过高而损坏接入的负载。

5）使用完毕后，应将电源置于干燥通风的地方并保持清洁。若长期不用，应将电源插头拔下后再存放。

3. 信号发生器

信号发生器是一种使用方便的电信号源，它可以为电子测量提供符合一定技术要求的电信号。测量元器件的参数或测试、调整电子设备，检验仪表时都离不开它。信号发生器实际上是一个振荡器，在无外界信号输入时，它能自动产生信号输出。将电源的直流能量转换成输出信号的交变能量，因此可以被看做能量转换器。

信号发生器的种类有很多，按性能可分为一般信号发生器和标准信号发生器；按用途可分为专用和通用两大类；按频率调节方式可分为扫频信号发生器和程控信号发生器；如果从调制类型来分，有调幅、调频、调相之分；还可以按输出信号的频率分为超低频、低频、视频、高频、甚高频和超高频信号发生器。除此以外，还有合成信号发生器，这一类信号发生器可用一个或几个基准频率通过加、减、乘、除得出一系列所需的频率。

目前最常用的分类方法是按输出波形分类：正弦信号发生器可以产生按正弦规律变化的信号；脉冲信号发生器可以产生各种重复频率和宽度的脉冲信号；函数信号发生器可以产生幅度与时间成一定函数关系的信号，如方波、三角波；噪声信号发生器能产生模拟干扰的电压信号。下面以 SG1645 型函数信号发生器为例，介绍函数信号发生器的主要技术指标及使用方法。

（1）SG1645 型函数信号发生器技术指标。SG1645 型函数信号发生器可以产生正弦波、方波、三角波、占空比可调的脉冲波、TTL 脉冲波，还可以在交流信号上加支流偏置电压，其主要技术指标见表 1—8。

表 1—8　　SG1645 型函数信号发生器主要技术指标

项　目	技术指标
输出频率	0.02 Hz ~ 2 MHz
输出波形	正弦波、方波、三角波、脉冲波等
输出幅度	≤20 V_{P-P}
正弦波输出功率	≤10 W
正弦波失真	≤1%
电压输出阻抗	50 Ω

（2）面板结构及控件功能。SG1645 型函数信号发生器前面板示意如图 1—59 所示，面板各控件名称及功能见表 1—9。

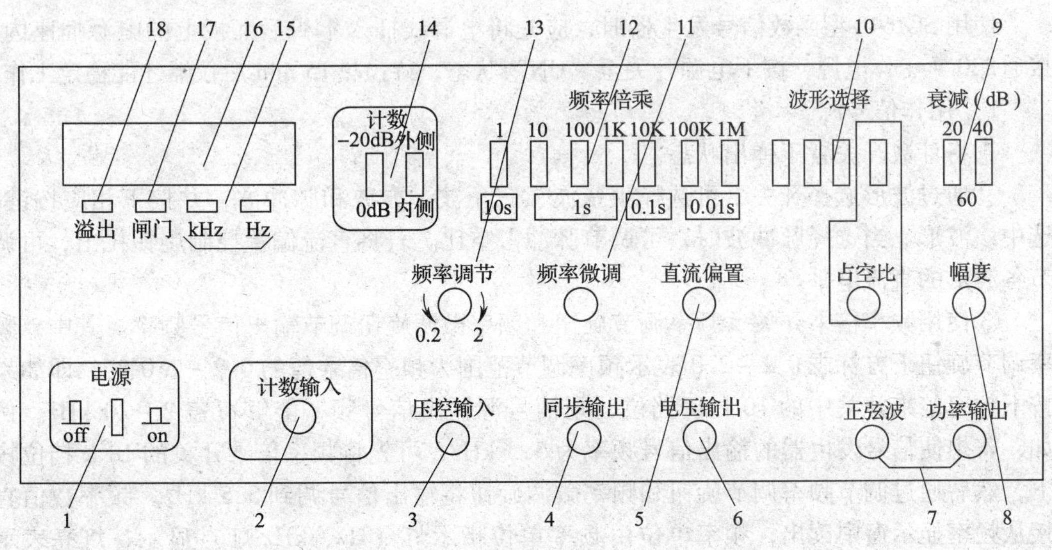

图 1—59　SG1645 型函数信号发生器前面板示意图

表 1—9　　SG1645 型函数信号发生器前面板各控件名称及功能

序号	面板标志	名　称	功　能
1	电源	电源开关	按下开关，电源接通，电源指示灯亮
2	计数输入	计数器外信号输入端	外测频率时，信号由此输入
3	压控输入	压控信号输入端	外接电压控制频率输入端
4	同步输出	TTL 电平同步输出端口	输出波形为 TTL 脉冲，可做同步信号
5	直流偏置	直流偏置控制旋钮	拉出此旋钮可调节各波形的直流电平
6	电压输出	电压输出端	可以输出各种波形
7	正弦波功率输出	正弦波功率输出端	只能输出 0.2 Hz ~ 200 kHz 的正弦波，输出有效值大于 7 V，最大输出功率 5 W；当频率 $f > 200$ kHz 时，此输出端无输出。功率输出端带短路报警保护功能
8	幅度	幅度调节旋钮	调节电压输出和正弦波功率输出幅值
9	衰减（dB）	衰减开关	使输出幅值衰减
10	波形选择	波形选择开关	选择输出波形种类，当选择脉冲波时，可调节脉冲占空比
11	频率微调	频率微调旋钮	与 12 项配合使用调节输出频率
12	频率倍乘	频率倍乘开关	与 11 项、13 项配合使用调节输出频率，外测频率时选择闸门时间
13	频率调节	频率调节旋钮	与 12 项配合使用调节输出频率
14	计数	计数开关	控制频率计的内测或外测
15	kHz、Hz	频率单位指示灯	指示频率单位，灯亮有效
16	——	频率显示窗	显示内部产生频率或外测时的频率
17	闸门	闸门显示	此灯闪烁，说明频率计正在工作
18	溢出	频率溢出显示	当频率超出显示范围时灯亮

（3）使用方法

使用 SG1645 型函数信号发生器时，应先将电源线插入本机后面板上的电源插座内，接通 220 V 工作电源，按下电源开关至“ON”状态，待预热 15 min 后仪器才能稳定工作。

1）用作信号源

①将计数开关置于弹出状态。

②通过波形选择开关，可选择正弦波、三角波、方波和脉冲波，并按下相应按键，选中该波形。当选择脉冲波时，可调节脉冲占空比。若将直流偏置控制旋钮拉出，可调节各波形的直流电平。

③使用频率倍乘开关、频率调节旋钮和频率微调旋钮调节输出信号频率。其中，频率调节旋钮下方标志 0.2 ~ 2.0 表示频率调节范围为频率倍乘值的 0.2 ~ 2.0 倍，即如果按下频率倍乘开关中的 10 kHz 挡位，则信号源输出信号频率能够覆盖 2 ~ 20 kHz。例如，若想使信号发生器的输出信号频率为 5.5 kHz，可先将频率倍乘开关的 10 k 挡位按下，然后通过调节频率调节旋钮和频率微调旋钮将输出信号调到 5.5 kHz。频率数值直接从频率显示窗中读出，频率单位由频率单位指示灯（Hz、kHz 灯）显示，灯亮表示当前使用的单位。

④通过幅度调节旋钮调节输出信号幅值，由交流电压表或示波器读出数值。若想使输出幅值衰减可按衰减开关。当开关分别按下时，输出电压衰减 20 dB 或 40 dB，即电压值缩小 10 倍或 100 倍；当两开关同时按下可衰减 60 dB，即电压值缩小 1 000 倍。该信号发生器的电压输出端可以输出各种波形，其输出阻抗为 50 Ω，空载时电压输出幅度有效值大于 7 V。

2）用做计数器

①将计数开关按下，表示进行外部信号频率测量（将“－20 dB”按下时，表示将外测信号衰减 20 dB）。

②由计数器外信号输入端输入被测外部信号。

③通过“频率倍乘”处开关选择闸门时间，有 10 s、1 s、0.1 s 和 0.01 s 4 挡。

④从频率显示窗中读取测量结果，当频率超出显示范围时，频率溢出显示灯亮。

（4）注意事项

1）开电源前，应将幅度调节旋钮逆时针旋到底。

2）电压输出端和正弦波功率输出端不允许短路。

4．晶（半导）体管毫伏表

晶体管毫伏表是一种专门用来测量正弦交流电压有效值的交流电压表。按测量频率范围不同可分为低频晶体管毫伏表、高频晶体管毫伏表、超高频晶体管毫伏表和视频毫伏表；从测量电压上可分为有效值毫伏表和真有效值毫伏表；按不同显示方式分为指针显示和数字显示（发光二极管 LED 显示）两种。下面就以 DA－16 型晶体管毫伏表为例进行介绍：

（1）结构原理。DA－16 型晶体管毫伏表结构简单、体积小、质量轻、灵敏度较高。它与普通万用表有些相似，由表头、刻度面板和量程转换开关等组成，其面板示意如图 1—60 所示。信号输入线采用同轴屏蔽电缆制成，电缆的外层接地，可减小外来感应电压的影响，图 1—61 所示为信号输入线。毫伏表的背面连着 220 V 的工作电源线，经过对 220 V 交流电降压整流后为毫伏表工作提供电源。表盘按正弦波的有效值刻度，电压指示为正弦波有效值。

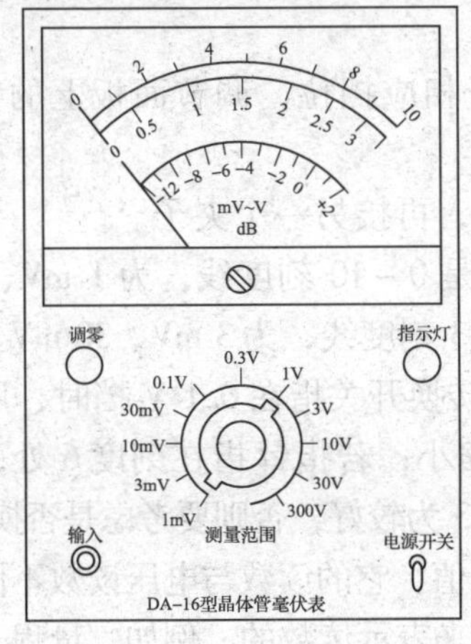

图 1—60　DA－26 型晶体管毫伏表面板示意图

图 1—61　DA－16 型晶体管毫伏表信号输入线

单元 1

DA－16 型晶体管毫伏表框图如图 1—62 所示，由图可以看出，在使用 DA－16 型晶体管毫伏表进行测量时，被测信号被输入毫伏表后，经分压器分压得到适当范围的电压并被送入电压跟随器。由电压跟随器输出的信号再次经分压器分压后被送到放大器进行放大。放大后的电压信号被送往由整流器和表头组成的整流指示电路。此毫伏表采用二级分压，故测量电压的范围宽，可达 100 μV～300 V；采用放大—检波的形式，检波置于最后，使信号检波时产生良好的指示线性。

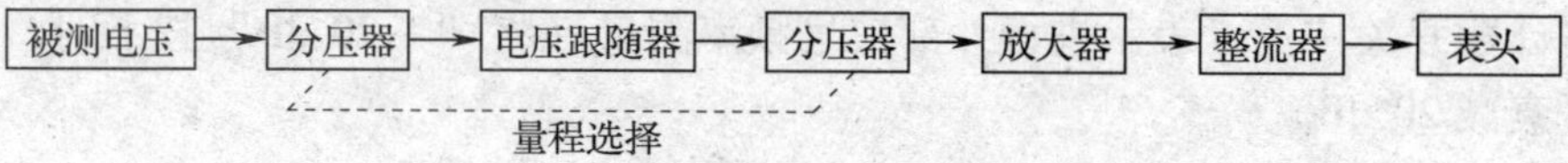

被测电压 → 分压器 → 电压跟随器 → 分压器 → 放大器 → 整流器 → 表头

量程选择

图 1—62　DA－16 型晶体管毫伏表框图

（2）性能指标。DA－16 型晶体管毫伏表主要性能指标见表 1—10。

表 1—10　　DA－16 型晶体管毫伏表主要性能指标

项　目	性能指标
测量电压范围	100 μV～300 V
测量电平范围	－27～32 dB（600 Ω）
测量频率范围	20 Hz～1 MHz
输入阻抗	电阻 1 MΩ（1 kHz），C≤50～70 pF
消耗功率	3 W
频率响应误差	≤（100 Hz～100 kHz）±3%
	≤（20 Hz～1 MHz）±5%
固有误差	≤±3%（基准频率 1 kHz）

（3）操作步骤

1）将毫伏表垂直放置，因为测量精度以表面垂直放置为准。

2）进行机械调零，在未接通电源的情况下，用一字旋具调节表头上的机械零位螺钉，使表针指准零位。

3）将两个输入接线端（鳄鱼夹）短路连接，接通 220 V 工作电源，预热数分钟，使仪表达到稳定工作状态。

4）根据被测信号值大小，将量程转换开关置于相应挡位，调节面板上的“调零”旋钮，进行电气调零，即使表针指向零位。

5）将输入接线端接入被测电路，先接地线夹子，再接另一个夹子。

6）读取测量结果。表盘有 3 条刻度线，第 1 条是 0～10 刻度线，为 1 mV、10 mV、0.1 V、1 V、10 V 5 挡量程的读数刻度；第 2 条是 0～3 刻度线，为 3 mV、30 mV、0.3 V、3 V、30 V、300 V 6 挡量程的读数刻度。例如，量程转换开关指在 0.1 V 挡时，用第 1 条刻度读数，满度 10 读作 0.1 V，其余刻度均按比例缩小；若指针指在刻度 6 处，即读作 0.06 V。测量的读数刻度一般使表针偏转至满刻度的 2/3 为较好，否则要考虑是否换挡测量。第 3 条是－12～2 dB 刻度线，用来表示测量电平的分贝值，它的读数与电压读数不同，是以表针指示的分贝读数与量程开关所指的分贝数的代数和来表示读数的。例如，量程开关置于＋10 dB（3 V），表针指在－2 dB 处，则被测电平值为＋10 dB＋(－2 dB)＝8 dB。

7）测量完成后，将量程选择开关置于最大量程挡，切断电源。

（4）注意事项

1）由于毫伏表的灵敏度很高，因此接地点必须良好。毫伏表的地线应与被测电路的地线接在一起，以免引入干扰电压，影响测量精度。

2）使用仪表的毫伏挡测试电压时，应先接入地线，然后再接入另一根测试线。测试完毕，以相反的顺序取下，以免引入干扰，使指针急速打向满刻度而造成仪表损坏。

3）对 20 Hz 以下或 1 MHz 以上的交流电压和非正弦电压，不宜用毫伏表进行测试。

4）所测交流电压中的直流分量不得大于 300 V。

5）用此表测量市电时，必须用相线接输入端，中线接地，不可接反。测量 36 V 以上电压，注意机壳是否带电，确保人身安全。

5. 示波器

示波器就是一种用示波管显示波形的电子设备，它能够在显示屏上显示静态的波形分析，并根据荧光屏上的方格和选用挡次来测量其参数，如电压幅度、周期，以及频率或时间宽度等值。此外，示波器还可以测量被测信号的延迟时间、上升沿（上升时间）、下降沿（下降时间）、脉冲幅度、脉冲频率等，甚至可以找出间歇性的杂乱脉冲、毛刺等。使用示波器可以十分真实、直观地将被测信号反映在屏幕上，便于调试人员进行定性和定量的分析。

示波器种类繁多，根据测量信号的范围不同可分为超低频示波器、普通示波器、高频示波器和超高频示波器；根据显示信号的数量不同可分为单踪示波器（只显示一个信号）、双踪示波器（可同时显示两个信号）和多踪示波器（可同时显示多个信号）；根据电路结构的不同可分为电子管示波器、晶体管示波器和集成电路示波器；根据测量功能的不同又可分为模拟示波器和数字存储示波器两种，这也是最常用的分类方法。

（1）示波管及波形显示过程。示波管又叫阴极射线管（CRT），是示波器的核心，它主要由电子枪、偏转系统和荧光屏三部分组成。图 1—63 和 1—64 所示分别为示波管的实物图和结构图。

图 1—63　示波管实物图

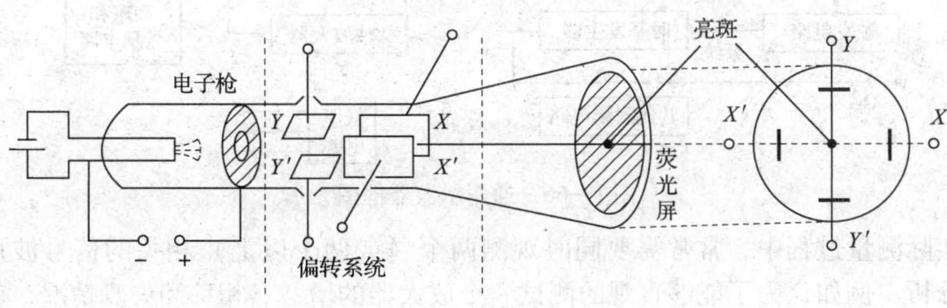

图 1—64　示波管结构图

示波器是依靠示波管与电路配合来显示各种信号波形的。示波管显示信号波形的过程是：首先让电子枪发射一个聚集很细的高速电子束；再给偏转系统中的垂直偏转板和水平偏转板分别加上一定的电压产生电场，电子束在经过它们时会发生上下和左右方向的偏转；最后电子束会以足够的能量轰击到荧光屏上的一个荧光粉小点，并使该点发光。由于电子束在经过偏转系统时，偏转板产生的电场发生变化，电子束的运动轨迹也会随之变化，这种运动轨迹变化的电子束轰击荧光屏，只要移动速度足够快，利用视觉暂留效应，就是人们在荧光屏上看到的信号的连续波形。

（2）模拟示波器。模拟示波器外形如图 1—65 所示。若不特别指明，平常所说的示波器均指模拟示波器，其组成都应包括图 1—66 所示的几个组成部分。模拟示波器的工作过程为：被测信号经探极加到示波器的 *Y* 输入端后，首先进行电平调节（放大或衰减），延迟，再经 *Y* 轴放大器放大，使信号放大到能达到可使电子束在垂直方向满足偏转的要求，最后送至示波管的垂直偏转板，以控制电子束作垂直方向的偏转。同时，如果显示时变信号，则触发（同步）信号经触发电路处理，使其能对时基发生器产生稳定的触发。触发信号可由 *Y* 轴电路分离而来（内触发），也可以外接（外触发）。时基发生器在触发信号启动下，产生与被测信号同步的线性锯齿波电压（时基信号），时基信号经 *X* 轴放大后加至示波管的水平偏转板，以控制电子束作水平方向的偏转。电子束在水平、垂直两方向偏转电压的共同作用下，按一定的轨迹打在荧光屏上，显示时域波形。

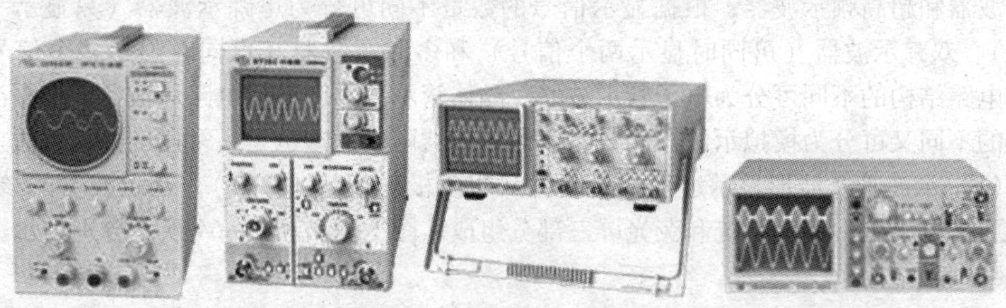

图 1—65 模拟示波器的外形

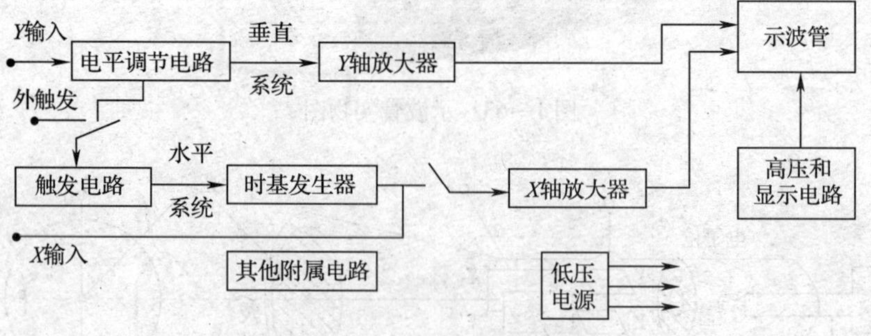

图 1—66 通用示波器框图

在实际测量过程中，常常需要同时观测两个（或两个以上）相关的信号波形，以便比较分析。例如，为了能够直观的测试一个放大器的增益、相移和失真情况，就需要同时显示其输入与输出波形，为此常使用双踪示波器。

XJ4328 型双踪示波器是一种可同时测量频率在 20 MHz 范围内的两个信号的示波器。其内部的电子开关可将两个通道（CH1 和 CH2）的输入信号交替地加在示波器的 *Y* 偏转板上，当开关的频率足够高时，在屏幕上能同时出现这两个信号的波形。现介绍 XJ4328 型双踪示波器的主要技术指标和使用方法。

1）XJ4328 型双踪示波器主要技术指标

①*Y* 轴系统

a. 输入阻抗：电阻（1 ±5%）MΩ，电容（27 ±5）pF。

b. 最大允许输入电压：400V（DC + AC_{p-p}）。

c. 输入灵敏度的各参数如下：

范围与挡数：5 mV/div（格）~5 V/div，按 1—2—5 进制分为 10 挡。当微调处于校准位置时，各挡误差不超过 ±5%。

微调比：≥2.5∶1。

幅度线性误差：≤5%。

位移线性误差：≤5%。

d. 频带宽度。输入灵敏度为 5 mV/div 挡时，见表 1—11。

表 1—11　　频带宽度表

环境温度（℃）	交流	直流
0 ~ 10 35 ~ 40	10 Hz ~ 15 MHz, -3 dB	0 ~ 15 MHz, -3 dB
10 ~ 35	10 Hz ~ 20 MHz -3 dB	0 ~ 20 MHz, -3 dB

e. 通道隔离度：≥20∶1（10 MHz）。

f. 漂移：5 mV/div 挡级为≤1 div/h（室温）。

②*X* 轴系统

a. 扫描速率的各项参数如下：

范围：0.5 μs/div ~ 0.2 s/div，按 1—2—5 进制分为 18 挡。当微调处于校准位置时，各挡误差不超过 +5%。扩展 ×10 在微调处于校准位置时，各挡误差不超过 ±1%。

扫描微调比：≥2.5∶1。

扫描线性误差：≤10%。

b. 外触发输入阻抗：电容（27 ±5）pF。

c. 外触发最大输入电压：20 V（DC + AC_{p-p}）。

③校准信号

a. 输出波形：方波。

b. 电压幅度：约 0.2 V_{P-P}。

c. 频率：约 1 kHz。

④其他

a. 视在功率：（30 ±20%）VA。

单元 1

b．平均无故障工作时间：1 000 h。

2）面板结构及控件功能。XJ4328 型双踪示波器前面板如图 1—67 所示，图中各序号表示的面板各控件名称及功能见表 1—12。

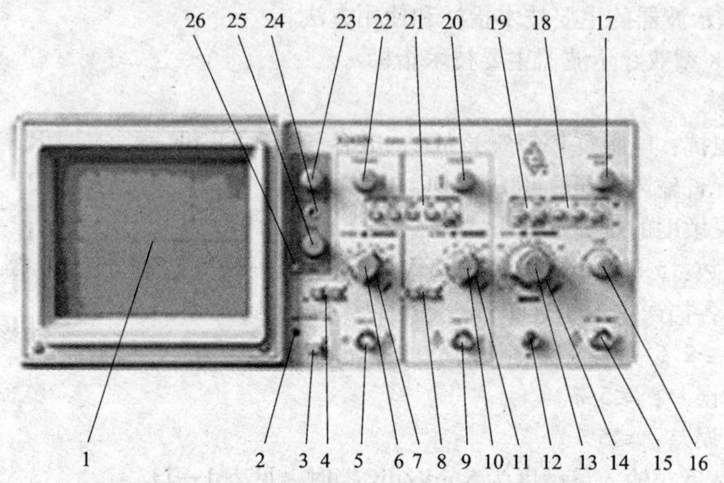

图 1—67　XJ4328 型双踪示波器前面板

表 1—12　XJ4328 型双踪示波器前面板各控件名称及功能

序号	面板标志	名　称	功　能
1	——	显示屏	显示信号波形。在显示屏上标有 8 行、10 列的坐标格，在屏幕正中央有一个十字形的坐标，该坐标将每个坐标格从横、纵方向分成 5 等分，以便观测波形
2	——	指示灯	当电源接通时，指示灯发红光
3	——	电源开关	仪器电源总开关，按入接通
4	AC/DC、⊥	CH1 输入耦合选择	“AC/DC”键弹起时，只显示输入信号的交流成分；按下时，显示输入信号的实际大小 “⊥”键弹起时，垂直放大器的输入接输入信号；按下时，垂直放大器的输入接地，本通道输入信号的波形消失
5	CH1 或 *X*	CH1 输入插座	被测信号的输入端
6	VARIABLE	CH1 垂直灵敏度微调	在通道灵敏度开关相邻两挡间微调灵敏度。测量信号电压时，该钮必须顺时针旋到校准位置
7	V/div	CH1 垂直灵敏度开关	在输入电压幅度一定时，改变该开关的位置可改变屏上波形的幅度。当通道灵敏度微调旋钮 5 旋到校准位置时，开关所指示的数值表示波形高度方向每格对应的电压，根据波形高度可计算出待测电压的幅度
8	AC/DC、⊥	CH2 输入耦合选择	“AC/DC”键弹起时，只显示输入信号的交流成分；按下时，显示输入信号的实际大小 “⊥”键弹起时，垂直放大器的输入接输入信号；按下时，垂直放大器的输入接地，本通道输入信号的波形消失

续表

序号	面板标志	名　称	功　能
9	CH2 或 Y	CH2 输入插座	被测信号的输入端
10	VARIABLE	CH2 垂直灵敏度微调	在通道灵敏度开关相邻两挡间微调灵敏度。测量信号电压时，该钮必须顺时针旋到校准位置
11	V/div	CH2 垂直灵敏度开关	在输入电压幅度一定时，改变该开关的位置可改变屏上波形的幅度。当通道灵敏度微调旋钮 10 旋到校准位置时，开关所指示的数值表示波形高度方向每格对应的电压，根据波形高度可计算出待测电压的幅度
12	⊥	接地	仪器的测量接地装置
13	VARIABLE	水平扫描速率微调	在扫描速率转换开关 13 相邻两挡间微调扫描速度。测量信号周期时，该钮必须顺时针旋到校准位（PULL ×10：拉出时，可使扫描速度及水平偏转灵敏度提高 10 倍）
14	T/div	水平扫描速率转换开关	调节扫描频率，以适合被测信号的频率。当扫描速率微调钮 13 在校准位置时，此开关指示的数值表示光点在水平方向移动 1 格所用的时间
15	EXT TRIG INPUT	外触发信号输入插座	当触发方式选择开关 18 的“INT/EXT”键按下时，此插座输入的信号触发扫描
16	LEVEL	触发电平调节	调节触发点在信号上的位置，电平电位器逆时针方向旋至锁定位置，触发点将自动处于被测波形的中心电平附近。调节该钮可使波形稳定
17	POSITION	X 位移	控制光迹在荧光屏 X 轴方向的位置
18	TRIGGER	触发方式选择开关	“+/-”键弹起时，信号电压上升时触发；按下时，信号电压下降时触发 “INT/EXT（内/外）”键弹起时，触发信号来自 CH1 或 CH2；按下时，触发信号来自外触发输入端 “CH1/CH2”键弹起时，触发信号来自 CH1；按下时，触发信号来自 CH2（“INT/EXT”键按下时，本键不起作用）
19	MODE	扫描方式选择开关	“TIME/$X-Y$”键弹起时，光点的水平运动分量随内部扫描电压变化；按下时，光点的水平运动分量随 CH1 的输入信号变化 “AUTO/NORM（自动/触发）”键弹起时，无输入信号时也能自动扫描；按下时，必须有输入信号才能触发扫描（“TIME/$X-Y$”键按下时，本键不起作用）
20	POSITION	（CH1）Y 位移	控制 CH1 光迹在荧光屏 Y 轴方向的位置，顺时针旋转时，光迹向上平移，逆时针旋转，光迹向下平移

单元 1

续表

序号	面板标志	名　称	功　能
21	VERTICAL MODE	垂直方式选择开关	选择要观察的信号： （1）“CH1”按下时，单独显示 CH1 输入的信号 （2）“CH2”按下时，单独显示 CH2 输入的信号 （3）“ALT（交替）”按下时，CH1、CH2 输入的两个信号交替显示，一般在信号频率较高时使用，因交替重复频率高，借助示波器的余辉在屏幕上能同时显示信号。当信号频率较低时，显示的波形会闪烁 （4）“CHOP（断续）”按下时，CH1、CH2 输入的两个信号用打点的方式同时显示，一般在信号频率较低时使用，可避免两个信号不能同时显示的不足 （5）“ADD（相加）”按下时，显示 CH1 和 CH2 叠加后的波形
22	POSITION	（CH2）Y 位移	控制 CH2 光迹在荧光屏 Y 轴方向的位置，顺时针旋转时，光迹向上平移，逆时针旋转，光迹向下平移
23	INTEN	辉度调节	控制光迹的明暗程度，顺时针方向旋转为增亮；逆时针方向旋转为减弱
24	TRACE ROTATION	光迹旋转	调节此处可使基线（扫描线）和水平坐标线平行（出厂时已经调好）
25	FOCUS	聚焦调节	调节该钮可使光点小而圆，使波形清晰
26	0.2 V_{P-P} 1 kHz	校准信号输出点	输出频率 1 kHz、0.2 V_{P-P} 的方波，用作校准输入通道的放大倍数和扫描频率的基准信号

3）使用方法。本仪器能进行多种参数的测量，其测试方法各有不同，下面仅就典型的使用做简单介绍。

①仪器使用前的自校。仪器在使用前一般要进行自身校准检查，校准步骤如下：

a. 在接通电源前，先将仪器各控制件按表 1—13 所示置位。

表 1—13　　XJ4328 型双踪示波器自校控件置位表

面板控件	作用位置	面板控件	作用位置
垂直方式选择开关（VERTICAL MODE）	CH1	X 位移（POSITION）	居中
CH1 输入耦合选择（AC/DC、⊥）	AC 或 DC	Y 位移（POSITION）	居中
扫描方式选择开关（MODE）	自动	CH1 垂直灵敏度微调（VARIABLE）	校准
触发方式选择开关（TRIGGER：+/－）	+	水平扫描速率微调（VARIABLE）	校准
触发方式选择开关（TRIGGER：INT/EXT）	INT	CH1 垂直灵敏度开关（V/div）	50 mV/div
触发方式选择开关（TRIGGER：CH1/CH2）	CH1	水平扫描速率转换开关（T/div）	1 ms/div

b. 将示波器探极拨到"×1"挡，并将其一端插入 CH1 输入插座。示波器探极如图 1—68 所示。

在探极上有一个衰减选择开关，当拨到"×10"挡时，输入信号被衰减 10 倍；而拨到"×1"挡时，输入信号则不会被衰减。

c. 按下电源开关，指示灯亮，屏幕上出现一条水平扫描线。

d. 将探极另一端接到校准信号输出端，此时屏幕会出现方波信号。

e. 经预热后，调节"辉度""聚焦"旋钮，使亮度适中，聚焦最佳；再调节"触发电平"使波形同步，呈现出如图 1—69 所示的波形。将 X 扩展拉出置于"PULL ×10"，10 div 显示 5 个周期，说明仪器基本正常。

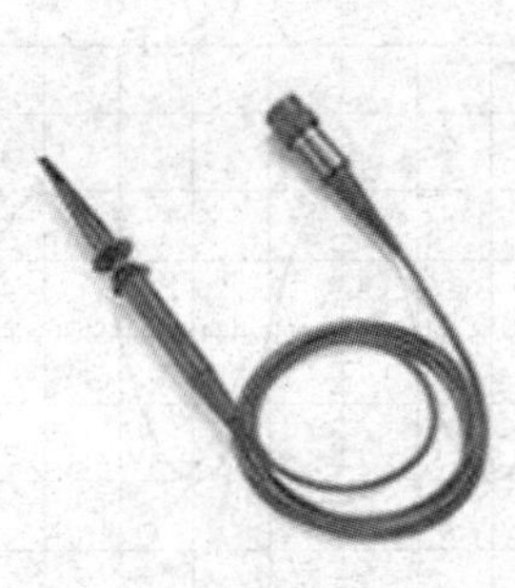

图 1—68　示波器探极

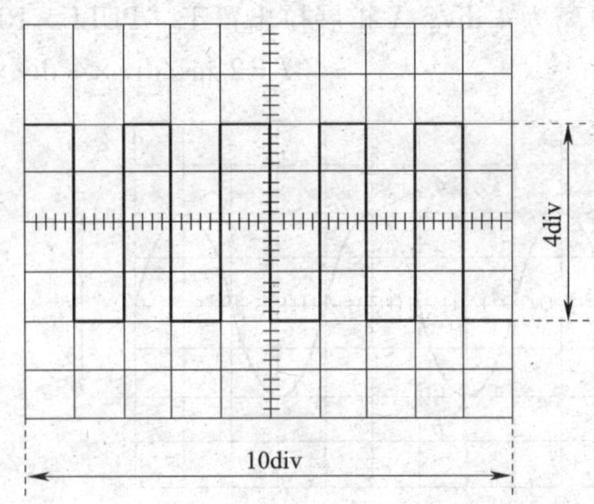

图 1—69　XJ4328 型双踪示波器的自校波形

②电压测量

可对被测信号的交流分量和直流分量电压进行测量。测量时，将输入耦合选择置于"AC"位置，将信号中的直流成分隔开，以免使信号偏离 Y 轴中心，甚至使测量无法进行。当测量重复频率低的交流分量时，应置于"DC"位置，否则因频率响应的限制，产生不真实的测试结果。其具体测量方法如下：

a. 垂直系统的输入耦合选择开关置于"AC""V/div"开关和"T/div"开关，根据被测量信号和频率选择适当的挡级，并将被测量信号直接或通过探极输入仪器的 Y 轴输入端，调节触发"电平"并使波形稳定。

b. 如果此时仪器"V/div"挡级标称值为 a/div，并根据屏幕上的垂直坐标刻度，读出显示信号波形的峰－峰值为 b（div），则被侧信号的峰－峰值应为 $a\times b$。

c. 若 Y 输入端使用了 10∶1 的衰减探极，则被测信号的峰－峰值为 $a\times b\times 10$。

示例 1—1：在图 1—70 所示中，仪器"V/div"挡级标称值为 5 V/div，显示信号波形的峰－峰值（A、B 两点间）为 4 div，则被侧信号的峰－峰值为：

$$U_{\mathrm{P-P}}=5\ \mathrm{V/div}\times 4\ \mathrm{div}=20\ \mathrm{V}$$

则有效值为：

$$U=\frac{U_{\mathrm{p-p}}}{2\sqrt{2}}=\frac{20\ \mathrm{V}}{2\sqrt{2}}\approx 7.07\ \mathrm{V}$$

如果 Y 输入端使用10∶1的衰减探极，则被测信号的峰－峰值为：

$$U_{p-p}=5\ \text{V/div}\times 4\ \text{div}\times 10=200\ \text{V}$$

③时间间隔测量。在扫描速率微调处于校准位置，扫描速率转换开关T/div值是定量的，可直接计算出被测信号各点的时间关系。其测量方法如下：

a. 调节有关控件使显示波形稳定，将"T/div"置于适当的挡级 c/div。

b. 借助刻度读出波形上被测两点间在水平方向上的距离 d（div）。

c. 被测两点之间的时间间隔为 $c\times d$。

d. 若测量时 X 扩展拉出置于"PULL×10"，则被测两点之间的时间间隔为 $c\times d\times 0.1$。

示例1—2：在图1—71中，扫描速率转换开关置于2 ms/div，并测得 b、c 两点的水平距离为4 div，X 扩展拉出置于"PULL×10"，则时间间隔（周期）为：

$$T=2\ \text{ms/div}\times 4\ \text{div}\times 0.1=0.8\ \text{ms}$$

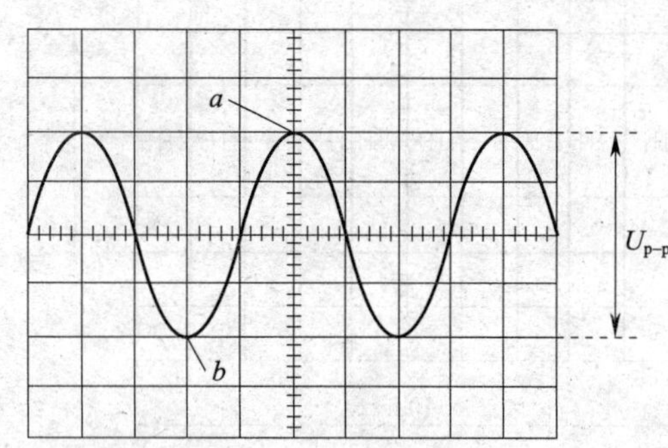

图1—70　电压测量

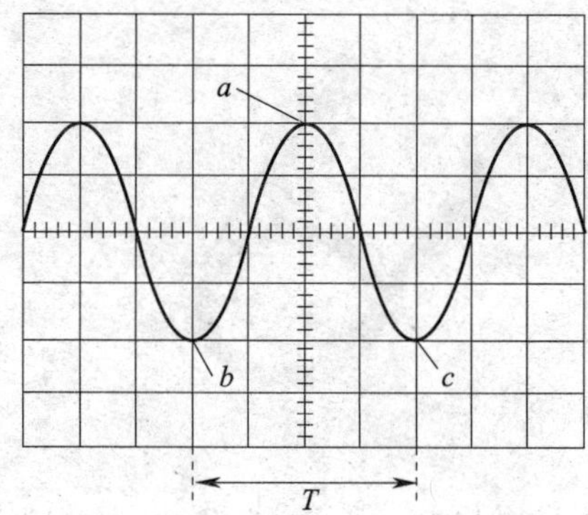

图1—71　时间间隔的测量

单元 1

④周期和频率测量。在图1—71所示中，b、c 两点间的时间间隔的测量是一个特例，测量结果即为该信号的周期 T，则该信号的频率 f 应为 $\frac{1}{T}$。

示例1—3：在示例1—2中，测出该信号的周期为0.8 ms，则该信号的频率为：

$$f=\frac{1}{T}=\frac{1}{0.8\ \text{ms}}=1.25\ \text{kHz}$$

4）使用注意事项

①使用前，检查电源电压应适应交流（220±10%）V或交流（110±10%）V的范围。

②输入端不应馈入超过企业标准所规定的电压。

③接通电源后，需预热2～3 min，等机内元件工作稳定后，再进行调试使用。

④调聚焦时，应注意采用光点聚焦而不采用扫描线聚焦，这样才能使电子束在水平和垂直方向都能很好的聚拢。

⑤光点不宜太亮，也不要长时间停留在一点上，以免影响荧光屏寿命。在使用过程中，若暂不使用示波器时应将"辉度"调小，但不必关闭电源。电源时通时断容易损坏示波管等元器件。

⑥测量衰减开关要由大到小进行调节，不能让波形扩大到荧光屏外，以免机内元器件因过载而损坏。

⑦使用各旋钮进行调节时，切勿用力过猛，以免损坏旋钮或机内零件。

⑧为了避免杂散信号的干扰，被测信号一般都通过同轴电缆或带有探头的同轴电缆引入。探头的作用是提高示波器内放大器的输入电阻，减少输入电容，从而减少对被测信号的影响。由于探头有分压作用，被测信号通过探头将有10:1的衰减。

⑨应在温度为0~40℃、湿度为≤90%（40℃）环境内使用，应无强烈的电磁场干扰。

（3）数字示波器。数字示存储波器外形如图1—72所示，具有A/D、D/A转换及存储电路，有的还配有磁盘驱动器、RS232串行通信口或IEEE通信接口。数字存储示波器可将被测信号幅值、频率和周期等参数直接显示在数字屏上，还可对测得的若干信号图像进行存储，以便于以后的显示、查询、比较等。另外，由于具有通信接口，可以连接打印设备，对内存中的存储图表选择硬拷贝，这样大大方便了那些希望把测得的波形作为资料保存的使用者；而示波器所配的磁盘驱动器则可使测得的波形长期保存，以便将来重新调入示波器进行各种必要的处理和操作。

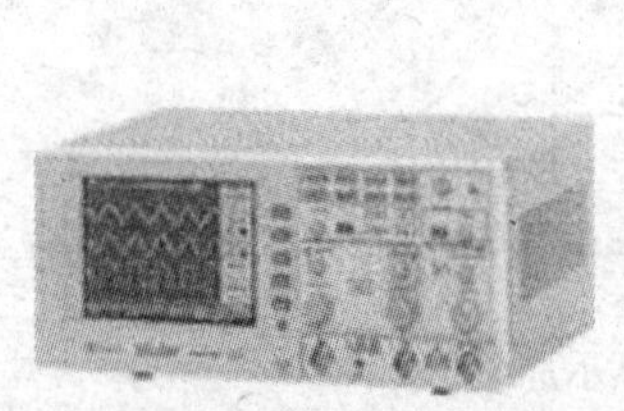
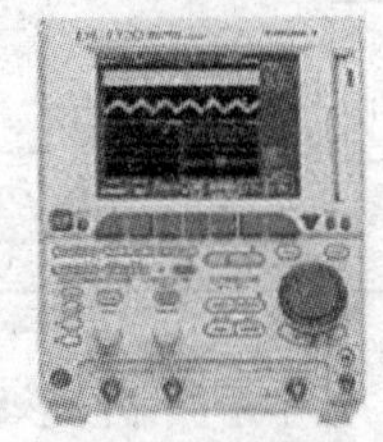
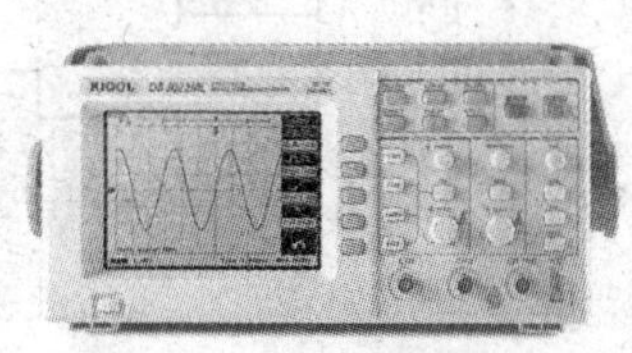

图1—72　数字示波器

数字存储示波器的原理框图如图1—73所示。其工作过程为：将输入信号先经过A/D转换，将模拟波形变换成数字信号，存储于数字存储器（RAM）中；在微处理器的CPU控制下，根据用户需要将存储的数字信号加工处理或直接调出，通过D/A转换，将数字信号变换成模拟波形，驱动阴极射线管加以显示；同时，微处理器还完成对阴极射线管的水平扫描及亮度等的驱动控制。

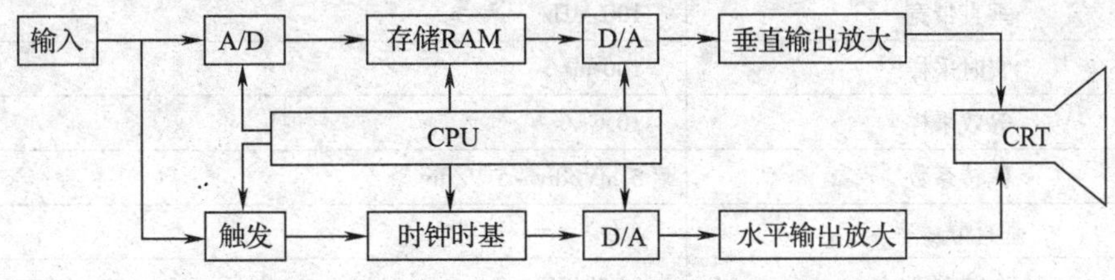

图1—73　数字示波器的原理框图

数字存储示波器的波形显示原理如图1—74所示。当被测信号接入时，首先对模拟量进行取样，图1—74a中的a_0~a_7点对应于被测信号u的8个取样点，这种取样方式为“实时取样”，它对一个周期内信号的不同点进行取样。8个取样点得到的数字量分别存储于地址为00H开始的8个存储单元中，其地址号分别为00H~07H。显示时，先取出D0~D7数据，再进行D/A转换；同时存储单元地址号从00H~07H也经过D/A转换，形成图 1—74d 所示阶梯波，加到 X 水平系统，控制扫描电压，这样就将被测波形重现于荧光屏上，如图 1—74e 所示。只要 X 方向与 Y 方向的量化程度足够精细，图 1—74e 所示波形就能准确地代表图 1—74a 的波形。

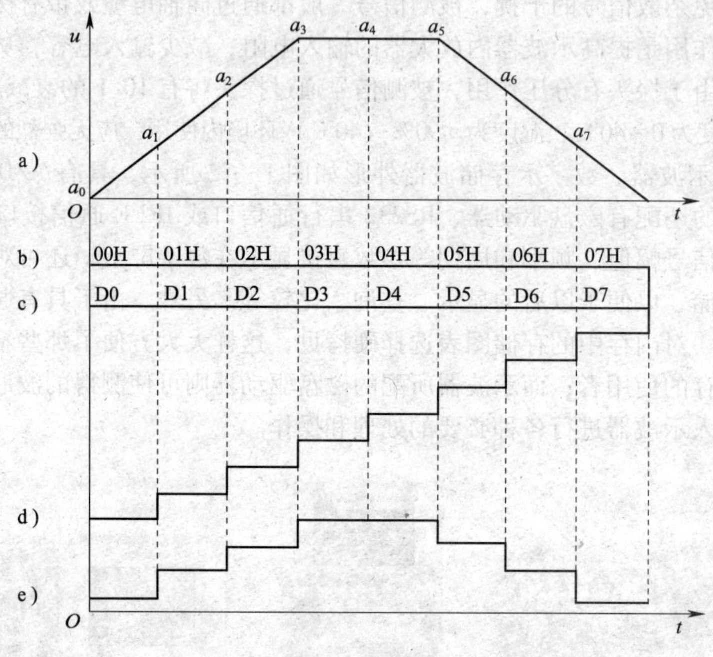

图 1—74　数字示波器波形显示原理

下面以 CA2102 型示波器为例，介绍数字存储示波器的一些主要技术指标和使用方法。

1）CA2102 型数字存储示波器技术指标。CA2102 型数字存储示波器的主要技术指标见表 1—14。

表 1—14　　CA2102 型数字存储示波器主要技术指标

项　目	技术指标
获取状态	采样、峰值采样、平滑
垂直带宽	100 MHz
实时采样	100 ms/s
等效采样	10 Gs/s
偏转系数	5 mV/div ~ 5 V/div
垂直分辨率	8 b
存储深度	25 K/CH
扫描时间	5 ns/div ~ 5 s/div
显示分辨率	320（水平）×240（垂直）像素
背光强度	60 烛光/平方米
使用电源	AC 100 ~ 240 V/50 ~ 440 Hz
功率	<25 W

续表

项　目	技术指标
自动测量	均方根值、平均值、峰峰值、周期、频率
接口	RS－232、USB、打印接口
电源	交流供电、电池供电
光标	ΔU、ΔT、$1/\Delta T$

2）面板结构及按键功能。CA2102 型数字存储示波器前面板示意图如图 1—75 所示。

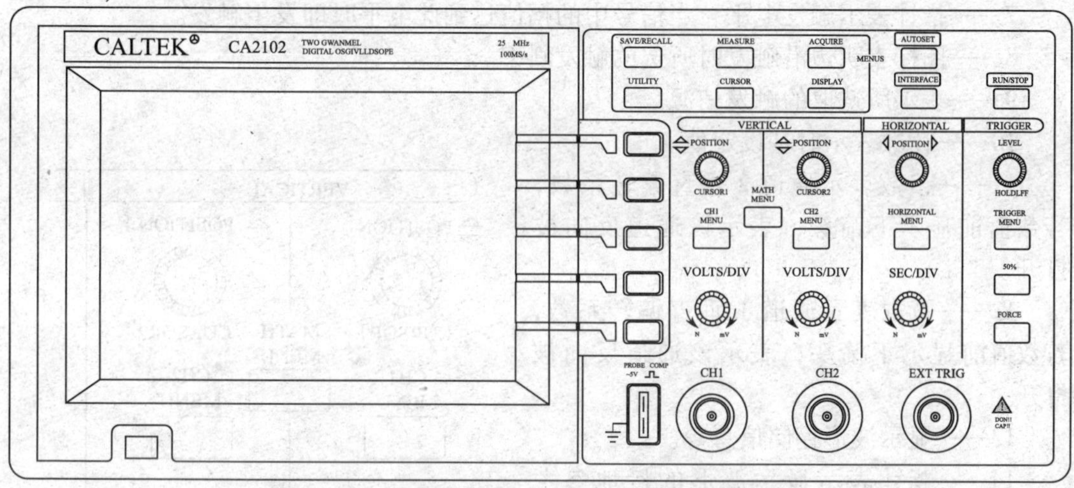

图 1—75　CA2102 型数字存储示波器前面板示意图

①显示区。示波器的显示区除了显示波形外，还可以显示关于波形和示波器控制设置的详细信息，如图 1—76 所示。

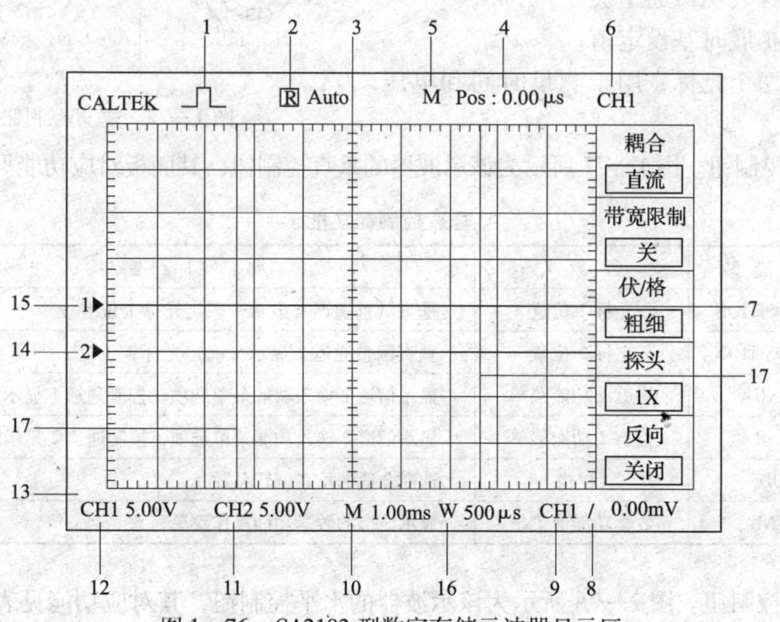

图 1—76　CA2102 型数字存储示波器显示区

图 1—76 中的各序号说明如下：

1——表示在采样状态。

2——触发状态表示是否具有充足的触发信源或获取是否已停止。

3——指针表示示波器水平触发位置。

4——触发位置显示，表明垂直中心与触发位置之间的（时间）偏差。屏幕中心等于零。

5——M 表示选中主时基，W 表示选中视窗扩展。

6——显示当前菜单。

7——指针表示触发电平，当信号中的幅值达到此电平时即发生触发。

8——图标表明边沿触发时所选的触发斜率。

9——表示所选取的触发信源。

10——读数表示时基设定值。

11——读数表示通道 2 垂直偏转系数，若数值前显示下箭头，表示该通道反向被打开。

12——读数表示通道 1 垂直偏转系数，若数值前显示下箭头，表示该通道反向被打开。

13——显示波形存储信息等。

14——指针表示显示波形的接地参考点，若无指针表明该通道关闭。

15——指针表示显示波形的接地参考点，若无指针表明该通道关闭。

16——扩展时基设定值。

17——两个光标，用于测量时间和电压等波形参数。

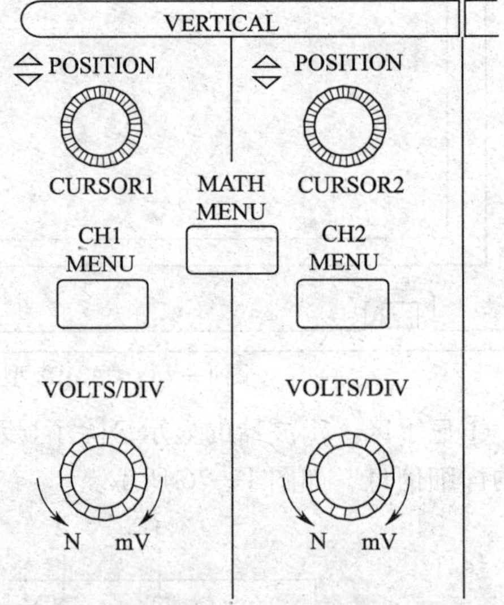

图 1—77　垂直控制钮

②垂直控制钮。图 1—77 所示为该示波器的垂直控制钮，其面板对应功能见表 1—15。

表 1—15　　垂直控制钮功能

面板标志	含　义	功　能
CURSOR1 POSITION	光标 1 位置	垂直调整通道 1 显示，确定光标 1 位置
CURSOR2 POSITION	光标 2 位置	垂直调整通道 2 显示，确定光标 2 位置
CH1 MANU	信道 1 功能菜单	显示信道 1 输入功能菜单选项，控制通道 1 显示的接通和关闭
CH2 MANU	信道 2 功能菜单	显示信道 2 输入功能菜单选项，控制通道 2 显示的接通和关闭
VOLTS/DIV	伏/格	选择合适的垂直偏转系数
MATHMENU	数学功能值菜单	显示波形的数学功能操作菜单

③水平控制钮。图 1—78 所示为该示波器的水平控制钮，其对应功能见表 1—16。

④触发控制钮。图 1—79 所示为该示波器的触发控制钮，其对应功能见表 1—17。

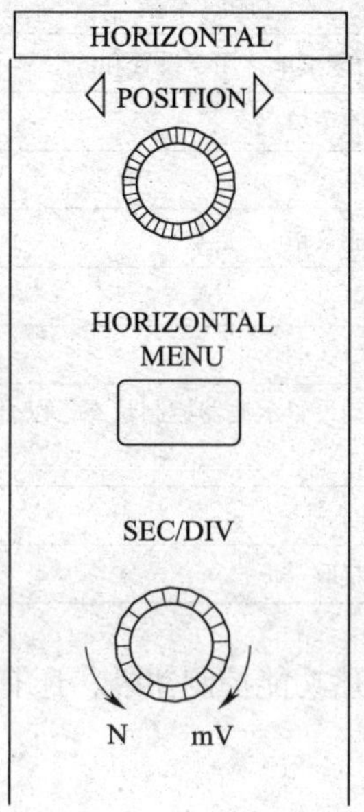

图 1—78　水平控制钮

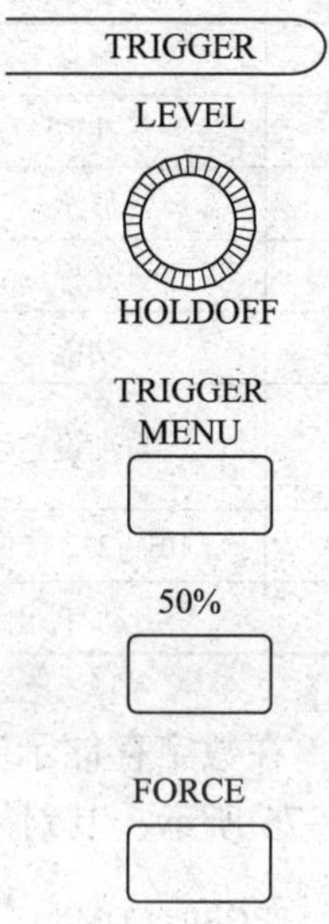

图 1—79　触发控制钮

表 1—16　　水平控制钮功能

面板标志	含　义	功　能
POSITION	位置	调整所有通道和数学波形的水平位置
HORIZONTAL MENU	水平菜单	显示水平功能菜单
SEC/DIV	秒/格	主时基选择水平时间/格数（偏转系数）

表 1—17　　触发控制钮功能

面板标志	含　义	功　能
LEVEL、HOLD OFF	电平、释抑	作为触发电平控制钮，设定信号必须通过的振幅，以便进行获取；作为释抑控制钮，设定接收下一个触发事件之前的时间量
TRIGGER MENU	触发菜单	显示触发功能菜单
50%	中点设定	触发电平设定在信号电平的中点
FORCE	强制触发	不管触发信号是否适当，都完成当前波形采集

⑤控制钮。图 1—80 所示为该示波器的控制钮，其对应功能见表 1—18。

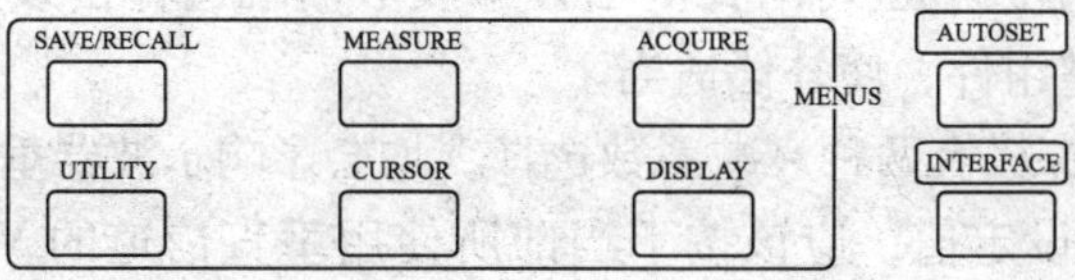

图 1—80　控制钮

表 1—18　　控制钮功能

面板标志	含　义	功　能
SAVE/RECALL	储存/调出	显示储存/调出功能菜单，用于设置和波形显示
MEASURE	测量	显示自动测量功能菜单
ACQUIRE	获取	显示获取功能菜单
DISPLAY	显示	显示显示类型功能菜单
CURSOR	光标	显示光标功能菜单
UTILITY	功能	显示辅助功能菜单
AUTOSET	自动设定	根据被测信号自动设置示波器控制状态，以合适的位置稳定显示输入信号波形
INTERFACE	RS－232 接口	启动与计算机通信
RUN/STOP	启动/停止	启动和停止波形获取

⑥其他部件。在数字存储示波器前面板上，除上述功能控制钮外，还有一些重要的其他部件，如图 1—76 所示，其对应功能见表 1—19。

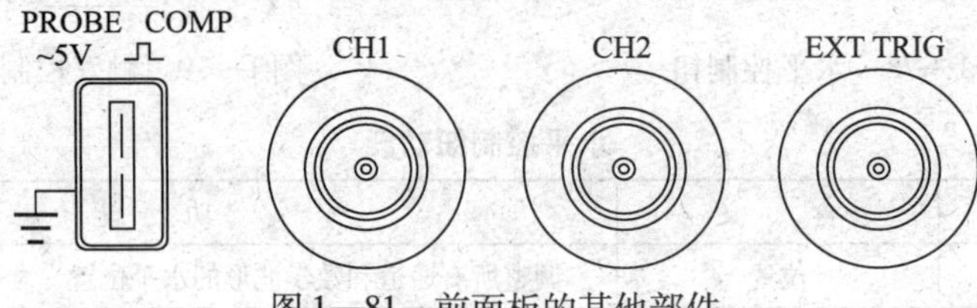

图 1—81　前面板的其他部件

表 1—19　　部件功能

面板标志	含　义	功　能
PROBE/COMP	探极补偿器	使探极补偿与输入电路相匹配
CH1	通道 1	由此输入被测信号
CH2	通道 2	由此输入被测信号
EXT TRIG	外部触发	由此输入外部触发信号（与 TRIGGER MENU 控制钮配合使用）

3）准备工作

①探极补偿。在使用示波器时，应保证探极与输入通道相匹配，这就需要第一次将探极与任一输入通道相连接时进行适当调节，步骤如下：

将示波器探极与某通道连接，同时还要与本机的探极补偿器输出端连接；检查所显示的波形形状，与图 1—82 所示波形进行对比。当显示波形出现过补偿或欠补偿时，按图 1—83 的位置调节探极的调整组件，使补偿适当。

②探极衰减系数设定。探极有两种衰减系数选择，均会影响示波器垂直偏转系数的读数。要检查或改变探极衰减设定值，应该按下当前所使用垂直信道的 VERTICAL MENU（垂直功能菜单）按钮，然后按 PROBE（探极）的选择钮，直到显示所需要的设定值为止。此设置在再次改变前始终保持有效。

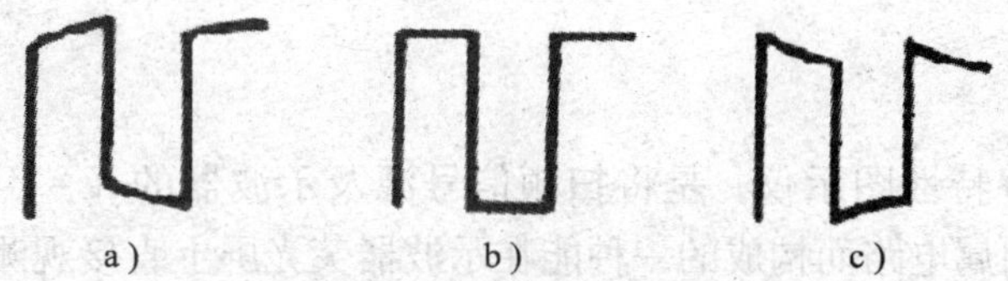

图 1—82　探极补偿波形

a）欠补偿　b）补偿适当　c）过补偿

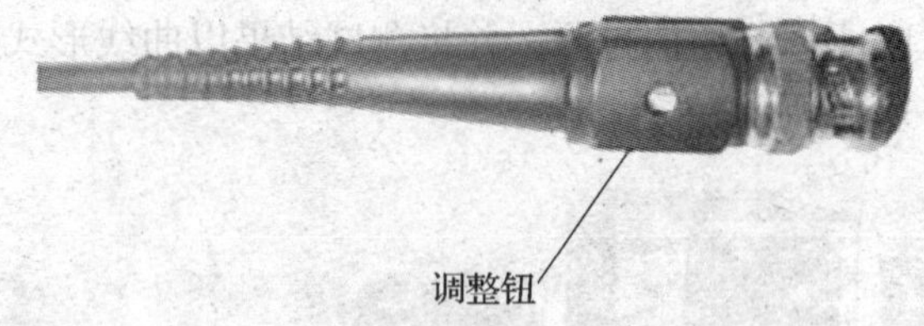

图 1—83　探极调整组件

③自校准。自校准程序可以迅速的使示波器达到最佳状态，以取得最精确的测量值。使用者可以在任何时候执行此程序。当环境温度变化范围达到 Δ5℃时，必须执行此程序。首先应将所有探极或导线与外触发输入连接器断开。然后，按 UTILITY（辅助功能）按钮并选择其中的 Do Self Cal（执行自校准）选项，以确认准备就绪。

4）测量简单信号。欲观测电路中某一未知信号并进行自动测量时，应进行如下操作：

①设定探极衰减系数。若估计被测信号的幅值有可能达到几十伏或者是信号的频率很高，则应将探极上的开关设定为 10×，同时还要将探极的菜单衰减系数设定为 10×。

②将探极与通道 1 连接，同时连接到电路测试点。

③按下 AUTO（自动设置）按钮，示波器自动设置垂直、水平和触发控制。此时屏幕上将显示一稳定波形，若需要优化此波形，可通过手动调节垂直偏转系数（V/div）和扫描时基（s/div）。

④按下 MEASURE 按钮以显示自动测量菜单。

⑤按下 1 号菜单操作键（位于屏幕右部按键，自上而下），选择信源为 CH1。

⑥按下 2 号菜单操作键，选择测量类型为频率。

⑦按下 3 号菜单操作键，选择测量类型为峰峰值。

⑧按下 4 号菜单操作键，选择测量类型为周期。

⑨按下 5 号菜单操作键，选择测量类型为平均值。

此时，在每一类型下方即可显示与之对应的信号参数。需注意的是：该示波器只能同时测量 4 种测量值，使用时应根据需要进行选择。

5）数字存储示波器使用注意事项

①应保持仪器表面清洁、干燥，并提供良好的通风。

②仪器液晶显示屏不可受到长时间的直接日照。

③为了防止火灾和电击危险，使用时应注意仪器的所有额定值和标记，认真阅读使用说明书。

④不能在潮湿、易爆的环境下使用示波器。

⑤不可将探极的接地端连接到电源的相电位，且在测试过程中不可触碰裸露的接点和

部件。

6. 扫频仪

扫频仪又称频率特性图示仪，是将扫频信号源及示波器的 X－Y 显示功能结合为一体，并增加了某些附属电路而构成的一种能在示波器荧光屏上直接观测到各种电路频率特性曲线（幅频特性曲线）等的频域测量仪器，由此可以测算出被测电路频带宽度、品质因数、电压增益、输入/输出阻抗及传输线特性阻抗等参数。扫频仪与示波器的区别在于前者能够自身提供测试时所需要的信号源，并将测试结果以曲线形式显示在荧光屏上。常见扫频仪的外形如图 1—84 所示。

图 1—84　常见扫频仪外形

扫频仪主要由扫频信号发生器、频标信号形成电路、显示器和检波探头等组成。图 1—85 所示为扫频仪原理框图及工作波形。扫描信号发生器产生的扫描电压既加至 X 轴，又加至扫频信号发生器，使扫频信号的频率变化规律与扫描电压一致，从而使得每个扫描点与扫频信号输出的频率有一一对应的确定关系。扫描信号的波形可以是锯齿波，也可以是正弦波，因为光点的水平偏移与加至 X 轴的电压成正比，即光点的偏移位置与 X 轴上所加电压有确定的对应关系，而扫描电压与扫频信号的输出瞬时频率又有一一对应关系，故 X 轴相应地成为频率坐标轴。扫频信号加至被测电路，检波探头对被测电路的输出信号进行峰值检波，并将检波所得信号送往示波器 Y 轴电路，该信号的幅度变化正好反映了被测电路的幅频特性，因而在屏幕上能直接观察到被测电路的幅频特性曲线。为了标出 X 轴所代表的频率值，需另加频标信号。该信号是由作为频率标记的晶振信号与扫频信号混频而得到的。

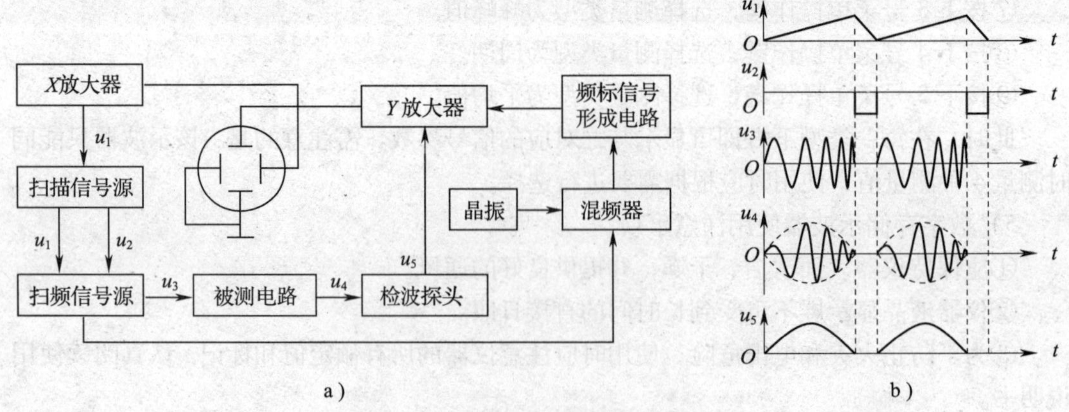

图 1—85　扫频仪原理框图及工作波形

a）框图　b）波形

下面以 BT－3G 型扫频仪为例，介绍扫频仪的主要技术指标和使用方法。

（1）BT－3G 型扫频仪技术指标。BT－3G 型扫频仪主要技术指标见表 1—20。

表 1—20　　BT－3G 型扫频仪主要技术指标

项　目	技术指标
扫描范围	（1）2～300 MHz 低端频率以扫宽 10 MHz 为准 （2）中心频率：2～250 MHz
扫频宽度	最宽＞100 MHz，最窄＜1 MHz
扫频非线性	扫宽分别为 100 MHz 和 20 MHz 时，均＜±10%
输出电压	在 0 dB 衰减时，75 Ω 终端为（0.3±10%）V（连续振荡以 150 MHz 为准），温度每变化 10℃附加误差为±2.5%
输出电平平坦度	0 dB 时，全频段＞±0.5 dB
输出衰减器	（1）粗衰减器：0 dB、10 dB、20 dB、30 dB、40 dB、50 dB、60 dB，共 7 挡，10 dB 步进 （2）细衰减器：0 dB、1 dB、2 dB、3 dB、4 dB、5 dB、6 dB、7 dB、8 dB、9 dB、10 dB，共 11 挡，1 dB 步进
输出阻抗	75 Ω
频率标记	（1）50 MHz 频标，10 MHz、1 MHz 复合频标，外接频标信号 （2）标记精度：＞1×10－4 （3）标记形式：菱形 （3）外接频标灵敏度：＜0.5 V
显示部分垂直灵敏度	20 mV/cm
显示部分输入阻抗	470 kΩ

（2）面板结构及按键功能。BT－3G 型扫频仪前面板如图 1—86 所示，图中各序号表示的面板各控件名称及功能见表 1—21。

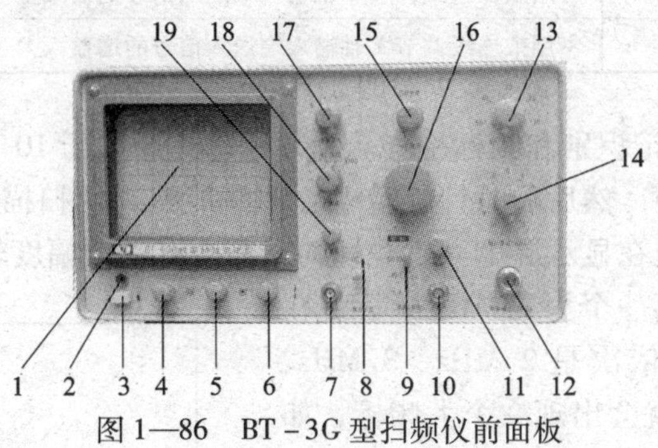

图 1—86　BT－3G 型扫频仪前面板

（3）使用前的检查和调整。为了保证测量结果的准确性，在使用扫频仪进行各种测量前应对其进行检查和调整，具体方法如下：

1）接通 220 V 电源，按下电源开关，指示灯亮。

2）调节辉度旋钮和聚焦旋钮，使显示屏的上水平扫描线明亮清晰。

3）根据实际测量情况，选择影像极性转换开关的挡位（＋或－）和输入耦合方式选择开关的挡位（AC 或 DC）。

表 1—21　　BT－3G 型扫频仪前面板各控件名称及功能

序号	名　称	功　能
1	显示屏	扫频仪的显示部分。在显示屏上标有 8 行、10 列的坐标格，在屏幕正中央有一个十字形的坐标，该坐标将每个坐标格从横、纵方向分成 5 等分，以便观测
2	电源指示灯	当电源接通时，指示灯发红光
3	电源开关	仪器电源总开关，按入接通
4	辉度旋钮	控制光迹的明暗程度
5	聚焦旋钮	控制光迹的清晰程度
6	Y 轴位移旋钮	控制显示屏上的光迹上下移动
7	Y 轴输入端	被测电路输出的信号经检波后送入该插孔内
8	输入耦合方式选择开关	用来选择输入信号的耦合方式，有“AC（交流）”和“DC（直流）”两挡
9	频标选择开关	可使频率扫描基线显示频标信号，有 50 · 10 MHz（频标 · 复合频标）、10 · 1 MHz和外接 3 挡
10	外接频标信号输入端	当频标选择开关置于“外接”挡时，由此引入外来信号，这时在频率扫描基线上显示外接频标信号的标记
11	频标幅度调节旋钮	调节频标幅度大小。一般幅度不宜太大，可观察清楚即可
12	扫频信号输出端	由此输出扫频信号
13	输出粗衰减调节开关	用来调节输出扫频信号的衰减（粗调）
14	输出细衰减调节开关	用来调节输出扫频信号的衰减（细调）
15	扫频宽度调节旋钮	用来调节扫频范围
16	中心频率旋钮	用来调节频标的位置，调节时显示屏上的频标发生水平方向移动
17	影像极性转换开关	用来调节显示屏图形显示形式，有“＋”和“－”两挡，当选择“＋”时，图形正常显示；当选择“－”时，图形像经过镜子一样反向显示
18	Y 轴衰减开关	用来步进式调节 Y 轴输入端送入信号的衰减量
19	Y 轴增益旋钮	用来连续调节 Y 轴输入端送入信号的增益

4）进行零频率标记识别和频标检查。置频标选择开关于 10 · 1 MHz 挡，将扫频宽度和频标幅度调节适中，然后顺时针旋转中心频率旋钮，使扫描线上的频标向右平移，当旋足时零频标会出现在显示屏上。零频标的左侧会有一个幅度较小的频标作为识别标志，而零频标的右侧第一个为 2 MHz 频标。在零频标确定后，向右依次是 2 MHz、3 MHz、4 MHz…频标，满 10 就会出现一个大频标，如图 1—87 所示。当逆时针旋转中心频率旋钮时，显示屏上的频标会向左平移，自零频标起至 300 MHz 范围内的每个频标应清晰分明。

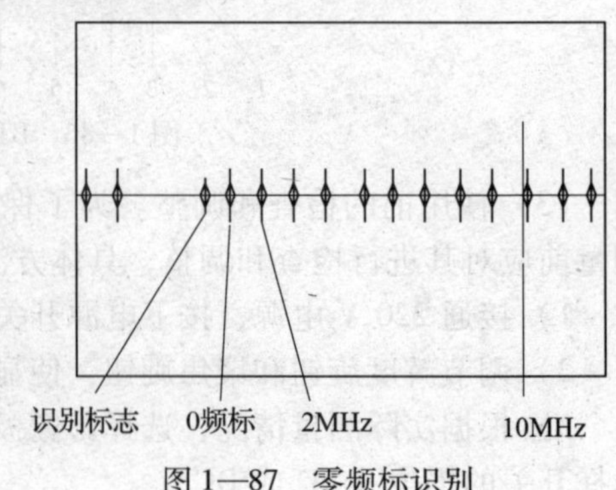

图 1—87　零频标识别

置频标选择开关于 50 · 10 MHz 挡，调节中心频率旋钮，全频段内每间隔 50 MHz 出现 1 个频率标记，每个频标应清晰分明。

在检查外接标记时，应置频标选择开关于“外接”挡位，然后从外接频标信号输入端输入 30 MHz 的连续波振荡信号，幅度约 0.5 V，此时指示 30 MHz 的菱形标记应出现在显示屏上。

5）检查扫频信号和扫频宽度。置扫频仪输出衰减调节开关于 0 dB，将机箱底部“通/断”开关置于通，并将频标选择开关置于 10 · 1 MHz 挡。然后，把 75 Ω 射频电缆（粗）接到扫频仪的扫频信号输出端，其另一端接低阻检波器 75 Ω 输入端，低阻检波器如图 1—88 所示。再用 50 Ω 电缆（细）把低阻检波器输出引入到扫频仪的 *Y* 轴输入端，调整 *Y* 轴增益旋钮，在显示屏上就会出现如图 1—89 所示的图形。旋转中心频率旋钮，显示屏上的扫频线和频标都发生相应移动，在整个扫频范围内扫频线应无较大起伏。

图 1—88　低阻检波器

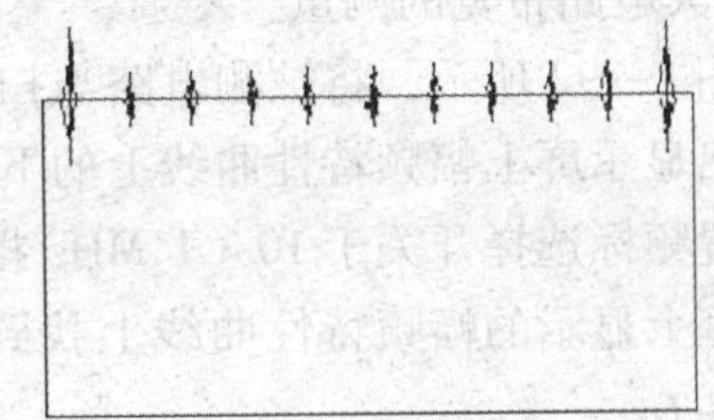

图 1—89　检查扫频信号和扫频宽度

6）检查扫频线性。将扫频宽度调节为 100 MHz（10 · 1 MHz 标记读数），通过调节中心频率旋钮使标记位置如图 1—90 所示，则扫频线性 $\pm\frac{A-B}{A+B}\times 100\%$ 应小于 ±10%。

7）检查扫频信号平坦度和衰减器。将扫频宽度调节为 100 MHz（50 · 10MHz 标记读数），衰减调节开关置于 0 dB。通过调节 *Y* 轴位移旋钮，使扫描基线显示在显示屏的底线上。接下来调节 *Y* 轴增益旋钮，使带有标记的信号线离底线轴约 6 格，再调节中心频率旋钮，自零频标至 300 MHz 找出最大幅度为 *A*。增加 1 dB 衰减时，记下幅度 *A* 跌落至 *B*。将衰减调节开关恢复为 0 dB 时，在全频段（2 ~ 300 MHz）内，扫频电压波动应落在 *A* 和 *B* 之间，如图 1—91 所示。

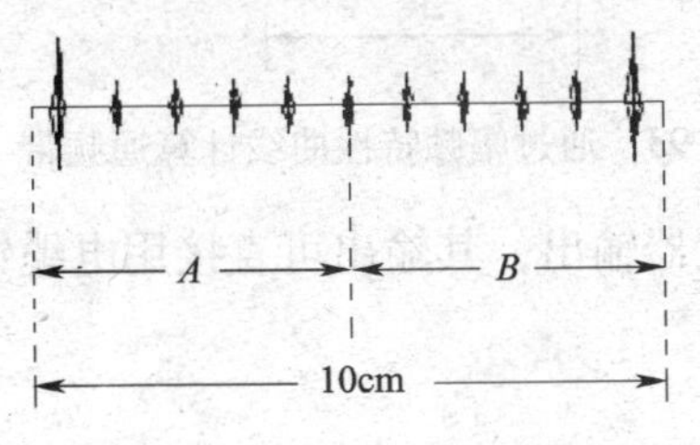

图 1—90　检查扫频线性

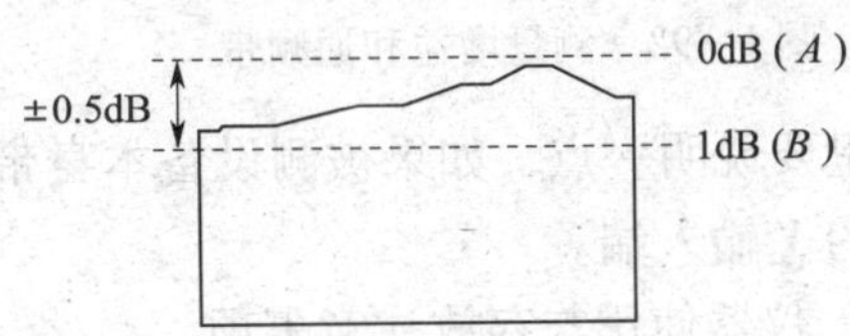

图 1—91　检查扫频信号平坦度和衰减器

8）测量输出电平。首先将扫频仪粗、细输出衰减调节开关均置于 0 dB，然后将中心频率调到 150 MHz，扫频宽度调到最小，此时机箱底部的“通/断”开关应置于“断”的位置。把一台超高频电子电压表的量程拨到 1 V 挡，并将其与扫频仪的扫频信号输出端相连，正常测得的输出电压应为 0.3 V。测量结束后，“通/断”开关应恢复为“通”的位置。

（4）具体使用方法。为了说明 BT－3G 型扫频仪的使用方法，通过测量一个放大器的增益和通频进行介绍。

1）放大电路增益的测量

①进行 0 dB 校正。先将 75 Ω 射频电缆接到扫频仪的扫频信号输出端，其另一端接低阻检波器 75 Ω 输入端，再用 50 Ω 检波电缆把低阻检波器输出引入到扫频仪的 Y 轴输入端。将输出衰减调节开关置于 0 dB，Y 轴衰减开关置于校正挡，并调整 Y 轴增益旋钮，使扫频电压线与基线之间的距离为整数格 H（一般取 $H=5$ 格）。

②如图 1—92 所示，将被测电路与经过 0 dB 校正的扫频仪连接好。

③进行调节并读取测量结果。Y 轴增益旋钮保持不动，通过调节输出粗、细衰减调节开关，使屏幕显示的幅频特性曲线的幅度正好为 H，此时输出衰减的分贝值就等于被测电路的增益。例如，粗调衰减为 20 dB，细调衰减为 3 dB，则增益 $A=23$ dB。

2）放大电路带宽的测量

①如图 1—92 所示，将被测电路与扫频仪连接好。

②读出显示屏上幅频特性曲线上的下限频率 f_L 与上限频率 f_H，由此计算出放大电路的带宽。置频标选择开关于 10 · 1 MHz 挡，然后调节中心频率旋钮和扫频宽度调节旋钮，从屏幕上显示的幅频特性曲线上找到下限频率 f_L 与上限频率 f_H，则放大电路带宽 BW$\Delta f=f_H-f_L$。

例如：从图 1—93 所示的幅频特性曲线上，读出曲线中频段左侧弯曲下降到 0.707 所对应处为下限频率 $f_L=48$ MHz，曲线右端弯曲段下降到 0.707 所对应处为上限频率 $f_H=56$ MHz，则 $\Delta f=56\ \text{MHz}-48\ \text{MHz}=8$ MHz。

单元 1

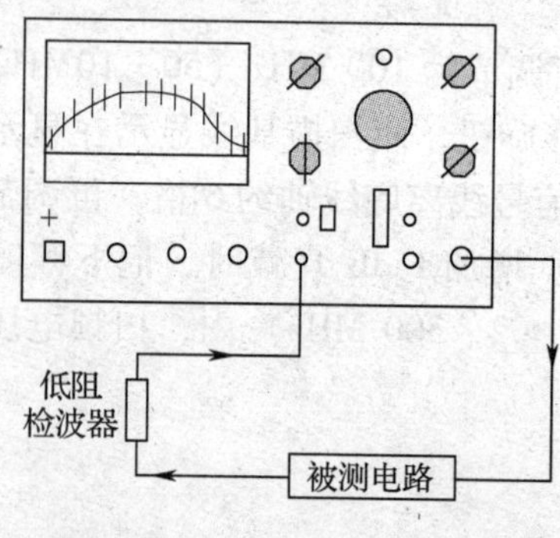

图 1—92　测量增益和通频带

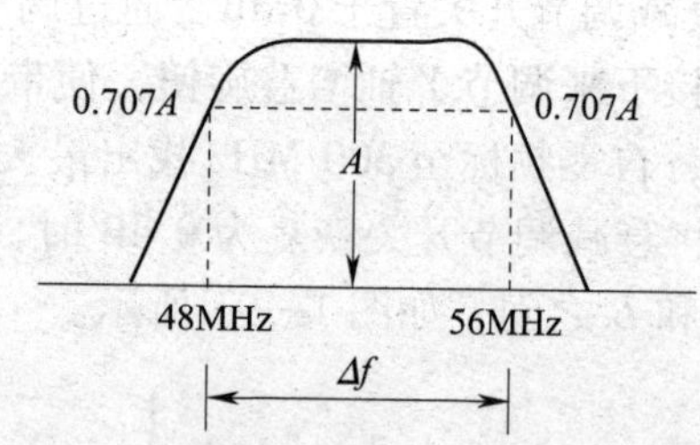

图 1—93　通过幅频特性曲线计算通频带

这里要说明一点，如果被测设备本身带有检波器输出，其输出可直接用电缆馈入显示系统的 Y 输入端。

（5）仪器使用与存放注意事项

1）仪器工作时应保证接地牢靠。

2）仪器面板上的按键和旋钮使用着力应适当均匀，不可过猛过快。

3）仪器的输入、输出端应保持清洁，与外接接头相连时应对准接牢，以免出现偏差。

4）仪器应避免在高温、高湿和有振动、有冲击的环境下使用和存储，也不应在强磁场中使用，以免影响仪器的正常工作。

5）仪器存放时应置于清洁、干燥、通风的室内，距地面应有一定的高度。

7. 频谱分析仪

频谱分析仪又称射频万用表，可用来对信号进行分析和研究，如通信发射机以及干扰信号的测量、频谱的监测、器件的特性分析等，是从事电子产品研发、生产、调试、检验的常用仪器。常见的频谱分析仪外形如图 1—94 所示。虽然频谱分析仪同示波器一样，是用来观测信号的一个基本工具，但示波器提供的是一个时域窗口，而频谱分析仪则提供了一个频域窗口，如图 1—95 所示。

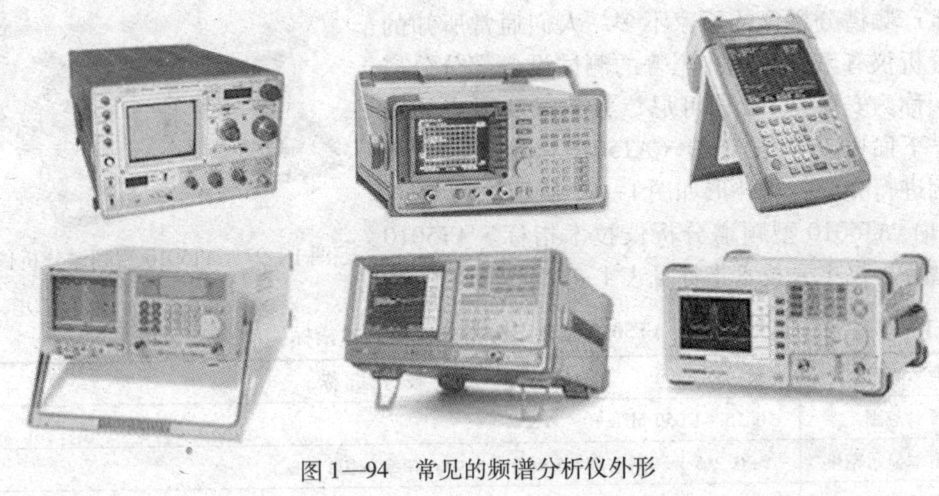

图 1—94　常见的频谱分析仪外形

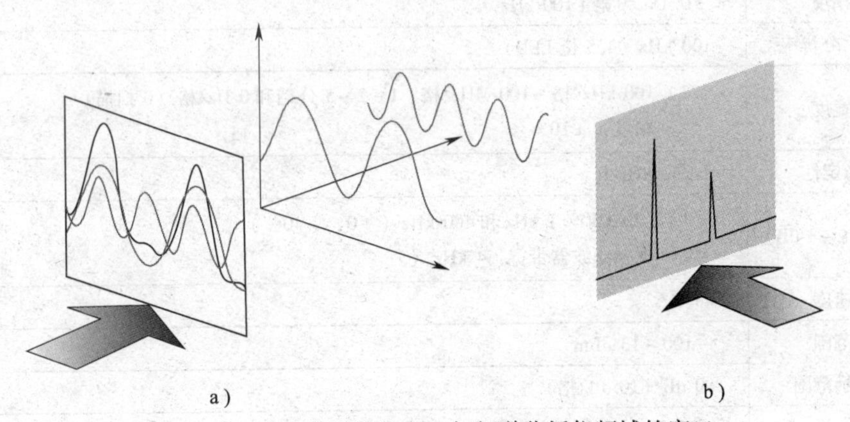

图 1—95　示波器时域的窗口与频谱分析仪频域的窗口

a）时域测量　b）频域测量

目前频谱分析仪的品种和数量较多，应用最广泛的是超外差频谱仪。超外差频谱仪实质上是一种具有扫频和窄带宽滤波功能的超外差接收机，它利用超过输入信号频率的本地振荡频率通过混频器获得差频输出，其基本原理框图如图 1—96 所示。在频谱分析仪前端有衰减器和前置放大器，以便调节输入信号电平达到频谱分析仪的量程指标。电压控制振荡器产生扫频信号。输入信号与本地扫频信号加入混频器，非线性的混频器产生输入信号频率和扫频频率两者之和或两者之差。中频滤波器提取混频差值信号，进入检波器产生与输入信号功率相对应的电压包络，显示电压包络随扫频频率变化构成完整的功率频谱分析仪。

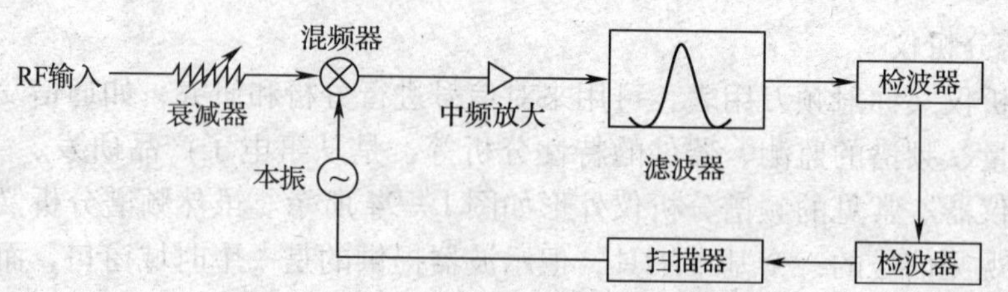

图 1—96　频谱分析仪基本原理框图

生产频谱分析仪的厂家不多。人们通常所知的频谱分析仪有惠普（现在惠普的测试设备部分分离出来，称为安捷伦）、马可尼、惠美以及国产的安泰信。下面以安泰信 5010（AT5010）型频谱分析仪为例进行介绍，其外形如图 1—97 所示。

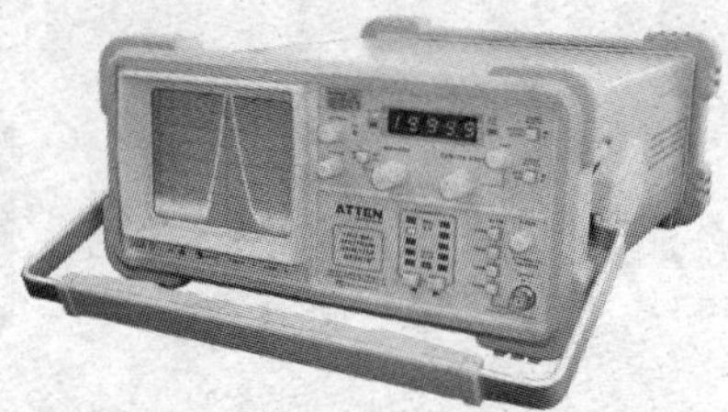

图 1—97　AT5010 型频谱分析仪

（1）AT5010 型频谱分析仪技术指标。AT5010 型频谱分析仪主要技术指标见表 1—22。

表 1—22　**AT5010 型频谱分析仪主要技术指标**

项　目	技术指标
频率范围	0.15～1 050 MHz
中心频率显示精度	±0.2%×频谱宽度＋5×10^{-3}×中心频率＋100 kHz
标记精度	±0.1%频宽＋100 kHz
频率显示分辨率	100 kHz（4.5 位 LED）
扫频宽度	（1）100 kHz/格～100 MHz/格、1－2－5 分挡和 0 Hz/格（0 扫描） （2）精度：±10%
频率稳定性	＞250 kHz/h
中频带宽（－3 dB）	（1）（20±50%）kHz 和 400 kHz（＋0，－40%） （2）视频滤波器带宽：4 kHz
扫描速度	43 Hz
幅度范围	－100～13 dBm
屏幕显示范围	80 dB（10 dB/格）
参考电平	－27～13 dBm（每级 10 dB）
参考电平精度	±2 dB（在 500 MHz 处）
平均噪声电平	－90 dBm（20 kHz 带宽，典型值－99 dBm）
失真	（1）二次、三次谐波：＜－55 dBc （2）三阶交调：－70 dBc（两个信号相隔＞3 MHz）
灵敏度	＞－90 dBm
对数刻度真实度	±2 dB（不加衰减器），250 MHz
输入阻抗	50 Ω
插座	BNC
输入衰减器	0～40 dB（4×10 dB 步进）

续表

项　目	技术指标
输入衰减器精度	±1 dB/10 dB
最大输入电平	+10 dBm、DC ±25 V（衰减器 0 dB），+20 dBm（40 dB 衰减器）
负载阻抗	>8 Ω

（2）AT5010 型频谱分析仪面板结构及按键功能。AT5010 型频谱分析仪前面板如图 1—98 所示，图中各序号表示的面板各控件名称及功能见表 1—23。

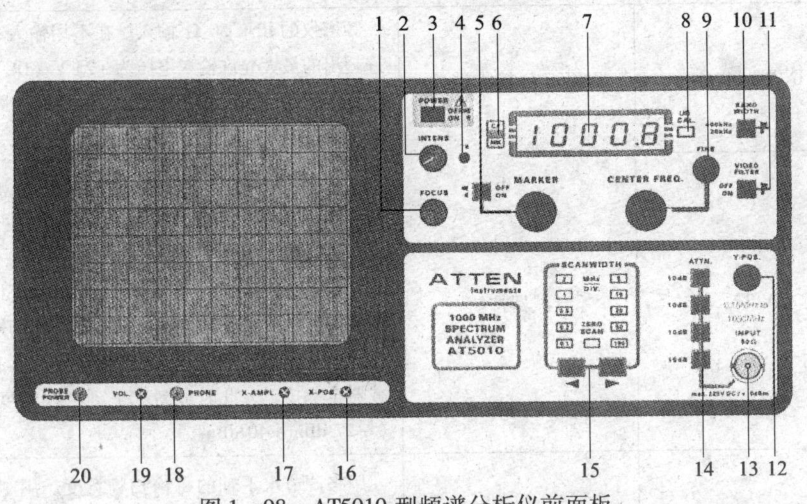

图 1—98　AT5010 型频谱分析仪前面板

表 1—23　　AT5010 型频谱分析仪前面板各控件名称及功能

序号	面板标志	名　称	功　能
1	FOCUS	聚焦旋钮	调节光点锐度
2	INTENS	亮度调节旋钮	调节光点亮暗
3	POWER	电源开关	按下后，仪器开始工作
4	TR	轨迹旋钮	调整水平扫描线与水平刻度线基本对齐
5	OFF/ON	标记按钮	当按钮置于 OFF（断）时，中心频率（CF）指示器亮，此时显示器读出的是中心频率；当按钮置于 ON（通）时，标记（MK）指示器亮，此时显示器读出的是标记的频率。该标记在屏幕上是一个尖峰
6	CF/MK	中心频率/标记指示器	当标记按钮置于 OFF（断）时，中心频率（CF）指示器亮；当标记按钮置于 ON（通）时，标记（MK）指示器亮
7	—	数字显示器	中心频率/标记频率之一读出
8	UN CAL	校准失效指示器	闪亮时表示幅度值不正确

续表

序号	面板标注	名　称	功　能
9	CENTER FREQ、FINE	中心频率粗、细调旋钮	粗、细调中心频率
10	BAND WIDTH	中频带宽选择按钮	选择中频带宽为 400 kHz 或 20 kHz
11	VIDEO FILTER	视频滤波器选择按钮	用来降低屏幕上的噪声，使得正常情况下，平均噪声电平刚好高出其信号（小信号）谱线，以便于观察。该滤波器带宽是 4 kHz
12	Y - POS	*Y* 移位调节	调节射速垂直方向移动
13	INPUT 50 Ω	BNC50 Ω 输入端口	频谱仪的 BNC 50 Ω 输入。在不用输入衰减时，不允许超出的最大允许输入电压为 +25 V（DC）和 +10 dBm（AC）。当加上 40 dB 最大输入衰减时，最大输入电压为 +20 dBm
14	ATTN	衰减器按钮	（1）输入衰减器包括有 4 个 10 dB 衰减器，在信号进入第一混频器之前，利用衰减器按钮可降低信号幅度。按键压下时衰减器接入 （2）测量幅度范围：-100 ~ 13 dBm，即信号强度达到最高的一条水平刻度线时，此信号的幅度为 -27 dBm，每下一大格减 10 dBm。如果将频谱分析仪上的 40 dB 衰减器全部按下，此时最高水平刻度线幅度为 +13 dBm（-27 dBm +40 dBm）
15	SCANWIDTH	扫频宽度选择按键	用来调节水平轴的每格扫频宽度。用“>”按键来增加每格频宽，用“<”按键来减少每格频宽。转换是 1 - 2 - 5 分挡，从 0.1 ~ 100 MHz/格
16	X - POS	水平位置调整旋钮	调整水平位置（仅在仪器校准时使用）
17	X - AMPL	水平幅度调整旋钮	调整水平幅度（仅在仪器校准时使用）
18	PHONE	受话器插孔	阻抗大于 16 Ω 的受话器或扬声器可以连到受话器插孔（当频谱仪对某一个谱线调谐好时，可能有的音频会被解调出来）
19	VOL	音量调节旋钮	调节受话器输出音量
20	PROBE POWER	探头供电	输出 +6 V（DC）电压，以使 AZ530 型近场嗅觉探头工作

（3）AT5010 型频谱分析仪的使用。为了说明 AT5010 型频谱分析仪的使用方法，通过测量一些手机信号来介绍。

手机有些信号测试点可以直接用高频电缆连接到频谱仪进行测量，但有部分测试点因为存在阻抗匹配的问题，不能直接测量。这时可选用如图 1—99 所示的安泰信 AZ530 - H型高阻抗探头，探头输入电容为 2 pF，阻抗极高，直接用来定量测量手机上任何射频信号都不会对被测电路产生影响。需要注意的是：AZ530 - H 型高阻抗探头本身有20 dB（典型值）的衰减，因此用其作定量测量时，要在其直接读数上加 20 dB。

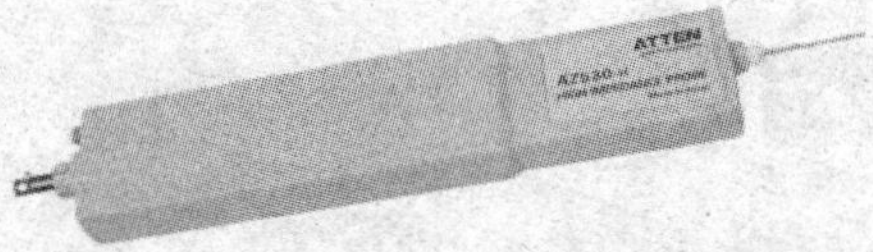

图 1—99　安泰信 AZ530－H 型高阻抗探头

1）用频谱分析仪测量手机的射频信号比较方便，例如，测量爱立信 T18 第二中频信号（6 MHz）时，可按以下方法进行：

①接通频谱分析仪，调节亮度和聚焦旋钮，使屏幕上显示的光迹清晰。

②调节扫频宽度选择按键，使 1 MHz 指示灯亮，表示每格所占频率为 1 MHz。

③调节中心频率粗/细调旋钮，使频标位于屏幕中心位置，所指频率为 6 MHz。

④将频谱仪探头外壳与 T18 电路主板接地点相连接，探针插到手机第二中频滤波器的输出端，在电流表指针摆动时观察频谱仪屏幕上是否有脉冲式图像。正常情况下，当电流表指针摆动时，有脉冲图像出现在 6 MHz 频标位置。

2）用频谱分析仪测量诺基亚 3310 功放输出信号的频谱，可按以下步骤进行测量：

①接通频谱分析仪，调节亮度和聚焦旋钮，使屏幕上显示清晰的图像。

②调节中心频率粗/细调旋钮，使频标位于屏幕中心位置，显示屏显示频率为 900 MHz。

③调节扫频宽度选择按键，使 10 MHz 指示灯亮，表示每格所占频率为 10 MHz。

④将频谱仪探头外壳与 3310 的电路主板接地点相连，探针插到功放块的输出端，并拨打“112”，观察电流表摆动的同时观看频谱仪屏幕上有无脉冲图像。正常情况下，在 900 MHz 频标附近会出现脉冲图像，但幅度会超出屏幕范围，此时可以按衰减键，使图像最高点在屏幕范围内。

（4）AT5010 型频谱分析仪使用注意事项

1）频谱仪配置的是三芯电源线，开机之前，必须将电源线插头插入标准的三相插座中，不得使用无保护地的电源线，以防造成人身伤害。

2）在对信号进行精确测量前，应先开机预热 30 min，当测试环境温度发生 3～5℃的改变时，应重新对频谱仪进行校准。

3）频谱仪的输入端口有一个允许输入的最大安全功率，称为最大输入电平。频谱仪的输入信号值不得超出此最大输入电平值，否则会造成仪器损坏。

8．晶（半导）体管特性图示仪

晶体管特性图示仪简称为图示仪，是一种元器件测试仪器。此仪器采用图示法在荧光屏上直接显示各种晶体管、场效应管等的特性曲线，并可以据此测算出元器件的各项参数。它可用来测量 PNP 和 NPN 型三极管的输入特性、输出特性、电流放大特性，以及各种反向饱和电流、击穿电压；各类晶体二极管的正反向特性；还有场效应管漏极特性、转移特性、关断电压和跨导等参数。值得一提的是，晶体管特性图示仪能够自身提供测试时所需要的信号源，并将测试结果以曲线形式显示在荧光屏上，这与示波器有很大区别。常见的晶体管特性图示仪的外形如图 1—100 所示。

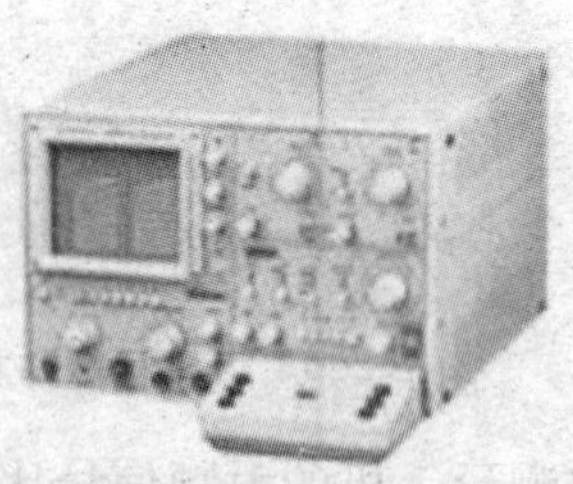

图 1—100　常见的晶体管特性图示仪外形

图示仪在观测晶体管的各种极限参数和击穿特性时，通过采用瞬时电压和瞬时电流使被测晶体管只承受瞬时过载而不会造成损坏，这为晶体管的测试和合理应用提供了极大的方便。有的图示仪还能同时显示两个同类型晶体管的特性曲线，便于进行比较和配对。晶体管特性图示仪具有用途广泛、直接显示、使用方便、操作简单等特点，是研制和使用半导体器件最常用的基本测试仪器之一，也是在进行无线电调试中所不可缺少的仪器。

下面以 XJ4810 型晶体管特性图示仪为例，介绍晶体管特性图的主要技术指标和使用方法。

（1）XJ4810 型晶体管特性图示仪主要技术指标

1）*Y* 轴偏转因数

a. 集电极电流范围：10 μA/div ~0.5 A/div，分 15 挡，误差不超过 ±3%。

b. 二极管反向漏电流：0.2 ~5 μA/div，分 5 挡。2 μA/div、5 μA/div 挡的误差不超过 ±3%；0.2 μA/div、0.5 μA/div、1 μA/div 挡的误差分别不超过 ±20%、±10%、±5%。

c. 基极电流或基极源电压：0.1 V/div，误差不超过 ±3%。

d. 外接输入：0.1 V/div，误差不超过 ±3%。

e. 偏转倍率：×0.1，误差不超过 ±（10% +10 nA）。

2）*X* 轴偏转因数

a. 集电极电压范围：0.05 ~50 V/div，分 10 挡，误差不超过 ±3%。

b. 基极电压范围：0.05 ~1 V/div，分 5 挡，误差不超过 ±3%。

c. 基极电流或基极源电压：0.05 V/div，误差不超过 ±3%。

d. 外接输入：0.05 V/div，误差不超过 ±3%。

3）阶梯信号

a. 阶梯电流范围：0.2 μA/级 ~50 mA/级，分 17 挡。1 μA/级 ~50 mA/级的误差不超过 ±5%；0.2 μA/级、0.5 μA/级的误差不超过 ±7%。

b. 阶梯电压范围：0.05 ~1 V/级，分 5 挡，误差不超过 ±5%。

c. 串联电阻：0、10 kΩ、1 MΩ，分 3 挡，误差不超过 ±5%。

d. 每簇级数：1 ~10 连续可调。

e. 每秒级数：200。

f. 极性：正、负，分 2 挡。

4）集电极扫描信号。峰值电压与峰值电流容量分为 4 挡：

0 ~ 10 V 挡　　0 ~ 10 V/5A

0 ~ 50 V 挡　　0 ~ 50 V/1A

0 ~ 100 V 挡　　0 ~ 100 V/0.5A

0 ~ 500 V 挡　　0 ~ 500 V/0.1A

5）功耗限制电阻：0 ~ 0.5 MΩ，分 11 挡，误差不超过 ±10%。

6）最大功耗：约 80 W。

（2）面板结构及控件功能。XJ4810 型晶体管特性图示仪前面板如图 1—101 所示。

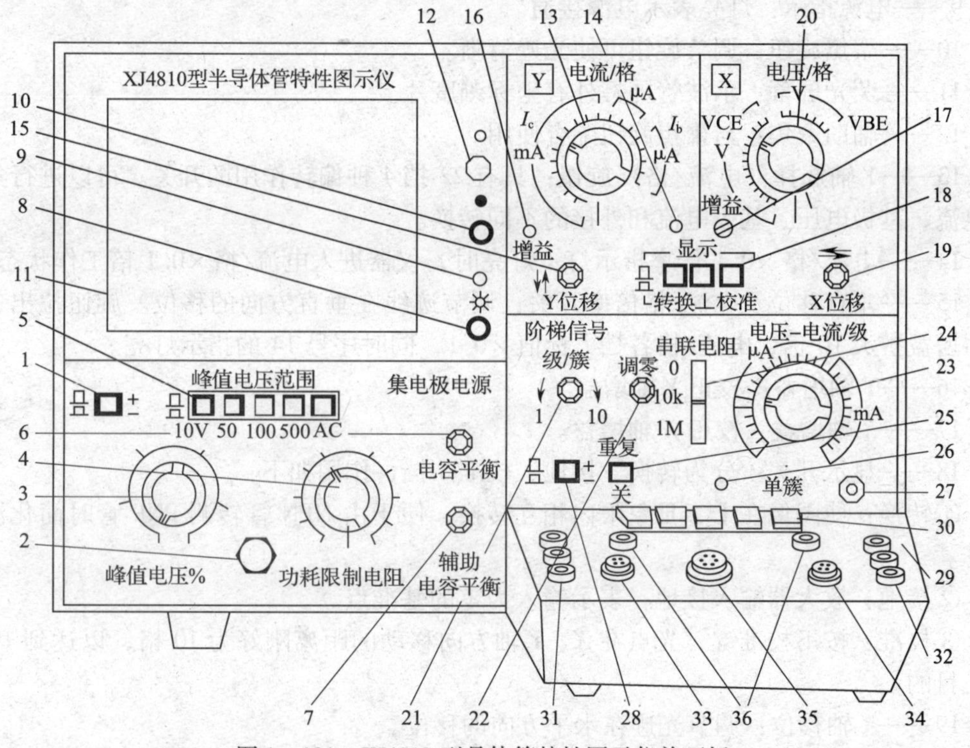

图 1—101　XJ4810 型晶体管特性图示仪前面板

图 1—101 中各序号表示的面板各控件名称及功能如下：

1——集电极电源极性按钮：极性可按面板指示选择。

2——集电极峰值电压熔丝：1.5 A。

3——峰值电压旋钮：峰值电压可在 0 ~ 10 V、0 ~ 50 V、0 ~ 100 V、0 ~ 500 V 范围连续可调，面板上的标称值是近似值，精确的读数应由 X 轴偏转灵敏度读测。

4——功耗限制电阻旋钮：它被串联在被测管的集电极电路中，限制超过功耗，亦可作为被测半导体管集电极的负载电阻。

5——峰值电压范围：分为 0 ~ 10 V/5 A、0 ~ 50 V/1 A、0 ~ 100 V/0.5 A、0 ~ 500 V/0.1 A 4 挡。当由低挡改换高挡观测半导体管的特性时，需先将峰值电压调到 0 值，换挡后再按需要的电压逐渐增加，否则容易击穿被测晶体管。

AC 挡的设置专为二极管或其他组件的测试提供双向扫描，以便能同时显示器件正反向的特性曲线。

6——电容平衡：由于集电极电流输出端对地存在各种杂散电容，都将形成电容性电流，因而在电流取样电阻上产生电压降，造成测量误差。为了尽量减小电容性电流，测试前应调节电容平衡，使容性电流减至最小。

7——辅助电容平衡：是针对集电极变压器二次绕组对地电容的不对称，再次进行电容平衡调节。

8——电源开关及辉度调节：旋钮拉出，接通仪器电源，旋转旋钮可以改变示波管光点亮度。

9——电源指示：灯亮表示电源接通。

10——聚焦旋钮：调节旋钮可使光迹清晰。

11——荧光屏幕：示波管屏幕外有坐标刻度片。

12——辅助聚焦：与聚焦旋钮配合使用。

13——Y 轴选择（电流/格）旋钮：具有 22 挡 4 种偏转作用的开关。可以进行集电极电流、基极电压、基极电流和外接的不同转换。

14——电流/格 ×0.1 倍率指示灯：灯亮时，仪器进入电流/格 ×0.1 倍工作状态。

15——垂直移位及电流/格倍率开关：调节迹线在垂直方向的移位。旋钮拉出，放大器增益扩大 10 倍，电流/格各挡 I_c 标值 ×0.1，同时序号 14 的指示灯亮。

16——Y 轴增益：校正 Y 轴增益。

17——X 轴增益：校正 X 轴增益。

18——显示开关：分为转换、接地、校准 3 挡，作用如下：

①转换：使图像在Ⅰ、Ⅲ象限内相互转换，便于由 NPN 管转测 PNP 管时简化测试操作。

②接地：放大器输入接地，表示输入为零的基准点。

③校准：按下校准键，光点在 X、Y 轴方向移动的距离刚好为 10 格，以达到 10 格校正目的。

19——X 轴移位：调节光迹在水平方向的移位。

20——X 轴选择（电压/格）旋钮：可以进行集电极电压、基极电流、基极电压和外接 4 种功能的转换，共 17 挡。

21——“级/簇”调节：在 0 ~ 10 的范围内可连续调节阶梯信号的级数。

22——调零旋钮：测试前，应首先调整阶梯信号的起始级零电平的位置。当荧光屏上已观察到基极阶梯信号后，按下测试台上选择按键“零电压”，观察光点停留在荧光屏上的位置，复位后调节零旋钮，使阶梯信号的起始级光点仍在该处，这样阶梯信号的零电位即被准确校正。

23——阶梯信号选择旋钮：可以调节每级电流大小注入被测管的基极，作为测试各种特性曲线的基极信号源，共 22 挡。一般选用基极电流/级，当测试场效应管时选用基极源电压/级。

24——串联电阻开关：当阶梯信号选择开关置于电压/级的位置时，串联电阻将串联在被测管的输入电路中。

25——重复—关按键：弹出为重复，阶梯信号重复出现；按下为关，阶梯信号处于待触发状态。

26——阶梯信号待触发指示灯：重复按键按下时灯亮，阶梯信号进入待触发状态。

27——单簇按钮：单簇的按动作用是使预先调整好的电压（电流）/级，出现一次阶梯信号后回到等待触发位置，因此可利用其瞬间作用的特性来观察被测管的各种极限特性。

28——极性按键：极性的选择取决于被测管的特性。

29——测试台：其面板示意图如图 1—102 所示。

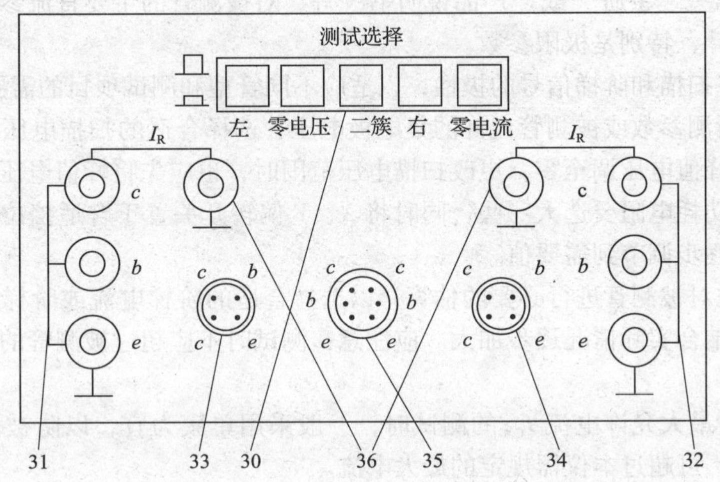

图 1—102　XJ4810 型半导体管特性图示仪测试台面板示意图

30——测试选择按键：其作用如下：

①“左”“右”“二簇”：可以在测试时任选左、右两个被测管的特性；当置于“二簇”时，即通过电子开关自动地交替显示左、右二簇特性曲线，此时“级/簇”应置适当位置，以利于观察。二簇特性曲线比较时，绝不要误按单簇按键。

②“零电压”键：按下此键用于调整阶梯信号的起始级在零电平的位置。

③“零电流”键：按下此键时被测管的基极处于开路状态，即能测量 I_{CEO} 特性。

31、32——左、右测试插孔：插上专用插座（随机附件），可测试 F_1、F_2 型管座的功率晶体管。

33、34、35——晶体管测试插座。

36——二极管反向漏电流专用插孔（接地端）。

在仪器右侧面板上分布如图 1—103 所示的旋钮和端子，其序号表示的各控件名称及功能如下：

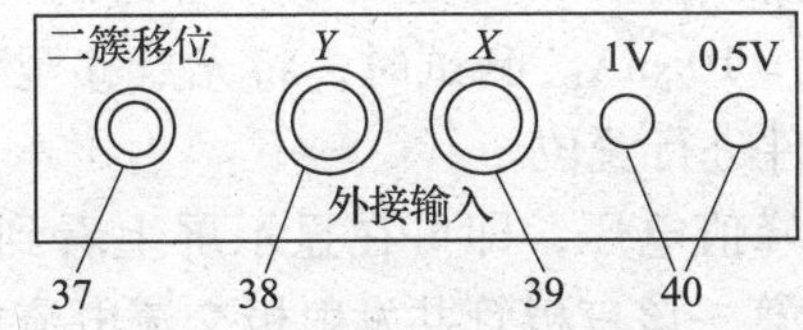

图 1—103　XJ4810 型半导体管特性图示仪右侧面板的旋钮和端子

37——二簇移位旋钮：在二簇显示时，可改变右簇曲线的位置，更方便于配对晶体管各种参数的比较。

38——Y 轴信号输入：Y 轴选择开关置外接时，Y 轴信号由此插座输入。

39——X 轴信号输入：X 轴选择开关置外接时，X 轴信号由此插座输入。

40——校准信号输出端：1 V、0.5 V 校准信号分别由两端子输出。

（3）测试前注意事项。为保证不损坏被测晶体管和图示仪，实现仪器的合理使用，在使用图示仪前应注意下列事项：

1）通过相关“手册”或“产品说明书”等，对被测管的主要直流参数应有一个大概的了解和估计，特别是极限参数。

2）选择好扫描和阶梯信号的极性，以适应不同管型和测试项目的需要。

3）根据所测参数或被测管允许的集电极电压，选择合适的扫描电压范围。一般情况下，应先将峰值电压调至零，更改扫描电压范围时，也应先将峰值电压调至零。测试反向特性时，功耗电阻要选大一些，同时将 X、Y 偏转开关置于合适挡位。测试时，扫描电压应从零逐步调节到需要值。

4）应该先对被测管进行必要的估算，以选择合适的阶梯电流或阶梯电压，一般宜先小一点，再结合实际情况逐步加大。应注意：测试时不应超过被测管的集电极最大允许功耗。

5）在进行最大允许电流 I_{CM} 的测试时，一般采用单簇为宜，以防被测管损坏。同时还要注意，不可超过本仪器规定的最大电流。

6）进行高压测试时，应特别注意安全，电压应从零逐步调节到需要值。观测完毕后，应立即将峰值电压调到零。

（4）使用步骤

1）按下电源开关，指示灯亮，预热 15 min 后即可进行测试。

2）调节辉度、聚焦及辅助聚焦，使光点清晰。

3）将峰值电压旋钮调至零，峰值电压范围、极性、功耗电阻等开关置于所需位置。

4）对 X、Y 轴放大器进行 10 格校准。

5）调节阶梯调零。

6）选择需要的基极阶梯信号，将极性、串联电阻置于合适挡位，调节级/簇旋钮，使阶梯信号为 10 级/簇，阶梯信号置重复位置。

7）插上被测三极管，缓慢地增大峰值电压，荧光屏上即有曲线显示，即可进行观测。

（5）测试实例

1）三极管特性曲线的测试。以 NPN 型 3DK2 管为例，查“手册”得知 3DK2 的 h_{FE}测试条件为 $U_{CE}=1$ V、$I_c=10$ mA。测试时，将光点移至荧光屏的左下角坐标零点，按表 1—24 所列，对仪器控件进行置位。

测试过程中，逐渐加大峰值电压，即可在显示屏上看到一簇输出特性曲线，如图 1—104 所示。通过测量和计算，该三极管共发射极交流电流放大系数 $\beta_{(hFE)}$ 为：

表 1—24　　测试 3DK2 三极管特性曲线时图示仪控件的置位

控件	置位	控件	置位
峰值电压范围	0～10 V	Y 轴集电极电流	1 mA/格
集电极极性	+	阶梯信号	重复
功耗电阻	250 Ω	阶梯极性	+
X 轴集电极电压	1 V/格	阶梯选择	20 μA/级

$$\beta=\frac{\Delta I_{\mathrm{c}}}{\Delta I_{\mathrm{b}}}=\frac{1\ \mathrm{mA}}{20\ \mu\mathrm{A}}=50$$

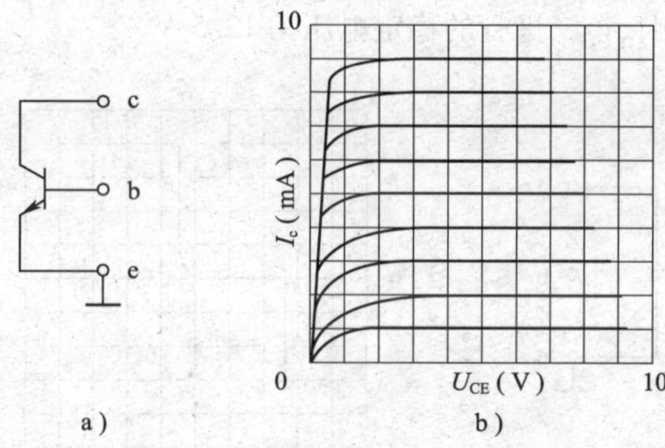

图 1—104　3DK2 三极管输出特性曲线

a) 接插　b) 特性曲线

此时，若把 X 轴选择开关置于基极电流位置，即可得到如图 1—105 所示的电流放大特性曲线。由此图也可算出该三极管共发射极交流电流放大系数 β 为：

$$\beta=\frac{\Delta I_{\mathrm{c}}}{\Delta I_{\mathrm{b}}}=\frac{10\ \mathrm{mA}}{0.2\ \mathrm{mA}}=50$$

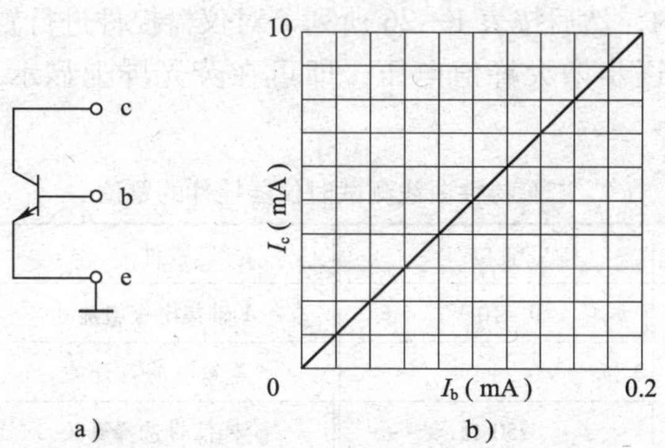

图 1—105　3DK2 三极管电流放大特性曲线

a) 接插　b) 特性曲线

观测 PNP 型三极管特性曲线时，只需改变扫描电压和阶梯信号的极性，并把光点移至荧光屏右上角即可。

2）稳压二极管特性曲线的测试。以 2CW19 稳压二极管为例，查“手册”得知 2CW19 二极管稳定电压的测试条件 $I_R = 3$ mA。测试时，按表 1—25 所列，对仪器控件进行置位。

表 1—25　测试 2CW19 稳压二极管特性曲线时图示仪控件的置位

控件	置位	控件	置位
峰值电压范围	AC 0 ~ 10 V	*X* 轴集电极电压	5 V/格
功耗限止电阻	5 kΩ	*Y* 轴集电极电流	1 mA/格

测试过程中，逐渐加大峰值电压，即可在荧光屏上看到被测管的特性曲线，如图 1—106 所示，通过观测，该二极管的稳定电压为 12.5 V。

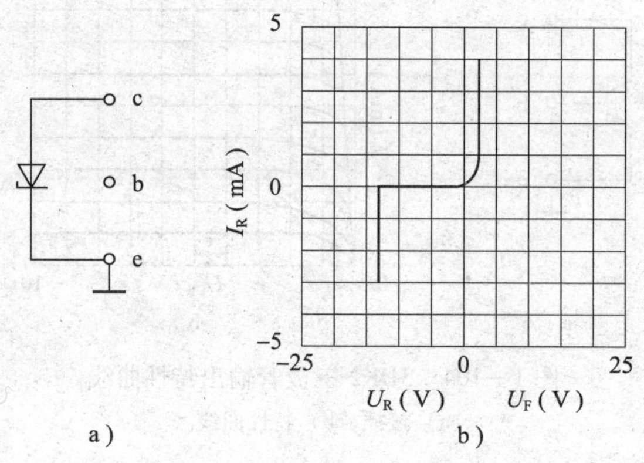

图 1—106　2CW19 稳压二极管特性曲线

a）接插　b）特性曲线

3）二簇特性曲线比较。以 NPN 型 3DG6 三极管为例，查“手册”得知 3DG6 三极管输出特性的测试条件为 $I_c = 10$ mA、$U_{CE} = 10$ V。测试时，将被测的两只三极管分别插入测试台左、右插座内，然后按表 1—26 所列，对仪器控件进行置位。按下测试选择按钮中的“二簇”键，逐步增大峰值电压，即可在荧光屏上显示二簇特性曲线，如图 1—107所示。

表 1—26　二簇特性曲线测试时仪器控件的置位

控件	置位	控件	置位
峰值电压范围	0 ~ 10 V	*Y* 轴集电极电流	1 mA/格
极性	+	“重复—关”开关	重复
功耗限制电阻	250 Ω	阶梯信号选择开关	10 μA/级
X 轴集电极电压	1V/格	阶梯极性	+

当测试配对管要求很高时，可调节“二簇移位旋钮”，使右簇曲线左移，根据两条曲线重合程度，来判定其输出特性的一致程度。

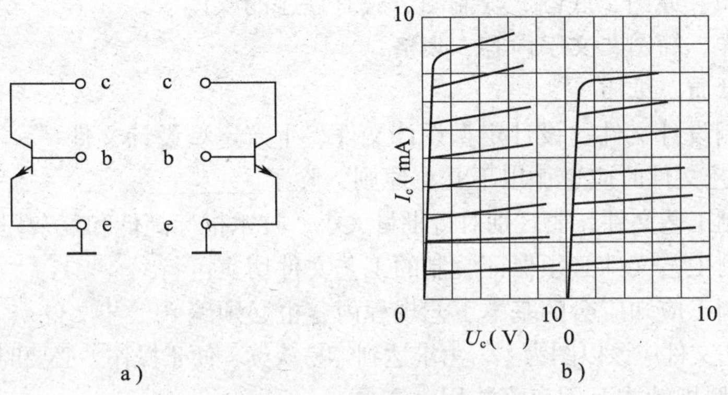

图 1—107　二簇输出特性曲线

a）接插　b）特性曲线

三、调试工艺环境设置

调试工艺环境的设置主要包括以下内容：

1．合理选用调试工具

功能单元调试工具的选用应遵循安全、方便的原则，符合调试对象的特点。最常用的调试工具有验电笔、旋具、钳子、电烙铁、镊子等。

2．按要求准备仪器、仪表及必要附件

在进行功能单元调试时，应先按工艺文件要求列出调试所需的仪器、仪表及必要的附件清单。常用的仪器、仪表主要有万用表、晶体管毫伏表、稳压电源、信号发生器、示波器、扫频仪、频谱仪和晶体管特性图示仪等。

3．进行调试系统的连接

以毫伏表测量直流稳压电源纹波系数为例，按照图 1—108 所示的直流稳压电源纹波系数测量接线图连接电路，并预先调整好测试仪器，使之处于随时可用状态。例如，将直流稳压电源输出置于低电压挡、毫伏表量程置于相应挡位以符合测量要求。

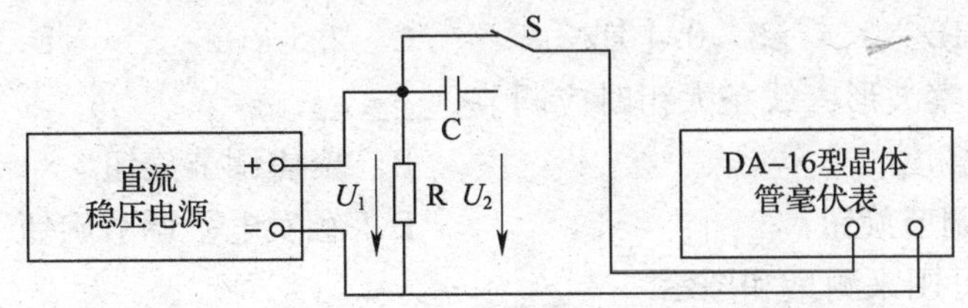

图 1—108　毫伏表测量直流稳压电源纹波系数接线图

单元 1

单元测试题

一、单项选择题（下列每题的选项中，只有 1 个是正确的，将其代号填在横线空白处）

1．设计文件按其表达形式分为________。

A. 草图、原图、底图、复制图、载有程序的媒体

B. 图样、简图、文字内容、表格

C. 非纸质、纸质

D. 试制设计文件、设计定型设计文件、生产定型设计文件

2. 编制工艺文件时应遵循以下几点原则，除了________。

A. 编制工艺文件，要区别对待批量大小、技术指标高低和复杂程度不同的产品

B. 编制工艺文件必须保证编制的工艺文件切实可行

C. 装调工应知应会的基本工艺规程内容也必须编入工艺文件

D. 工艺文件应该以图为主，力求达到容易认读、便于操作，必要时加注简要说明

3. MF500 型指针式万用表不能用来测量________。

A. 直流电压　B. 交流电压　C. 直流电流　D. 交流电流

4. 使用 DT-830 型数字式万用表测电流时，如果被测电流小于 200 mA，应将红表笔插入________插孔。

A. V. Ω　B. COM　C. mA　D. A

5. 在直流稳压电源中，整流电路的作用是________。

A. 将电网 220 V、50 Hz 的交流电压变换成符合电路需要的交流电压

B. 利用单向导电元件，把 50 Hz 的正弦交流电变换成方向不变、大小随时间变化的脉动直流电压

C. 将脉动直流电压中的交流成分大部分加以滤除，从而得到比较平滑的直流电压

D. 使输出的直流电压更加稳定，不随交流电网电压的波动或负载的变化而变化

6. 使用 SG1645 型函数信号发生器不能产生________信号。

A. 正弦波　B. 方波　C. 三角波　D. 锯齿波

7. 用晶体管毫伏表测量电平时，若将量程开关置于 +10 dB（3 V），表针指在第三条刻度线 -4 dB 处，则被测电平值为________ dB。

A. -4　B. 10　C. 6　D. 14

8. 用模拟示波器测得某信号的周期为 2.5 ms，则该信号的频率为________。

A. 0.4 kHz　B. 0.4 Hz　C. 2.5 kHz　D. 2.5 Hz

9. 示波器观察波形，线条太粗时应调节________。

A. 标尺亮度　B. 聚焦调节旋钮

C. 辉度调节旋钮　D. 触发电平调节旋钮

10. 扫频仪可用来测量和图示________。

A. 被测网络的幅频特性　B. 被测信号源的频谱特性

C. 被测信号源的相频特性　D. 被测信号的波形

二、判断题（判断正确的打“√”，错误的打“×”）

1. 用不同媒体记录同一产品设计文件不需要标识相同的设计文件编号和更改标记。（　）

2. 电路图是表示产品、组件、部件各组成部分装配组合相互关系的图样。（　）

3. 在印制电路板装配图上一般不画出印制导线。（　）

4. 框图又称系统图，是用一个个方框表示电子产品的各个部件或功能模块，用连线表示它们之间连接关系的简图。（　　）

5. 工艺文件不需要与设计文件使用相同的产品名称、编号、图号、符号、材料和元器件代号等。（　　）

6. 在使用模拟式万用表的过程中，可以带电旋动转换开关。（　　）

7. 数字式万用表是在电流表的基础上扩展而成的。（　　）

8. SG1645 型函数信号发生器可做计数器使用。（　　）

9. 示波器是一种电子显示设备，可以将信号电压与时间或频率的关系以图形的方式显示出来。（　　）

10. 晶体管特性图示仪与示波器一样，不能自身提供测试时所需要的信号源。（　　）

三、技能题

1. 模拟式万用表、数字式万用表的使用

分别使用模拟式万用表和数字式万用表完成以下全部内容，并对测量结果进行比较。

（1）按图 1—109 所示，使用调压器、电源变压器、整流元件、滤波电容和负载电阻连接电路，并将调压器调至适当位置。用万用表分别测出图中 0—0′端点、1—1′端点、2—2′端点、3—3′端点的电压值，并把读数记录在表 1—27 中。解释为何在某些端点万用表的交、直流挡都有示值。

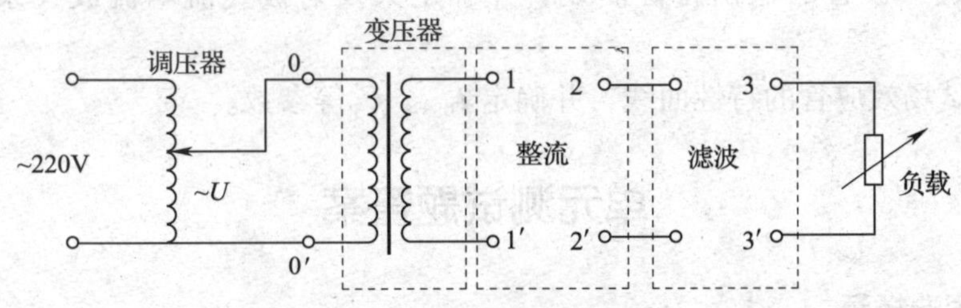

图 1—109　使用万用表测量电压、电流

表 1—27　万用表测电压数据采集表

万用表挡位	0—0′	1—1′	2—2′	3—3′
直流电压挡（V）		—		
交流电压挡（V）				

（2）将万用表置于直流电流挡，并串接于图 1—109 负载支路中（注意区分正、负极性），测得负载电流大小为________。

（3）使用万用表 $R\times100$ 或 $R\times1$ k 挡对某二极管进行测量，测得其正向电阻为________，此时黑表笔所接为二极管的________极测得其反向电阻为________；此时黑表笔所接为二极管的________极。根据测量结果推断出此二极管的好坏。

（4）使用万用表对三极管进行测量，判断该管为 PNP 型还是 NPN 型，并区分出基极、集电极、发射极。

（5）使用万用表欧姆挡测量某电解电容正向漏电流，观察测量结果，并加以说明。

2. 用示波器观测图 1—109 所示电路整流前后、滤波前后的信号波形变化情况。

3. 函数信号发生器、毫伏表、示波器的使用。

调节函数信号发生器，使其输出的正弦信号频率为 1 kHz，电压为 3 V，并用毫伏表进行监测。将函数信号发生器的输出端与示波器 Y 轴输入端相连。按表 1—28 所列，置函数信号发生器衰减开关于不同状态，调节示波器 V/div 垂直灵敏度开关，使波形在屏幕上有足够高度，观察输出信号波形，将测量数据填入表 1—28 中。根据测量结果总结 SG1645 型函数信号发生器衰减开关的作用。

表 1—28　　正弦信号的幅度、周期、频率

函数信号发生器输出衰减	毫伏表测量值	示波器测量结果						
		V/div	格数	U_{P-P}（V）	s/div	格数	T	f
20 dB								
40 dB								
60 dB								

4. 晶体管特性图示仪的使用

（1）测试二极管正、反向特性曲线，并确定反向漏电流及击穿电压值。

（2）测试三极管的输出特性曲线，并确定共发射极交流电流放大系数 β、I_{CEO}、$U_{(BR)CEO}$ 等值。

（3）测试场效应管的特性曲线，并确定 I_{DSS}、U_P 等参数。

单元 1

单元测试题答案

一、单项选择题

1. B　2. C　3. D　4. C　5. B　6. D　7. C　8. A　9. B　10. A

二、判断题

1. ×　2. ×　3. √　4. √　5. ×　6. ×　7. ×　8. √　9. √　10. ×

三、技能题

按要求完成，答案依据实际观察或测试结果进行填写。

第2单元

装接质量复检

第一节 电气图识读

- 了解电气图分类和特点
- 掌握电气图一般要求
- 掌握电气接线图表示方法

一、电气图分类及特点

电气图是用来阐述电气工作原理，描述电气产品的构成和功能，并提供产品装接和使用方法的一种简图，主要以图形符号、带注释的围框或简化外形来表示电气设备或系统中各有关组成部分的连接关系。广义地说，表明两个或两个以上变量之间关系的曲线，或者用以提供工作参数的表格、文字等，也属于电气图之列。“简图”是指区别于其他图，特别是相对于机械图而言在形式上有所简化，没有严格的几何尺寸和绝对位置的要求。几乎各种电气设备、电气线路的安装接线、运行、维护以及管理均离不开电气图，它是电气工程领域中提供信息的最主要方式，也是电气设计人员、安装、调试人员和操作人员之间赖以沟通的工程语言，缺少了它将难以进行技术交流。

1．电气图分类

根据其表达方式、使用场合和所表达信息的类型来看，电气图可分为系统图或框图、电路图、接线图与接线表、电气平面图、设备布置图、设备文件和材料表等。

（1）系统图或框图。用电气符号或带注释的围框，概略表示系统或分系统的基本组成、相互关系及其主要特征的简图，叫做电气系统图或框图。它通常是某一系统、某一装置或某一成套设计图中的第一张图样。

在国家标准中，对系统图和框图的用途和绘制方法做出了具体规定。系统图或框图是系统或分系统设计初期的产物，要依据系统或分系统按功能依次分解的层次来进行绘制，能够实现对系统或分系统总体上的描述。系统图或框图是操作、调试与维修不可缺少的文件，因为只有通过阅读系统图或框图，才能够对系统或分系统的总体情况有所了解，才能正确地进行操作、调试与维修。另外，在编制更为详细的电气图，如电路图、接线图等时，通常都要以系统图或框图为主要依据。系统图或框图原则上没有区别，都是用符号或带注释的框来表示。在实际使用时，系统图普遍被用于系统或成套装置，框图则多用于分系统或设备。系统图标注的项目代号，多为高层代号，框图标注的项目代号，多为种类代号。图2—1所示为电动机供电系统图。

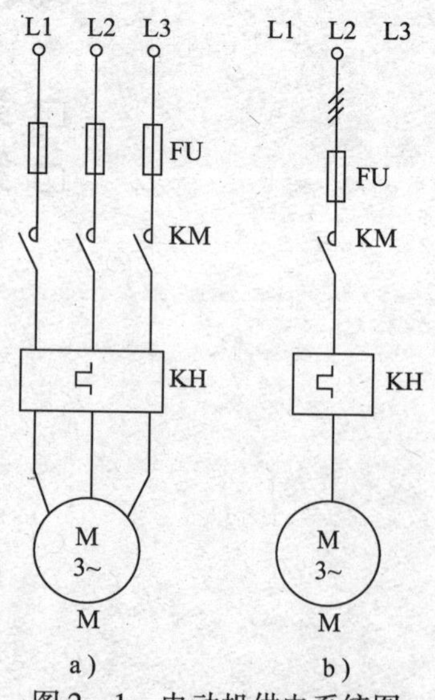

图2—1 电动机供电系统图

a）多线表示 b）单线表示

(2) 电路图。在前面的章节中已经介绍过电路图，它是用于说明产品各元器件或单元电路间相互关系及电气工作原理的图，是产品设计和性能分析的原始资料，也是编制印制电路板图、装配图和接线图的依据。如果换一种说法，电路图是用图形符号并按工作顺序排列，详细表示，而不考虑其实际位置的一种电气图。它通常是在系统图或框图基础上绘制而成的，是电气技术中使用最广的电路图。

电路图的主要用途是：用于对实际电路、设备或成套装置的全部基本组成和连接关系的详细理解；为绘制接线图和进行时实际安装提供依据；为调试和寻找故障提供信息。这里需注意的是，有很多时候电路图和接线图一起使用，但电路图绝不能代替接线图，因为电路图描述的连接关系仅仅是功能关系，而不是实际的连接导线。

电路图按其描述的对象及其表示的工作原理可以分为电子电路图、生产机械电气控制电路图和电力系统电路图三种。电子电路图，主要反映由电子电气元件组成的设备或装置的工作原理；生产机械电气控制电路图，用来对供电设备的用电和运行方式进行控制的电气图；电力系统电路图。图 2—2 所示为节能灯电路图，属于电子电路图。

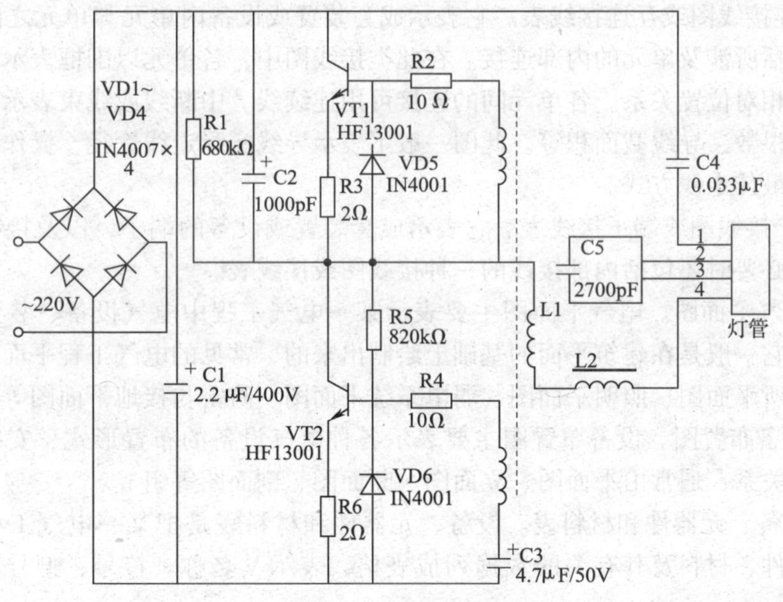

图 2—2　节能灯电路图

由于电路图结构简单、层次分明，适用于研究和分析电路工作原理，在设计部门和生产现场获得广泛应用。绘制电路图的基本原则在本书第一单元的第一节中已经介绍过，还要注意的是：对于继电器、接触器、制动器和离合器等按处在非激励状态绘制；机械控制的行程开关应按其未受机械压合的状态绘制。电路图应按主电路、控制电路、照明电路及信号电路分开绘制。主电路中三相电路导线按相序从上到下或从左到右排列，中性线应排在相线的下方或右方，并用 L1、L2、L3 及 N 标记。电路可采用水平布置或垂直布置，当电路水平布置时，相似元器件宜纵向对齐；当电路垂直布置时，相似元器件宜横向对齐。

（3）接线图。在前面的章节中已经从设计文件的角度讲解过接线图的部分知识，接线图同时也是一种常用的电气图。接线图用电气制图的方式表达了装置、设备或成套装置中各个项目（包括元件、器件、组件、设备等）之间电气连接的详细信息，包括连接关系、线缆种类和敷设路线等，是布线、布缆和对线路进行检查、维修的重要依据。在实际使用中接线图通常要与电路图、平面图结合使用。

接线图按其表现形式的不同可以分为直连型、简化型和接线表等，在前面已经介绍过。根据表达对象和用途的不同，接线图还可以分为单元接线图或单元接线表、互连接线图或互连接线表、端子接线图或端子接线表、电气平面图、设备布置图等。这些接线图都是以电路图为基础，按各项目所在的实际位置绘制出来的，接线图中各电气元器件图形符号与文字符号均应以电路图为准，并保持一致。

1）单元接线图或单元接线表。它表示成套装置或设备中一个结构单元内部的连接关系。这里提到的“结构单元”是指在各种情况下可独立运行的组件或某种组合体。此类接线图中的连接线可用连续线（或中断线）方式的多线表示，也可将多线汇聚成线束以单线表示。导线组、电缆、缆形线束可以用加粗的线条来表示。

2）互连接线图或互连接线表。它表示成套装置或设备内单元与单元之间的连接情况，但不包括所涉及单元的内部连接。在此类接线图中，各单元以围框表示，不强调各单元之间的相对位置关系。各单元间的连接可用连续线、中断线或线束表示，连接导线应注明导线根数、导线截面积等。此图一般不表示导线实际走线途径，操作者应根据实际情况选择最佳走线方式。

3）端子接线图或端子接线表。它表示成套装置或设备的端子，以及接在端子上的外部接线，必要时还包括内部接线的一种接线图或接线表。

（4）电气平面图。电气平面图主要表示某一电气工程中电气设备、装置和线路的平面布置。它一般是在建筑平面的基础上绘制出来的，常见的电气工程平面图有线路平面图、变电所平面图、照明平面图、弱电系统平面图、防雷与接地平面图等。

（5）设备布置图。设备布置图主要表示各种电气设备的布置形式、安装方式及相互间的尺寸关系，通常由平面图、立面图、断面图、剖面图等组成。

（6）设备、元器件和材料表。设备、元器件和材料表是把某一电气工程所需主要设备、元器件、材料及其有关的数据列成表格，表示其名称、符号、型号、规格、数量等。

（7）产品使用说明书上的电气图。电气工程中选用的设备和装置，其生产厂家往往随产品使用说明书附上电气图。这些也属于电气工程图的组成部分。

（8）其他电气图。在电气工程图中，电气系统图、电路图、接线图、平面图是最主要的图。在某些较复杂的电气工程中，为了补充和详细说明某一方面，还需要有一些特殊的电气图，如功能图、逻辑图、曲线图、表格、印制电路板图等。

2. 电气图特点

电气图与其他专业的技术图相比，具有以下一些突出的特点：

（1）电气图的主要表达方式是简图。称之为“简图”是因为这类图相对于严格按照几何尺寸、绝对位置而绘制的机械图而言其形式上有所简化。除了必须标明实物形状、位置、安装尺寸的图形外，多数电气图都是简图，即仅表示电路中电气设备、装置、元器件等功能及连接关系的图。

简图的特点是：不存在投影关系，不标注尺寸；各组成部分或元器件是采用规定的电气图形符号的形式来表示的，其外形、结构等特征不具体表示出来；简图中在相应的图形符号旁标注文字符号、数字编号；简图中各电气装置、设备及元器件的相互位置和连接顺序一般按功能和电流流向表示。

（2）电气图的主要表达内容是元器件和连接线。一种电气装置通常由电源设备、开关设备、用电设备和电气连接线 4 个部分组成，如果将电源设备、开关设备和用电设备都看作电气元器件，则电气装置由元器件与连接线组成，或者说各种元器件按照一定的次序用连接线连接起来就构成一种电气装置。因此，无论是电路图、系统图，还是平面图和接线图，都是以元器件和电气连接线作为描述的主要内容。

（3）电气图的基本组成要素是图形符号、文字符号和项目代号。一种电气装置或一个电气系统由各种元器件组成。由于电气图主要以简图的形式进行表达，没有必要也不可能一一画出各种元器件的外形结构，所以在电气图中无论是表示构成，表示功能，还是表示电气接线等，一般都用简单的图形符号来表示。

（4）电气图中的元器件均按自然状态绘制。所谓“自然状态”，是指元器件和设备的可动部分表示为非激励（未通电、未受外力作用）、不工作的状态或位置。

（5）电气图具有多样性

1）对元器件和连接线描述方法的不同，构成了电气图的多样性。例如，在电路图中，元器件通常用一般符号表示，而在系统图、框图和接线图中通常用圆形、正方形、长方形等简化符号外形表示。可见，元器件和连接线在不同的电气图中有不同的表示方法。元器件在用于电路图中时有集中表示法、分开表示法和半集中表示法；用于布局图中时有位置布局法和功能布局法。连接线在用于电路图中时有单线表示法和多线表示法；在用于接线图及其他图中时有连续线表示法和中断线表示法。

2）对能量流、信息流、逻辑流、功能流的不同描述，构成了电气图的多样性。在一个电气系统中，各种电气设备和装置之间，从不同角度、不同侧面存在着不同的关系。电气图对电气系统中能量流和信息流的描述，主要为电能和信号在各种电气设备和装置之间的流向和传递。电气图对电气系统中逻辑流和功能流的描述，主要为各种电气设备和装置相互间的逻辑和功能关系。

二、电气制图一般要求

1．图样格式和幅面

电气图图面由边框线、图框线、标题栏和会签栏等构成。由边框线围成的图面即为图样的幅面。在保证幅面布局紧凑、清晰和使用方便的前提下，电气图幅面的选取应符合国家相关标准的规定。在编制电气图时，整套图样的幅面选择应尽可能保持一致，尽量选用较小幅面，以便于图样的装订和管理。另外，选择图样幅面时，还要考虑到由简图种类所确定的资料的详细程度、所设计对象的规模和复杂程度、复印和缩微时的要求以及用计算机进行辅助设计时的要求等。

2．图幅分区

对各种幅面的图样进行分区表示电气图中各个组成部分在图上的位置，为直观反映绘图的范围及确定相互之间的关系提供了便利条件。图2—3所示为图幅的分区示例。

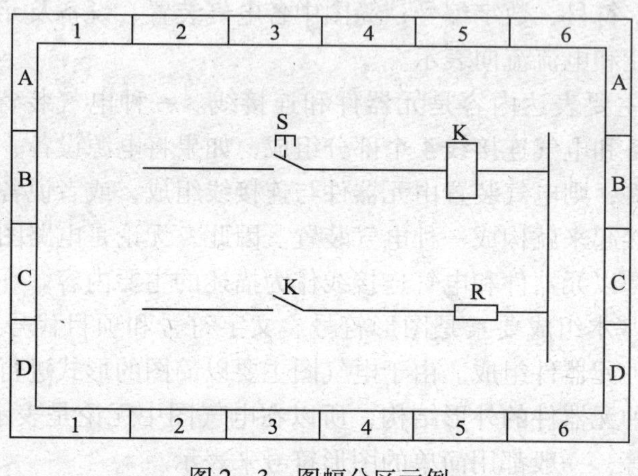

图2—3　图幅分区示例

分区的编号标注在图的边框处，从图样的左上角开始，也就是从标题栏相对的左上角开始，水平方向用阿拉伯数字，垂直方向用大写英文字母。值得注意的是，分区数应为偶数，每一分区的长度范围是25～75 mm，分区在水平和垂直两个方向的长度可以不同。

单元 2

图幅分区以后，相当于在图样上建立了一个坐标，电气图中的任何项目和连接线的位置则可由此坐标而被唯一的确定下来，一般由区的代号表示。图中各区的代号由对应行与列的两个编号组合而成，且字母在左，数字在右。

例如，在图2—3所示中，图幅被划分为4行、6列，行号与列号分别用英文字母A、B、C、D和阿拉伯数字1、2、3、4、5、6来表示。图幅内绘制的项目元器件K、S、R在图幅上就被唯一的确定下来：继电器线圈K在B5区内，继电器触点K在C3区内，开关S在B3区内，电阻器R在C5区内。

有时候，还需要注明图号、张次、项目代号。例如，在图号为4752的第16张图C6区内，标记为“图4752/16/C6”；在图号为3219的单张图B4区内，标记为“图3219/B4”；在相同图号第25张B2区内，标记为“25/B2”；在＝SP系统第26张图E5区内，标记为“＝SP/26/E5”；在＝S2系统单张图E3区内，标记为“＝S2/E3”。

3．布局方法

重点突出、清晰美观的电气图，能够清楚地表明电气系统或设备各组成部分间、各元器件间的连接关系，且易于识读，使其原理、功能和动作顺序能够被识图者轻松而准确掌握。合理布局的要点是从总体到局部、从主接线图（主电路图或一次接线图）到二次接线图（副电路图或二次接线图）、从主要到次要、从左到右、从上到下、从图形到文字。在进行整体图面的布局时首先应做到心中有数，在此基础上认真构思并进行总体布局，将各部分的位置划分清楚，然后开始逐步绘图。

（1）图线布局。电气图的布局要求重点突出各功能单元间的功能关系和信息的流向。因此，图线的布局要符合电气制图的整体布局要求，应有利于识别各种过程及信息流向，尤其对于因果关系清楚的电气图，其布局顺序应使信息的基本流向为自左至右或从上到下。通常情况下，一般用直线来表示导线、信号通路、连接线等，要求图线横平竖直，尽量减少交叉和弯曲。如果无法遵循自左至右或从上到下的布局顺序且信息流向不明显时，则应在信息线上加开口箭头。对此，一般有以下 3 种布置方式：

1）水平布置。沿横向排列表示电气设备和元器件的图形符号，使得连接线呈水平布置，各类似项目采取纵向对齐，如图 2—4a 所示。

2）垂直布置。沿纵向排列表示电气设备和元器件的图形符号，使得连接线呈垂直布置，各类似项目采取横向对齐，如图 2—4b 所示。

3）交叉布置。用斜向交叉线把相应的元件连接成对称的布局，如图 2—4c 所示。

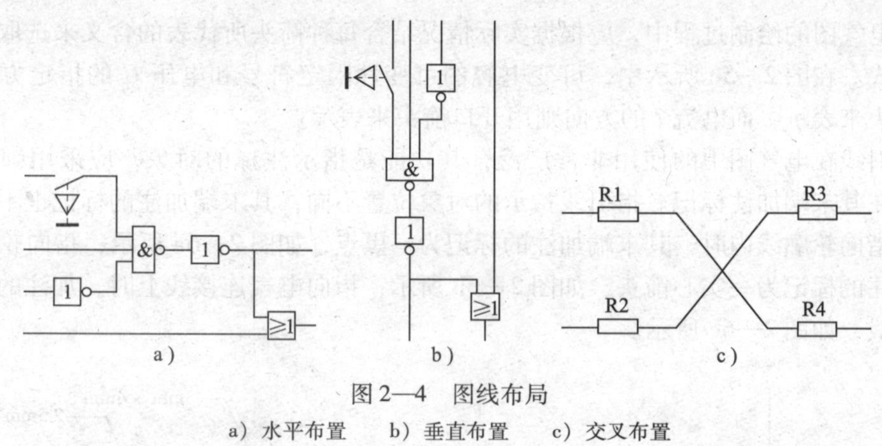

图 2—4　图线布局

a）水平布置　b）垂直布置　c）交叉布置

（2）元器件布局。电气图中元器件符号的布置方法有功能布局法和位置布局法两种形式，无论采用哪一种布局方法，都要遵守元器件布局的基本原则。

1）功能布局法。电气图中元器件的符号，按照它们所表示的元器件的功能关系布置，而不必拘泥于其实际位置的一种布局方法。在这种布局中，按照因果关系将表示对象划分为若干功能组，从左到右或从上到下进行布置。这些功能组的元器件都集中布置在一起，并尽可能按工作顺序排列。

2）位置布局法。电气图中元器件符号的布置基本与其实际位置相对应的布局方法。在采用元器件位置布局法的电气图中，元器件的相对位置和导线的走向都非常明确。

（3）元器件布局的基本原则。采用水平布局时，相同或类似项目应纵向对齐；垂直布局时，则应横向对齐。如果多条并联通路具有同样重要的功能，就以主电路为基准采取对称布局。功能相关的项目应尽可能靠近绘制，这样有利于表达其相互关系，也为识图人员提供了方便。

4．其他

（1）箭头和指引线。电气图中的箭头有开口（空心）箭头和实心箭头两种形式，如图 2—5 所示。

1）开口箭头。通常用于电气能量、电气信号的传递方向（能量流、信息流的流向）或连接线上。

2）实心箭头。通常用于可变性、力或运动方向以及指引线。

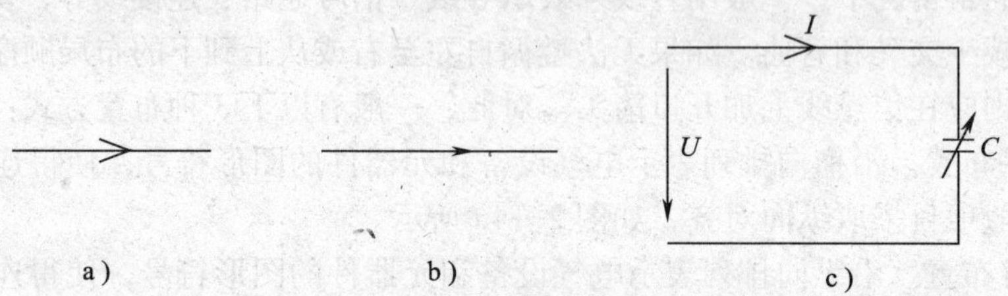

图 2—5　电气图中的箭头

a）开口箭头　b）实心箭头　c）箭头的使用

在电气图的绘制过程中，应根据实际情况结合每种箭头所代表的含义来选取图中的箭头形式。在图 2—5c 所示中，可变电容的可变性限定符号和电压 U 的指定方向都用实心箭头来表示，而电流 I 的方向则用开口箭头来表示。

指引线在电气图中的使用非常广泛，其功能是指示注释的对象，应采用细实线形式，并在其末端加注标记。指引线指示的对象位置不同，其末端加注的标记也不同。当指引线指向轮廓线内时，其末端加注的标记为一黑点，如图 2—6a 所示；指向轮廓线上时，加注的标记为一实心箭头，如图 2—6b 所示；指向电气连接线上时，加注的标记为一短划线，如图 2—6c 所示。

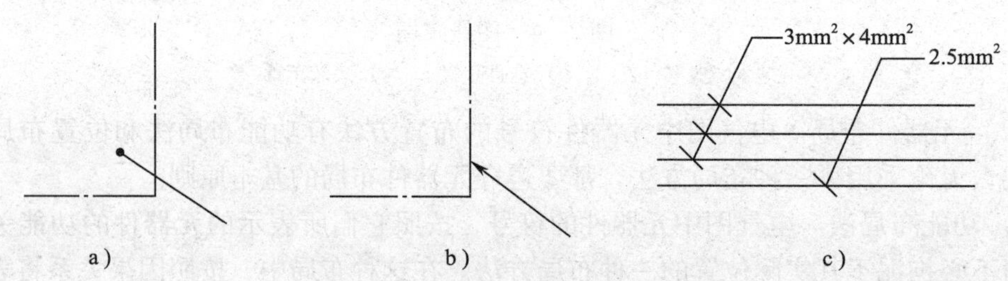

图 2—6　指引线末端加注的标记

a）加注黑点　b）加注实心箭头　c）加注短划线

（2）围框。当图的某一部分，如功能单元、结构单元、项目组等需要在图上突出显示出来时，可用单点划线围框表示。围框的形状可以是不规则的，只要能保持图面的清晰，并能简单明了的表示出各部分组成关系即可。如图 2—7 所示，继电器 K 由线圈和三对触点组成，其组成关系可用一围框来表示。

用围框表示的单元，若在其他文件上给出了可供查阅其功能的资料，则该单元的电路等可简化或省略。一些情况下，图上若含功能与本图相关却安装在别处的部分，这部分应采用双点划线围框，如图 2—8 所示。

（3）注释、详图。注释即图示不够清楚时的文字补充解释，主要有两种形式：

1）直接放在说明对象附近。

2）先给说明对象加标记，再将注释放在图面的适当位置。

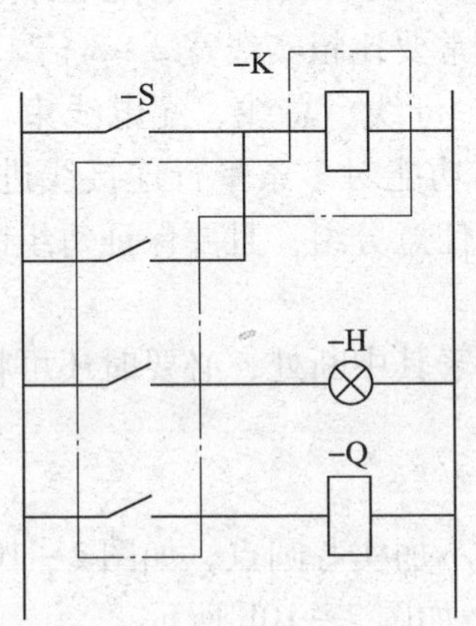

图 2—7　单点划线围框

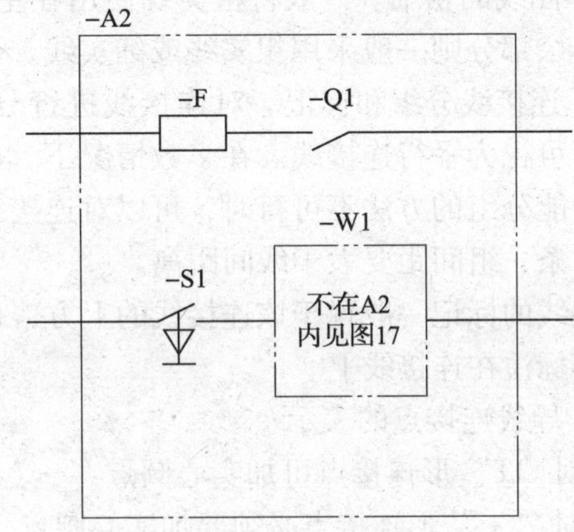

图 2—8　双点划线围框

详图是表示装置中的部分结构、做法、安装措施的单独局部放大图。被放大部分应该加以索引标志，并置于被放大部分的原图上。

三、电气接线图表示方法

在电气接线图上，导线及电缆符号、信号通路、元器件及设备的引线，以及各种图形符号间的相互连线统称为连接线。

1．连接线一般表示方法

（1）导线的一般表示法。表示导线的一般符号如图 2—9a 所示，通常用于表示单根导线和导线组。在不同情况下可以通过图线粗细、图形符号及文字、数字对各种不同的导线加以区分，图 2—9b 和 2—9c 所示中的符号分别代表母线和电缆。导线的根数需用穿过导线并与导线方向成 45°夹角的短斜线数来表示，包含几根导线就画出几条短斜线；当包含导线根数较多时，仅画出一根短斜线并在其旁加注导线根数即可。导线根数的表示方法如图 2—9d 所示。当需要在图中标注导线的线路特征时，一般采用字母和数字符号来表示，如图 2—9e 所示。

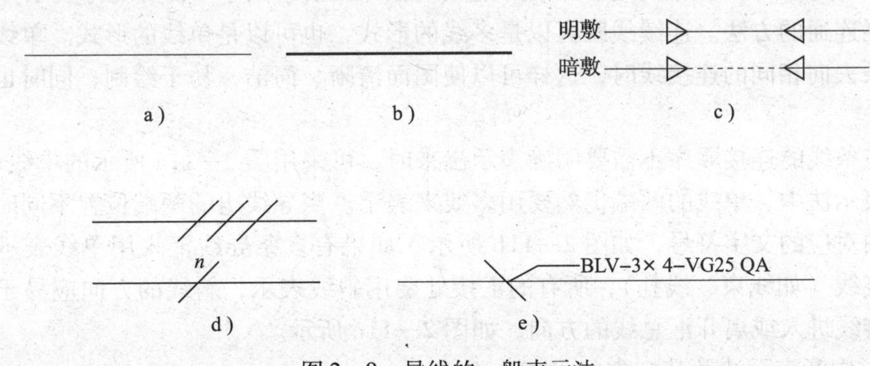

图 2—9　导线的一般表示法

a）导线的一般符号　b）母线的表示方法　c）电缆的表示方法　d）导线根数的表示方法　e）导线特征的表示方法

（2）图线的粗细。一般将粗实线使用在主电路图、主结线图、电流电路中，与之相关的其余部分则一般采用粗实线或细实线，母线通常要比粗实线宽 2 ~3 倍。

（3）连接线分组和标记。对连接线进行分组时，母线、总线、配电线束、多芯电线电缆等可视为平行连接线。在多数情况下，应按其功能对多条平行连接线进行分组。如果按功能分组的方法不可行时，可以对连接线进行任意分组，且要保证每组的连接线不多于 3 条，组间距要大于线间距离。

连接线的标记一般置于该连接线的上方，也可置于其中断处，必要时还可将信号特性的信息标注在连接线上。

（4）导线连接点的表示

1）对“T”形连接点可加实心圆点“·”，也可不加实心圆点，如图 2—10a 所示。

2）对“+”形连接点必须要加实心圆点“·”，如图 2—10b 所示。

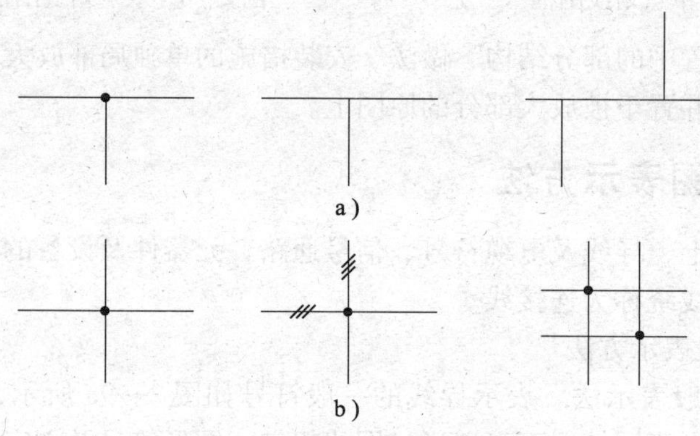

图 2—10　导线连接点的表示
a）“T”形连接点　b）“+”形连接点

3）对交叉但是却并不连接的两条连接线，在交叉处千万不可加实心圆点“·”，并应避免在交叉处改变方向，也应避免穿过其他连接线的连接点。

2. 连接线连续表示法和中断表示法

（1）连续表示法及其标志。连接线连续表示法是使用同一根图线将表示导线的连接线首尾连通的方法。连续线既可以是多线的形式，也可以是单线的形式。单线法多用于有多条去向相同的连接线时，这样可以使图面清晰、简洁，易于绘制，同时也更利于识读。

当多条线的连接顺序不需要明确表示出来时，可采用图 2—11a 所示的单线表示法，在这种表示法中，单线的两端仍然要用多线来表示。当导线组的两端位置不同时，则必须标注相对应的文字符号，如图 2—11b 所示。如果有多条导线汇入用单线表示的一组平行连接线（如线束、线扎），所有的汇接处要用斜线表示，斜线的方向应易于使读者辨别连接线进入或离开汇总线的方向，如图 2—11c 所示。

（2）中断表示法及其标志

1）去向相同的导线组，可用中断线表示，要求在中断处的两端以相应的文字符号或数字编号作为标记，如图 2—12a 所示。

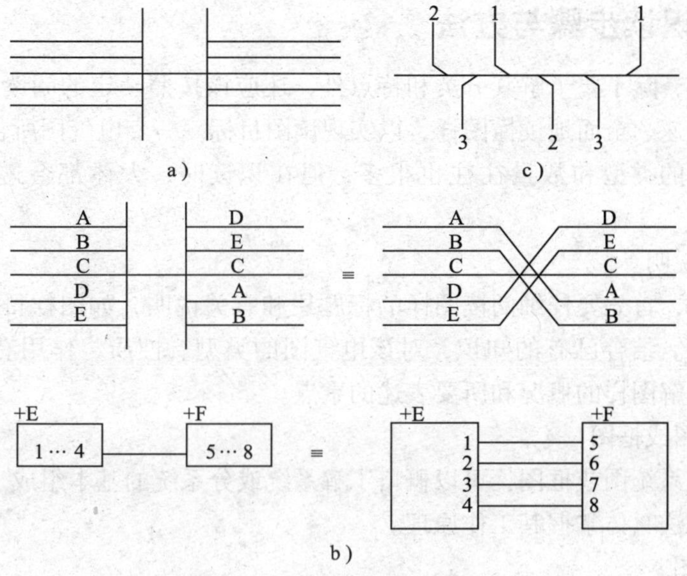

图 2—11 连接线连续表示法

a）无连接顺序的连续线 b）有连接顺序的连续线 c）汇总线

2）两设备或元器件之间的连接线，中断处采用文字符号及数字编号表示，如图2—12b 所示。

3）连接线穿越图面的距离较长或者穿越图面上的图线稠密区域时，允许将连接线中断，在中断处加上相应的标记即可，如图 2—12c 所示。

4）一条图线需要连接到另外的图样上去，则必须用中断线来表示，并标注相应文字及数字，如图 2—12d 所示。

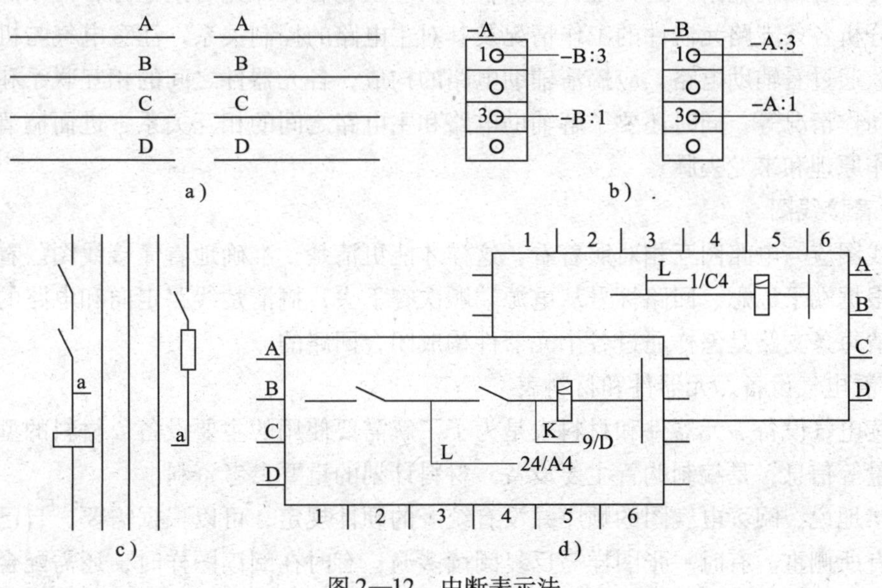

图 2—12 中断表示法

a）导线组的中断 b）用符号标记的中断 c）穿越图面的中断 d）不同图上连接线的中断

四、电气图识读步骤与方法

识读电气图，除了要了解其分类和特点外，还应该按照一定的阅读程序进行阅读，这样才能比较迅速、全面地读懂图样，以实现读图目标。一套电气图所包括的内容比较多，所涉及图样的类型和数量往往也很多，但在识读时，大体都会遵循以下步骤和方法：

1. 看图样说明

拿到图样后，首先要仔细阅读图样的标题栏和有关说明，如图样目录、技术说明、元器件明细表等。结合已有的知识，对该电气图的类型、性质、作用有一个明确的认识，从整体上理解图样的概况和所要表述的重点。

2. 看系统图或框图

通过看电气系统图或框图，可以概略了解系统或分系统的基本组成、相互关系及其主要特征，但无法具体掌握其工作原理。

3. 看电路图

电路图是电气图的核心，也是内容最丰富、最难读懂的电气图样。因此，看电路图既是重点也是难点。

首先，要看电路图中有哪些图形符号和文字符号，了解电路图各组成部分的作用，分清主电路和辅助电路、交流回路和直流回路。

其次，看主电路。通常是自下而上看，即先从用电设备开始，经控制电元器件，顺次往电源端看。通过看主电路，应搞清负载是怎样取得电源的，电源线都经过哪些元器件到达负载和为什么要通过这些元器件。

最后，看辅助电路。通常是自上而下、从左至右看，即先看主电源，再顺次看各条支路，分析各条支路元器件的工作情况及其对主电路的控制关系，注意电气与机械机构的联系。通过看辅助电路，应搞清辅助电路的构成，各元器件之间的相互联系和控制关系及其动作情况等；同时还要了解辅助电路和主电路之间的相互关系，进而搞清整个电路的工作原理和来龙去脉。

4. 看接线图

接线图应与电路图互相对照着看，这样才能更清楚、准确地看懂接线图。看接线图时，要根据端子标志、回路标号从电源端顺次查下去，搞清楚线路走向和电路的连接方法，搞清每条支路是怎样通过各个元器件构成闭合回路的。

5. 看电气设备、元器件和材料表

阅读电气设备、元器件和材料表是为了了解需要使用的主要设备、材料的型号、规格和数量等信息，是编制购置主要设备、材料计划的重要参考资料。

严格地说，阅读电气图的顺序并没有统一的硬性规定，可以根据需要，自己灵活掌握，并有所侧重。有时一张图样需反复阅读多遍；有时在阅读图样时，还需配合电气图以外的一些技术资料，以便更好地利用图样指导操作。

第二节　质量检查

→ 掌握焊接质量的检查方法
→ 掌握连线的检查方法
→ 能够进行安装质量检查

一、焊接质量的检查

1. 焊接知识简介

电子电路的焊接、组装与调试在电子工程技术中占有重要位置。任何一个电子产品都是由设计——组装——布线（印制板一般无布线问题）——焊接——调试形成的。其中焊接是保证电子产品质量和可靠性的基本环节，如果没有相应的工艺质量保证，任何一个设计精良的电子产品都难以达到设计要求。调试是保证电子产品正常工作的最关键环节，且调试过程中又不可避免地需要用到传统手工焊接知识。

在电子产品制造过程中，几乎各种焊接方法都要用到，但使用最普遍、最有代表性的是锡焊方法。锡焊就是将焊件和熔点比焊件低的焊料共同加热到锡焊温度，在焊件不熔化的情况下，焊料熔化并浸润焊接面，依靠两者原子的扩散完成焊件的连接。

在大量生产中，从元器件的筛选测试到电路板的装配焊接，都是由自动化机械来完成的，如自动测试机、元件清洗机、搪锡机、整形机、插装机、波峰焊机、剪腿机、印制板清洗机等。这些由计算机控制的生产设备，在现代化的大规模电子产品生产中发挥了重要的作用，有利于保证工艺条件和装焊操作的一致性，从而提高产品质量。但是，在科研开发、设计试制、技术革新的过程中，制作一、两块电路板，不可能也没有必要采用自动设备，所以经常需要进行手工装焊。

手工焊接是通过加热的烙铁将固态焊锡丝加热熔化，再借助于助焊剂的作用，使其流入被焊金属之间，待冷却后形成牢固可靠的焊接点。手工焊接多采用“5 步法”，准备施焊——→加热焊件——→熔化焊料——→移开焊锡——→移开烙铁，如图 2—13 所示。

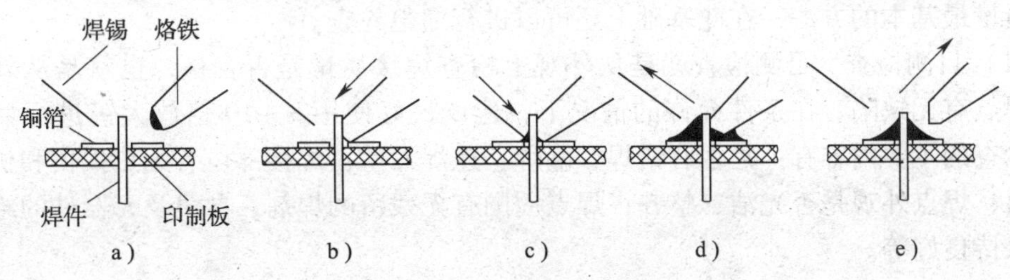

图 2—13　焊接 5 步法

a）准备施焊　b）加热焊件　c）熔化焊料　d）移开焊锡　e）移开烙铁

单元 2

2. 合格焊点的质量要求

（1）电气接触良好。焊接是电子线路从物理上实现电气连接的主要手段，因此焊点必须具有良好的导电性能，使电流能够可靠的通过。锡焊连接不是靠压力，而是靠焊接过程形成的牢固连接的合金层达到电气连接的目的。在焊接时，如果只有一部分形成合金层，也许在最初的检查与测试中不会被发现，在短期内也能通过电流。但是随着外界条件的改变和时间的推移，当初未形成合金的表面发生氧化，电路开始出现时通时断的现象或者根本不能工作，而导致产品的质量大打折扣。

（2）机械结合牢固。焊接不仅起电气连接的作用，同时也是固定元器件、保证机械连接的手段，这就涉及机械强度的问题。在电子产品的使用过程中，其中的被焊件难免会受到来自外界的振动或冲击，此时如果焊点不具有足够的机械强度，就会发生被焊件松动，甚至脱落的现象，因此要求焊点具有一定的抗拉强度。锡焊材料的成分是铅锡合金，本身强度是比较低的，常用铅锡焊料抗拉强度约为 29 ~ 46 N/cm（3 ~ 4.7 kgf/cm），才是普通钢材抗拉强度的1/10。具备充分的连接面积，是保证机械强度的最有效方法。很多时候的焊点强度较低，都是由于焊锡量过少或焊锡未布满整个焊点，还有可能因为焊接时在焊料的凝固过程中发生了振动，从而使得焊点形成豆腐渣状，甚至含有裂纹。

（3）外观光洁整齐。良好的焊点外观应光滑、均匀、清洁、整齐、美观、有金属光泽、充满整个焊盘并与焊盘大小比例适当，形状为近似圆锥而表面稍微凹陷，呈漫坡状，以焊接导线为中心，对称成裙形展开。这里要提醒的是：焊点表面有金属光泽是焊接温度合适、生成合金层的标志，可不仅仅是美观的要求，它更能反映出焊接的质量。

满足上述 3 个条件的焊点，才算是合格的焊点。图 2—14 所示为合格焊点的形状。

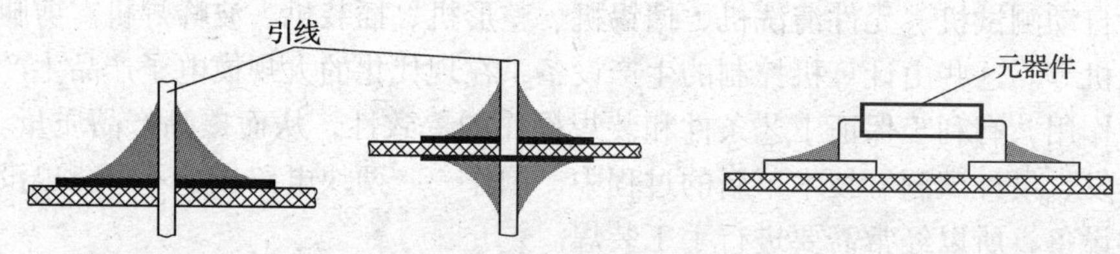

图 2—14　合格焊点的形状

3. 检查焊接质量的基本方法

焊接后一般都要对焊接的质量进行检查。目测检查、手触检查和仪表检查都是检查焊接质量最基本的方法，在此基础上还可以进行通电检查。

（1）目测检查。目测检查就是从外观上检查焊接质量是否合格，也就是从外观上评价焊点有无缺陷。在条件允许的情况下，建议最好使用 3 ~ 10 倍放大镜进行目测检查。检查的主要内容有：是否有错焊、漏焊、连焊发生；焊接部位有无热损伤和机械损伤现象；焊点外观是否光洁、整齐；焊点周围有无残留的焊剂；导线及元器件的绝缘层是否保持良好等。

（2）手触检查。手触检查是在外观检查中发现有可疑现象时，采用的一种检查方法。主要是用手指触摸元器件有无松动、焊接不牢的现象，还可以用镊子轻轻拨动焊接部或夹住元器件引线轻轻拉动，观察有无松动现象或用拉线的办法检查有无导线断线、焊盘剥离等缺陷。

（3）仪表检查。当目测检查发现有可疑现象，又无法通过手触检查进行确定时，就需借助仪表检查。这里主要是指使用万用表的电阻挡或数字万用表带蜂鸣器的通断测试挡进行检查，可以较准确地检测出焊接质量上存在的问题。

（4）通电检查。在外观检查结束后认为焊接基本没有问题时，才能进行通电检查，这是检验电路性能的关键。如果不经过严格的外观检查，通电检查不仅会出现很多困难，而且还有可能损坏仪器设备，引发安全事故。通电检查是对目测检查、手触检查和仪表检查的补充，通过这种检查方式，可以发现许多微小的问题。通电检查焊接质量的结果及原因分析见表 2—1。

表 2—1　通电检查焊接质量的结果及原因分析

通电检查结果		原因分析
元器件损坏	失效	过热损坏、烙铁漏电
	性能降低	烙铁漏电
导通不良	短路	桥接、焊料飞溅
	断路	焊锡开裂、松香夹渣、虚焊、插座接触不良等
	时通时断	导线断丝、焊盘剥落等

4．焊接缺陷及产生的原因

（1）桥接。桥接即连焊，是指焊锡量过多时造成的元器件焊点之间的短路，或焊锡将相邻的印制导线连接起来的现象。这在对超小元器件及细小印制电路板进行焊接时要尤为注意。焊锡量过多、焊接时间过长、焊锡温度过高、烙铁撤离角度不当都会造成桥接。如果出现毛细状的桥接，可能是由于印制电路板的印制导线有毛刺或腐蚀时留有残余金属丝而形成的。如果选用合适的烙铁头，放慢焊接速度，掌握好焊接时间和用锡量，出现桥接现象自然会少一些。如果已经出现了连焊，可以加一点松香用烙铁去锡，注意松香不能太多。对于毛细状的桥接，吸锡后必须设法去除印制导线的毛刺或残余金属丝。图 2—15 所示为焊点之间的桥接现象；图 2—16 所示为印制导线之间、印制导线与焊点之间的桥接现象。

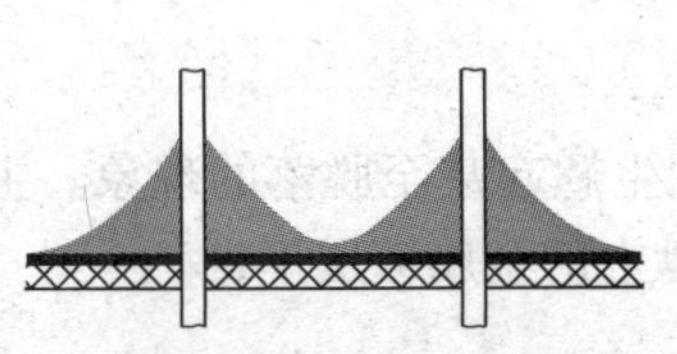
图 2—15　焊点之间的桥接

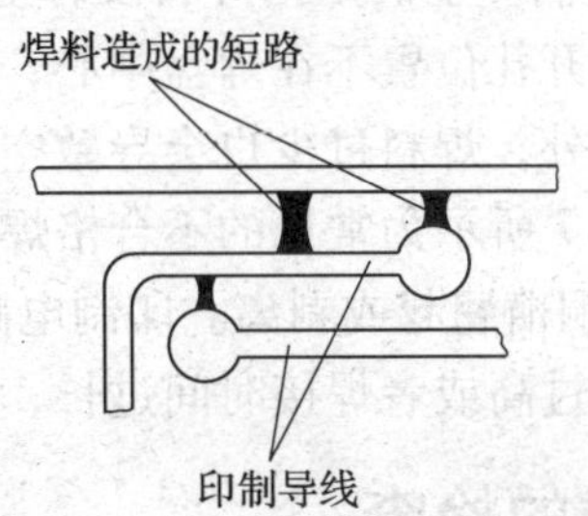

图 2—16　印制导线之间、印制导线与焊点之间的桥接

(2) 拉尖。是指焊点表面的焊锡出现尖端。产生的原因是助焊剂用量不足或焊接温度不够高，在电烙铁从焊点撤离时焊锡不能很好的同烙铁头进行分离，而呈黏滞状态，焊点显得干枯、不光亮圆润。有时，烙铁撤离的角度和时机不当，也会造成焊点的拉尖现象。解决办法是用电烙铁头多蘸些松香重新焊一次。

(3) 虚焊。虚焊看起来好像有锡在引脚和焊盘上，但焊锡与引脚并没有焊好，焊锡与元器件引脚或与铜箔之间有明显黑色界线，焊锡向界线凹陷。虚焊处接触不良，电子产品振动后，容易出现信号时有时无的情况。产生的原因是：没有清除焊盘和元器件引脚的氧化层或污垢，或者清除得不够彻底；烙铁头未同时紧靠在待焊接的引脚与焊盘上，加热不够充分，焊锡刚处于半熔状态、焊剂还未充分挥发就撤走烙铁；焊锡未凝固前焊件发生晃动；焊接温度过高，焊接时间过长，形成不适当的合金；助焊剂质量差、焊料中杂质过多。多数虚焊一般可通过目测发现，有时需要配合用万用表测量。

(4) 假焊。假焊看起来在引脚和焊盘上好像有锡，其实焊盘上并没有焊锡的浸润，此焊点根本就没焊上去，严重时可以从印制电路板上将元器件直接拔下。可见，假焊处的力学强度很低，在电子产品受到外力冲击和激烈振动时，焊接件很容易脱开，造成电路不通或时通时断等故障，且不易检出。假焊主要是由于被焊接的焊盘氧化而没有处理造成的，一般可通过用手摇动查出，有时也需要使用万用表进行测量。

(5) 气泡。它是指引线根部有喷火式焊料隆起，内部藏有空洞，目测或低倍放大镜可见有孔。当元器件引脚与焊盘插线孔间隙较大、引脚的浸润性不良、焊接时间较长时，孔内空气就会膨胀而形成气泡。

(6) 不对称。它是指焊锡冷却后在整个焊盘上未呈对称状分布。主要是由于焊料流动性差、助焊剂不足或质量差、加热不足造成的。

(7) 焊料过多。它是指焊点的锡面呈凸形。焊接时，如果焊料撤离过迟，就会使焊锡用量过多，形成焊点处的焊锡堆积。

(8) 焊料过少。它是指焊点上的焊料未形成平滑的过渡面，焊接面积达不到焊盘的80%，不足以包裹焊点。主要原因是焊料撤离过早或焊锡流动性差、助焊剂不足、焊接时间太短等。

(9) 空洞。空洞是指焊料没有全部充满插线孔而形成的。造成空洞的原因有：印制电路板的开孔位置不在焊盘中心，且孔径太大，以及孔周围焊盘氧化、有污垢预处理不良等。另外，焊料过少也会导致空洞。

图2—17所示为常见的不合格焊点。

(10) 铜箔翘起或剥离。印制电路板上的铜箔发生翘起甚至脱落的现象。主要原因是焊接温度过高或者焊接时间过长，还有可能是焊盘上的金属镀层不良。

二、连线的检查

对于电子产品来说，在保证其焊接质量的同时，电路连线是否正确也很重要。通常用直观检查和万用表检查两种方法检查连线。

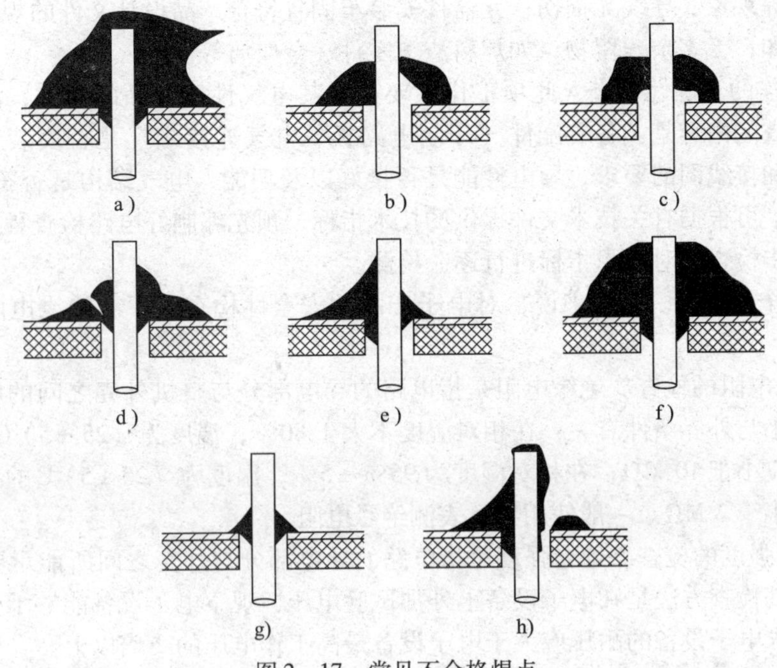

图 2—17　常见不合格焊点

a）拉尖　b）虚焊　c）假焊　d）气泡　e）不对称　f）焊料过多　g）焊料过少　h）空洞

1．直观检查

按照电路图、接线图认真检查安装好的电路，是否有错线（连线一端连接正确，另一端错误）、少线（完全漏掉安装的线）和多线（连线的两端在电路图上都是不存在的）。尤其要注意检查电源线、地线是否正确，信号线、元器件引脚之间有无短接，二极管、三极管、集成电路、极性电容器等引脚有无错接等。一般情况下，应该按电路图、接线图进行逐一对应的检查，但若电路中布线较多，则可以以元器件（如运算放大器、三极管等）为中心，依次检察查其引脚的有关连线，这样不仅可以查出错接或少接的线，而且也较易发现多余的线。为了防止遗漏，可将已查过的线在图样上做出标记。必要时也可用手轻拉导线，同时观察连接处是否有接触不良的现象。

2．万用表检查

为了进一步确保连线的可靠性，可以借助万用表对其进行连通检查，类似于对焊接质量的检查。一般使用万用表的“$R\times1$”挡或数字万用表带蜂鸣器的通断测试挡进行检查。检查过程中，应该注意观察连线两端连接元器件引脚的位置是否与电路图相符，而且尽可能直接测元器件引脚，这样可以同时发现引脚与连线接触不良的故障。

三、安装质量检查

1．检查内容

功能单元的安装质量检查一般应从以下几个方面进行：

（1）外观检查。装配好的功能单元应表面无损伤，涂层无划痕、脱落；金属结构无开裂、脱焊现象，导线无损伤；元器件安装牢固且符合产品设计文件的规定；活动部分应活动自如；无多余残留物，如焊料渣、零件、金属屑等。

（2）装连的正确性检查。此项工作主要是对其电气性能方面的检查，涵盖对连线的检查。检查的内容是：各装配件（印制电路板、电气连接线）是否安装正确，是否符合电路图和接线图的要求，导电性能是否良好以及功能、电气结构是否符合要求等。批量生产时，可根据有关技术文件提供的技术指标，预先编制好电路检查程序表，对照电路图一步步检查，对技术指标进行逐一检测。

（3）安全性检查。一般来说，对电子产品的安全性检查主要有绝缘电阻和绝缘强度两个方面。

1）绝缘电阻的检查。绝缘电阻是指电路的导电部分与整机外壳之间的电阻值。绝缘电阻的大小与外界条件有关：在相对湿度不大于80%，温度为（25±5）℃的条件下，绝缘电阻不应小于10 MΩ；在相对湿度为95%±5%，温度为（25±5）℃的条件下，绝缘电阻不应小于2 MΩ。一般使用兆欧表测绝缘电阻。

2）绝缘强度的检查。绝缘强度是指电路的导电部分与外壳之间所能承受的外加电压的大小。其检查方法是在电子设备上外加试验电压，观察电子设备能够承受多大的耐压，一般要求电子设备的耐压应大于电子设备最高工作电压的2倍以上。

此外，对裸露部分的保护装置是否完好、安全标志是否齐全也应进行检查。

2. 检查注意事项

（1）检查过程应符合技术规范，以减少不必要的附加故障的产生。

（2）应注意保护好功能单元的完整，避免检查过程中的损伤。

（3）绝缘强度的检查点和外加试验电压的具体数值由电子产品的技术文件提供，应严格按照要求进行检查，避免损伤电子产品或出现人身事故。

单元测试题

一、单项选择题（下列每题的选项中，只有1个选项是正确的，将其代号填在横线空白处）

1. 电路图按其描述的对象及其表示的工作原理可以分为3种类型，其中不包括________。

A. 电子电路图　　B. 生产机械电气控制电路图

C. 电力系统电路图　　D. 照明电路图

2. 下列不属于接线图类型的是________。

A. 直连型　　B. 简化型　　C. 复杂型　　D. 接线表

3. 关于电气图特点的叙述，不正确的一项是________。

A. 电气图的主要表达方式是简图

B. 电气图的主要表达内容是元器件和连接线

C. 电气图的基本组成要素是图形符号、文字符号和项目代号

D. 电气图具有单一性

4. 下列关于电气图元器件布局的基本原则描述正确的一项是________。

A. 采用水平布局时，相同或类似项目应水平对齐

B. 如果多条并联通路具有同样重要的功能，就以主电路为准采取对称布局

C. 采用垂直布局时，相同或类似项目应垂直对齐

D. 全部项目都应尽可能靠近绘制

5. 下列 4 幅图中导线连接点的表示，采用的不是“T”形连接点的是________。

A　　B　　C　　D

6. 手工焊接“5 步法”正确的操作步骤是________。

A. 准备施焊⟶熔化焊料⟶加热焊件⟶移开焊锡⟶移开烙铁

B. 准备施焊⟶加热焊件⟶熔化焊料⟶移开焊锡⟶移开烙铁

C. 准备施焊⟶熔化焊料⟶加热焊件⟶移开烙铁⟶移开焊锡

D. 准备施焊⟶加热焊件⟶熔化焊料⟶移开烙铁⟶移开焊锡

7. 检查焊接质量的基本方法中不包括________。

A. 焊锡质量检查　　B. 目测检查　　C. 手触检查　　D. 通电检查

8. 焊锡量过多时造成的元器件焊点之间的短路称为________。

A. 连焊　　B. 虚焊　　C. 假焊　　D. 焊料过多

9. 对连线的检查描述不正确的一项是________。

A. 为了防止遗漏，可将已查过的线在图样上做出标记

B. 必要时也可用手轻拉导线进行检查

C. 可以借助万用表进行检查

D. 只需按照系统图或框图来检查电路是否有错接或漏接的线

10. 对安装质量进行外观检查时，不包括________。

A. 装配好的功能单元表面是否有损伤

B. 金属结构是否有开裂、脱焊现象

C. 各装配件（印制电路板、电气连接线）导电性能是否良好

D. 有无多余残留物，如焊料渣、零件、金属屑等

二、判断题（判断正确的打“√”，错误的打“×”）

1. 系统图是用于说明产品各元器件或单元电路间相互关系及电气工作原理的图。（　）

2. 接线表并不是接线图。（　）

3. 在电气图上，图样的幅面指由边框线围成的图面部分。（　）

4. 在电路图上识读辅助电路时，通常是按照自上而下、从左至右的顺序，即先看主电源，再顺次看各条支路。（　）

5. 电路图和接线图一起使用，有很多时候电路图可以代替接线图。（　）

6. 对交叉但是却并不连接的两条连接线，在交叉处不可加实心圆点“·”。（ ）

7. 焊接温度过高或者焊接时间过长时，印制电路板上的铜箔有可能会发生翘起甚至脱落的现象。（ ）

8. 使用万用表进行连线的检查时，应该用其测电压挡。（ ）

9. 对功能单元的安装质量检查来说，安全性检查仅限于绝缘强度的检查。（ ）

10. 电子产品的安装过程中需要使用技术文件，而在对其进行安装质量检查时，则无须使用。（ ）

三、技能题

1. 进行焊接“5 步法”的练习。

2. 按照图 2—18 所示电路图，自行组装一个简易的串联型直流稳压电源。

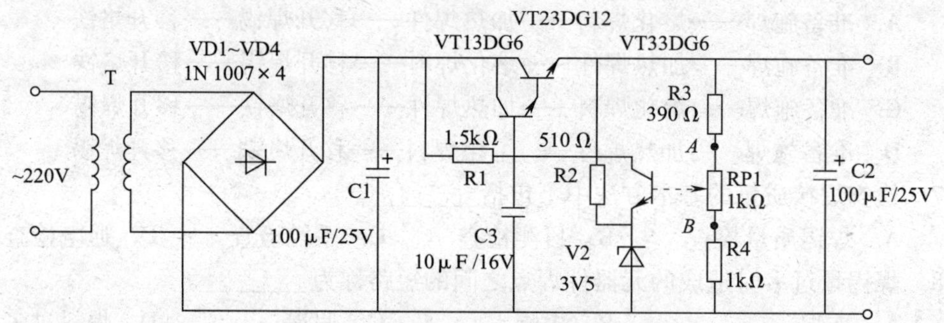

图 2—18 串联型直流稳压电源电路图

3. 对第 2 题中所装电源进行焊接质量的检查。

4. 对第 2 题中所装电源进行连线的检查。

5. 对第 2 题中所装电源进行安装质量检查。

单元测试题答案

一、单项选择题

1. D 2. C 3. D 4. B 5. C 6. B 7. A 8. A 9. D 10. C

二、判断题

1. × 2. × 3. √ 4. √ 5. × 6. √ 7. √ 8. × 9. × 10. ×

三、技能题

按要求完成。

第3单元

调试

第一节　产品安全检查

- 能够掌握防触电的技术措施
- 能够分辨功能单元安全防护的合理性
- 判断漏电流和绝缘电阻的合格性

一、电气安全常识

随着社会的发展，电能在人们的日常工作与生活中应用极其广泛，而与此同时，电能又对人类构成一定的威胁。触电会造成人员伤亡，电气事故会毁坏用电设备甚至引起火灾。所谓电气事故，主要包括触电事故、雷击危害、静电危害、电磁场危害、电气火灾和爆炸，也包括危及人身安全的线路故障和设备故障等。一般情况下，机械危险部位比较容易被人们发现，但是物体的带电现象却不易被察觉，可见后者更具有危险性。为此，人们需要采取一定的技术措施来消除电气事故，以保证安全，所有这些措施就是电气安全技术。

1．触电知识

（1）电流对人体的伤害作用。当人们不小心碰到电，电流就能立即通过人体，对人体造成不同程度的伤害。电流对人体的伤害主要有电击、电伤和电磁场生理伤害 3 种形式。

1）电击。所谓电击是指电流通过人体时，破坏其心脏、肺等内部器官及神经系统的正常功能，导致人体受到伤害。例如，当电流作用于人体中枢神经时，就会破坏心脑和呼吸机能的正常工作，引发人体的抽搐与痉挛，使人失去知觉；电流也可能使人体呼吸功能紊乱，血液循环系统活动大大减弱而造成假死，如救护不及时则会导致死亡。电击的形式有直接接触电击和意外接触电击。无论哪一种电击形式都是人体触电较为危险的情况，是对人体造成死亡的主要原因。

2）电伤。所谓电伤是指电流的热效应、化学效应或机械效应对人体外器官造成的局部伤害。例如，电弧造成的灼伤、电烙印、熔化金属溅出的烫伤、由电流的化学效应而造成的皮肤金属化等。电伤是人体触电事故较为轻微的一种情况。

3）电磁场生理伤害。电磁场生理伤害是指在高频电磁场的作用下，使人出现头晕、乏力、记忆力减退、失眠、多梦等神经系统不适的症状。

（2）影响人体触电受伤害程度的主要因素

1）流经人体的电流强度。流经人体的电流强度直接会影响到人体触电的受伤害程度。不同强度的电流会引起人体不同的反应。根据人体对电流的反应，一般将触电电流分为感知电流、反应电流、摆脱电流和心室纤颤电流。

2）电流通过人体的持续时间。人体触电时间越长，人体电阻就越低，流过的电流就越大，对人体产生的热伤害、化学伤害及生理伤害等就会越重。人的心脏每收缩、扩张一次，中间约有0.1 s的间歇，在这0.1 s中心脏对电流最敏感。如果电流在这一瞬间通过心脏，即使电流很小（零点几毫安），也会引起心脏震颤；如果电流没有在这一瞬间通过，即使电流较大，也不至于引起心脏麻痹。由此可知，如果电流持续时间超过0.1 s，必然会与心脏最敏感的跳动间隙相重合而造成很大的危险。通常来说，工频电流15～20 mA以下及直流电流50 mA以下，对人体而言是比较安全的。但如果触电时间很长，即使小到8～10 mA的工频电流，也可能致人死亡。

3）电流通过人体的途径。电流通过人体的途径也是影响人体触电严重程度的重要因素之一。按电流通过人体的途径来区别危险程度，首先是从手到脚的电流途径最为危险，因为沿这条途径有较多的电流通过心脏、肺部和脊髓等重要器官；其次是从一只手到另一只手的电流途径；最后是从一只脚到另一只脚的电流途径。但是要注意，最后一种电流途径容易使触电人因剧烈痉挛而摔倒，导致电流通过全身，造成摔伤、坠落等严重的次生事故。

4）流经人体的电流频率。经研究表明，人体触电的受伤害程度与触电时流经人体的电流频率有一定关系。一般来说，频率在40～60 Hz的电流对人体触电的伤害程度比较严重。通常的电气设备都采用50 Hz的工频交流电，这对设计电气设备比较合理，但是这种频率的电流对人体触电伤害程度也最为严重。

5）人体电阻。发生触电时，流经人体的电流决定于触电电压与人体电阻的比值，因此人体电阻大小对人体触电后果有一定影响。人体各部分的电阻除去角质层外，以皮肤的电阻最大，如果除去皮肤，则人体电阻可下降至600～800 Ω。人体皮肤电阻与皮肤状态有关，随条件不同在很大范围内变化。例如，当人体在皮肤干燥、洁净、无破损的情况下，人体的电阻可高达几十千欧，此时通过人体的电流小；而当皮肤潮湿、多汗、有损伤时，电阻会下降到1 000 Ω以下，此时通过人体的电流就大，危害也大。

6）人体状况。电流对人体的伤害作用与性别、年龄、身体及精神状态有很大关系。一般来说，女性比男性对电流敏感；小孩比大人敏感；凡患有心脏病、神经系统疾病和结核病的病人，受电击伤害的程度都要比健康人严重。

（3）触电的形式。人体触电的形式有很多，按照人体所处环境不同和与带电体接触部位的不同，触电的形式可分为单相触电、两相触电、跨步电压触电和高压电击等。

1）单相触电。如果人体在地面或其他接地导体上，人体的某一部位触及某一相线或电气设备的某相带电部分，电流就会通过人体经大地而构成回路，这种触电的方式通常被称为单相触电。大部分触电事故都是单相触电事故。这种触电的危害程度取决于三相电网中的中性点是否接地。

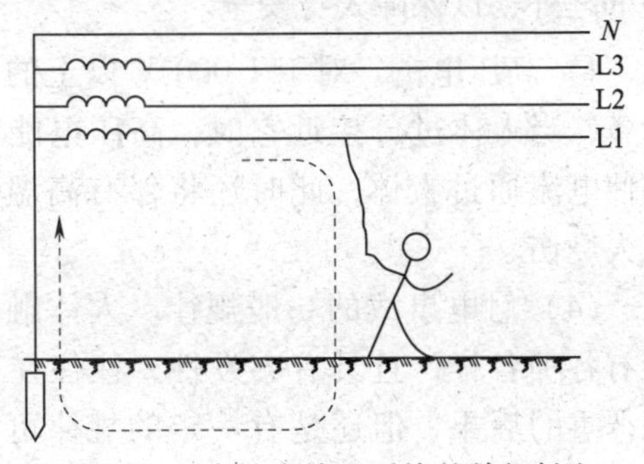

图3—1　中性点接地系统的单相触电

在电网中性点接地系统中当人接触任意一相导线时，一相电流就会通过人体、大地、系统中性点接电装置构成回路，如图3—1所示。由于人体电阻远比中性点接地装置的接地电阻大得多，所以相电压几乎全部加在人体上，导致人体触电。但是，如果人体是站在绝缘材料上，就不会触电，因为此时流经人体的电流会很小。

在电网中性点不接地系统中当人体接触任意一相导线时，接触相导线经人体流入大地中的电流只能经另两相对地的电容容抗构成闭合回路，如图 3—2 所示。在低压系统中，由于各相对地电容较小，相对地的绝缘电阻较大，所以通过人体的电流就会很小，不能对人体造成触电伤害；如果各相对地的绝缘不良，那么人体触电的危险性会很大。在高压系统中，各相对地均有较大的电容，电压也高，因此流经人体的电流较大，会对人体造成不小的危害。

2）两相触电。如图 3—3 所示，如果人体的两处部位同时分别接触两根不同的相线或电气设备不同相的两个带电部分，此时的电流就会由一根相线经过人体流到另一根相线，形成闭合回路，从而使人触电，这种触电方式被称为两相触电。此时，人体处于线电压的作用下，所以两相触电比单相触电危险性更大。

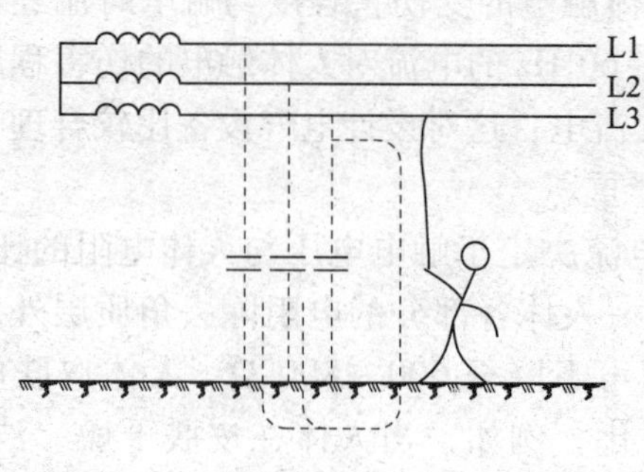

图 3—2　中性点不接地系统的单线触电

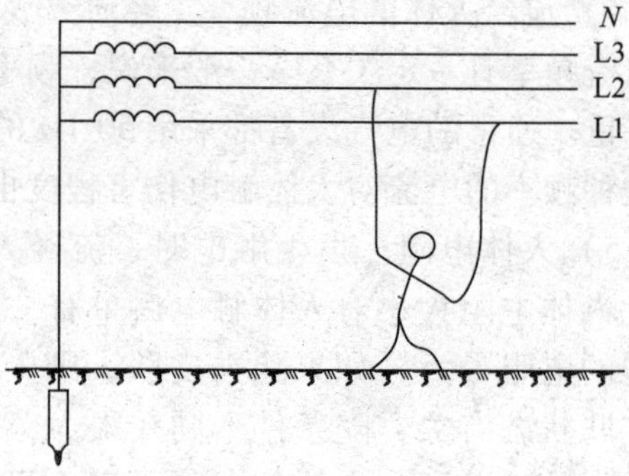

图 3—3　两相触电

3）跨步电压触电。当带电设备发生某相接地时，接地电流流入大地，在距接地点不同的地表面各点上分布不同电位，电位的高低与到接地点的距离有关，距离越远，电位越低。如图 3—4 所示，当人体在具有电位分布的区域内行走时，人的两脚（一般相距以 0. 8 m 计算）分别处在不同的电位点，此时两脚间具有一定的电位差，称为跨步电压，会引起跨步电压触电。跨步电压的大小与电位分布区域内的位置有关，在越靠近接地体处，跨步电压越大，触电危险性也越大。高压故障接地处或有大电流流过的接地装置附近，都可能出现较高的跨步电压。在这种危险场合，应合拢双脚跳离接地处 20 m之外，以保障人身安全。

4）高压电击。对于 1 000 V 以上的高压电气设备，当人体过分接近它时，高压电能将空气击穿使电流通过人体，此时还将伴有高温电弧，能把人烧伤。

（4）触电事故的一般规律。人体触电事故尽管有各种各样，且具有突发性，往往在一瞬间造成严重的后果，但还是有一定的规律可循。通过对已发生的触电事故不断地进行分析和总结，可

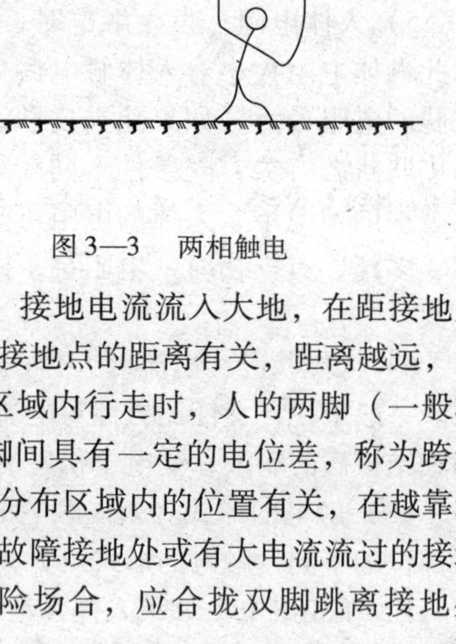

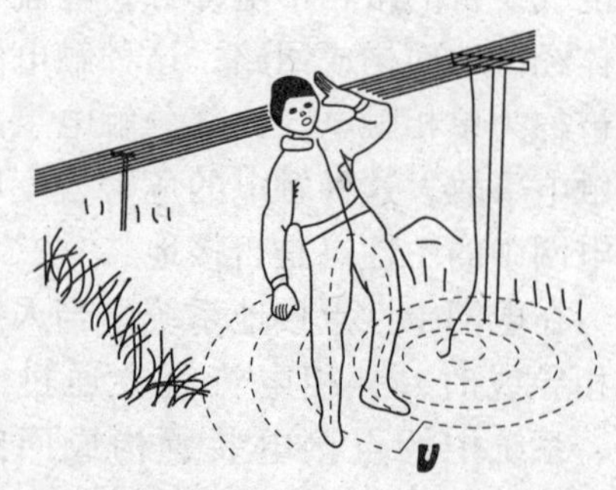

图 3—4　跨步电压触电

以得出以下一些人体触电的规律：

1）夏季的触电事故明显多于其他季节。

2）低压触电事故多于高压触电事故。

3）使用移动式电气设备的触电事故多于使用固定式电气设备的触电事故。

4）电气触头及连接部位触电事故多。

5）中青年人和非专业电工触电事故多。

6）错误操作的触电事故多。

7）农村的触电事故多于城市。

8）临时性施工工地触电事故多。

2．电气安全技术措施

从触电事故发生的情况来看，触电事故一般可分为直接接触事故和间接接触事故。直接接触事故是指在电气装置运转时，直接与带电体接触的触电事故；间接接触事故是指当电气装置的绝缘发生劣化，绝缘性能降低造成内部带电体漏电至外部的非带电金属部位，导致虽仅接触外部非带电金属部位，亦会发生的触电事故。前者多由主观原因造成；后者则多由客观原因造成。但是，无论是主观原因还是客观原因造成的触电事故，为了对其加以避免或减少，以确保工作人员的生命安全，电气设备在设计、制造和安装时，必须采取一定的安全技术措施。这些措施主要有：采用安全电压、保证安全距离、采取安全屏护、设置安全标志、实行保护接地与接零和保证电气设备的绝缘性能等。

（1）采用安全电压。从安全的角度来看，因为电力系统中的电压通常是比较恒定的，而影响电流变化的因素很多，所以，确定对人体的安全条件是用安全电压而不是安全电流。

安全电压是指在各种不同环境条件下，在人体接触到带电体后，其各部分组织，如皮肤、心脏等不发生任何损伤的电压，是为了防止触电事故而采用的由特定电源供电的电压系列。其供电要求实行输出与输入电路的隔离，与其他电气系统的隔离。安全电压是以人体允许电流与人体电阻的乘积为依据而确定的，这个电压系列的上限值，在正常和故障情况下，任何两导体间或任一导体与地之间均不得超过交流（频率为 50 ~ 500 Hz）有效值 50 V。

在国家标准中，将安全电压额定值规定为 5 个等级：分别是 42 V、36 V、24 V、12 V、6 V。当电气设备采用了超过 42 V 的安全电压时，必须采取防止人接触带电体的防护措施，其电路必须与大地绝缘。

各等级安全电压的选用应考虑到使用场所、操作人员条件、使用方式、供电方式和线路状况等多方面因素。目前，我国采用的安全电压以 36 V 和 12 V 两个等级比较多。36 V 电压一般用于生产场地的局部照明；12 V 电压则多被用于在潮湿、易导电的地沟或金属容器内工作时使用的照明灯。各等级安全电压的具体选用见表 3—1。

安全电压能够保证在人员触电时通过人体的电流在安全电流范围内，从而使人身安全在一定程度上得到了保障。

表 3—1　　各等级安全电压的选用

安全电压（V）	用　途
42	手提式照明灯、无特殊安全措施、有触电危险的场所使用的手动式电动工具等
36	矿井、易导电、多粉尘、生产场所及变电站等多接地场所使用的灯
24	比较危险的场所、工作场地狭窄、温热场所、工作人员可能偶然接触到的带电体
12	
6	

（2）保证安全距离。在带电体与大地之间、带电体与带电体之间、带电体与人体之间、带电体与其他设施和设备之间，均应保持一定的最小距离或最小空间距离，称为电气安全距离，简称安全距离，又称安全净距或安全间距。

安全距离应保证在各种可能的最大工作电压或过电压的作用下，不发生闪络放电，还应保证工作人员对电气设备巡视、操作、维护和检修时的绝对安全。安全距离主要是根据空气间隙的放电特性确定，其大小与电压的高低、设备的类型及安装方式等多方面因素有关。各类安全距离在国家颁布的有关规程中均有规定，当实际距离大于安全距离时，人体及设备才安全。安全距离既用于防止人体触及或接近带电体而造成的触电事故，也用于避免车辆等物体碰撞或过分接近带电体以及带电体之间发生放电和短路而引发的火灾和电气事故，同时也为检修和维护提供了方便。

安全距离分为线路安全距离、变配电设备安全距离和检修安全距离三种。线路安全距离是指导线与地面（水面）、杆塔构件、跨越物（包括电力线路和弱电线路）之间的最小允许距离；变配电设备安全距离是指带电体与其他带电体、接地体、各种遮栏等设施之间的最小允许距离；检修安全距离是指工作人员进行设备维护检修时与设备带电部分间的最小允许距离，又可分为设备不停电时的安全距离、工作人员工作中正常活动范围与带电设备的安全距离、带电作业时人体与带电体间的安全距离。

（3）采取安全屏护。所谓屏护，就是由遮栏、围栏、护罩、护盖、箱盒或隔离板等把带电体同外界隔离开来，以防止人体触及或接近带电体所采取的一种安全防护措施。除防止触电的作用外，有的屏护装置还能起到防止电弧伤人、弧光短路的作用，同时也为检修、维护等工作提供了便利。

一些配电线路和电气设备的带电部分，绝缘强度不足或加包绝缘很不方便时，就可以采用屏护措施。对于开关电器的可动部分来说，一般是不能加包绝缘的，因此也需要屏护。其中防护式开关本身就带有屏护装置；而开启式石板刀开关则需要另加屏护装置。此外，需要另加屏护装置的还有起重机滑触线以及其他裸露的导线。对于高压设备而言，想要全部加绝缘实现起来困难比较大，而且人体一旦与高压设备接近到一定程度，即会发生触电事故，且情况都比较严重。因此，高压设备无论是否已加绝缘，都必须采取屏护或其他防止接近的措施。对于变配电设备，凡安装在室外地面上的变压器以及安装在车间或公共场所的变配电装置，都需要设置遮栏或栅栏作为屏护。在带电体附近作业时，工作人员与带电体之间及过道、入口等处，均应装设可移动的临时遮栏。

屏护装置与带电体之间无直接接触，装置所用材料必须有足够的力学强度和良好的耐火性能，而对其电性能方面一般没有严格的要求。但是，如果屏护装置由金属材料制成，则必须将其接地或接零，旨在防止其意外带电而造成触电事故。

屏护装置有永久性、临时性、固定式和移动式四种。永久性屏护装置，如配电装置的遮栏、开关的罩盖等；临时性屏护装置，如检修工作中使用的临时屏护装置和临时设备的屏护装置；固定式屏护装置，如母线的护网；移动式屏护装置，如跟随天车移动的天车滑线的屏护装置等。

（4）设置安全标志。在电气设备系统和有关的工作场所应该设置安全标志。安全标志一般用钢板、塑料等材料制成，且不应有反光现象。安全标志应安装在光线充足的地方，通常在白色光源的条件下使用，在光线不足的情况下应增设照明装置。标志安装高度以略高于人的视线为宜，以便于引起注意。安全标志一般不应安装于门窗及可移动的部位，也不宜安装在其他物体容易触及的部位。在大面积或同一场所内，不宜使用过多的安全标志。

以下一些类型的安全标志较为常用：

1）禁止类标志。圆形，背景为白色，红色圆边，中间为一红色斜杠，图像用黑色表示。一般常用的有“禁止烟火”“禁止启动”等。

2）警告类标志。等边三角形，背景为黄色，周边和图案都用黑色。一般常用的有“当心触电”“注意安全”等。

3）指令类标志。圆形，背景为蓝色，图案及文字用白色。一般常用的有“必须戴安全帽”“必须戴护目镜”等。

4）提示类标志。矩形，背景为绿色，图案及文字用白色。

常用的标志牌式样及用途见表3—2。

表3—2　　常用标志牌式样及用途

序号	名称	悬挂处所	式样		
			尺寸（mm）	颜色	字样
1	禁止合闸，有人工作！	一经合闸即可送电到施工设备的开关和刀开关操作把手上	200×100 80×50	白底	红字
2	禁止合闸，线路有人工作！	线路开关和刀开关操作把手上	200×100 80×50	红底	白字
3	在此工作！	室内、外工作地点或施工设备上	250×250	绿底，中有直径 ϕ210 mm 白圆圈	黑字，写于白圆圈内
4	止步，高压危险！	施工地点靠近带电设备遮栏上，室外工作地点的周围栏上，禁止通行的过道上，高压试验地点，室外构架上，工作地点临近带电设备的横梁上	250×200	白底红边	黑字，有箭头

续表

序号	名称	悬挂处所	式样		
			尺寸（mm）	颜色	字样
5	从此上下！	工作人员上、下铁架	250×250	绿底，中有直径 φ210 mm 白圆圈	黑字
6	已接地！	悬挂在已接地线的隔离开关手柄上	240×130		

（5）保护接地与接零。在工厂里，使用的电气设备很多，通常会采用绝缘、隔离等技术措施来防止触电，以保障用电安全。但是，工人在生产过程中经常会接触到电气设备不带电的外壳或与其连接的金属体。这样，一旦设备发生漏电故障，平时不带电的外壳就会带电，且与大地之间存在电压，从而导致操作人员触电。这种意外发生的触电事故危险性极大。为防止此类事故的发生，一般采取对电气设备外壳进行保护接地或保护接零的措施。

1）保护接地。保护接地也称接地保护，就是将电气设备的金属外壳与深埋在地下的接地体紧密连接起来，其作用是当设备金属外壳意外带电时，将其对地电压限制在规定的安全范围内，以消除或减小操作人员触电的危险。保护接地的主要原理是：当电源的某一相漏电时，用电设备金属部分就带有与相电压相等的电压，接地电流 I_d 通过人体和电网对地绝缘阻抗形成回路。有了保护接地后，漏电设备对地电压主要决定于接地电阻 R_b 的大小。由于保护接地电阻值远小于电网每相对地的绝缘阻抗，所以大大降低了设备带电体的对地电压。接地电阻值越小，越能把带电体的对地电压控制在安全电压范围内。一般低压系统中，保护接地电阻应小于 4 Ω。由于绝缘破坏或其他原因而可能呈现危险电压的金属部分，都应采取保护接地措施，如电动机、变压器、开关设备、照明器具及其他电气设备的金属外壳都应予以接地。

2）保护接零。保护接零就是将电气设备在正常情况下不带电的金属外壳与变压器中性点引出的工作零线或保护零线牢固地连接起来，其目的是当某相带电部分接触到电气设备的金属外壳时，通过设备外壳形成该相线对零线的单相短路回路。该短路电流较大，会使熔丝在最短的时间内熔断，并使保护装置或自动开关跳闸，从而切断电流，以保障人身安全。

（6）保证电气设备的绝缘性能。所谓绝缘是指使用绝缘材料把带电体隔离起来，实现带电体之间、带电体与其他物体之间的电气隔离，以使设备能长期正常、安全地工作；同时可以防止人体触及带电部分，避免触电事故的发生，可见绝缘在电气安全中具有十分重要的作用。绝缘具有很强的隔电能力，被广泛地应用在许多电器、电气设备、装置及电气工程上，陶瓷、玻璃、云母、橡胶、木材、胶木、塑料、布、纸和矿物油等都是常用的绝缘材料。

绝缘并不是万无一失的，绝缘材料经过一段时间的使用会发生绝缘破坏。绝缘材料除因在强电场作用下被击穿而破坏外，自然老化、电化学击穿、机械损伤、潮湿、腐蚀、热老化等也会降低其绝缘性能或导致绝缘破坏。绝缘一旦破坏，电气设备外壳带电的机会就会增加，虽然对电气设备外壳偶然带电的情况都会采取一定的防护措施，但与此同时也增多了触电的机会。因此，绝缘性能需定期检测，使电气设备的绝缘程度保持在规定范围内，以保证电气绝缘的安全可靠。

常用的绝缘安全用具主要有高压绝缘棒、绝缘夹钳、绝缘手套、绝缘靴、绝缘鞋、绝缘垫和绝缘台等。通过采用这些绝缘安全用具可以使人与地面，或与工具的金属外壳，其中包括与之相连的金属导体，隔离开来。这些用具应按有关规定进行定期耐压试验和外观检查，且检查和保管应由专人负责，严禁使用不合格的绝缘安全用具。

二、电气测试

电气设备绝缘预防性试验是保证设备安全运行的重要措施。通过试验，可以掌握设备绝缘状况，及时发现隐藏在绝缘内部的缺陷，并通过检修或者更换来加以消除，以免设备在运行过程中发生绝缘击穿，造成停电或设备损坏等不可挽回的损失。

绝缘预防性试验可分为非破坏性和破坏性两大类。非破坏性试验又称绝缘特性试验，主要包括测量绝缘电阻、泄漏电流值等。这类试验是在较低的电压下或用其他不会损坏绝缘的办法来测量各种特性参数，从而判断绝缘内部有无缺陷。实践证明，此种方法是行之有效的，但目前只凭它来判断绝缘的耐电强度并不十分可靠。破坏性试验又称耐压试验，主要包括直流耐压试验、交流耐压试验等。试验时所采用的电压要高于设备的工作电压，并以此来对绝缘性能进行严格考验，特别是暴露那些危险性较大的集中性缺陷，并能保证绝缘有一定的耐电强度。但是，耐压试验会对绝缘造成一定损伤。为避免设备的损坏，耐压试验要在非破坏性试验之后进行。

1. 绝缘电阻的测量

（1）测量绝缘电阻的意义。用绝缘电阻衡量电气设备的绝缘性能，是一项最基本的指标。足够的绝缘电阻能把电气设备的泄漏电流限制在很小的范围，可以有效防止漏电引起的事故。此外，技术人员可以通过对导体、电气设备、电路和元器件进行绝缘电阻测试，来验证生产的电气设备质量；确保电气设备符合规程、达到标准；掌握电气设备性能随时间的变化情况；确定产生故障的原因等。可见，在电气设备的设计、生产、验收、性能维护、故障排除时，也都离不开对绝缘电阻的测量。不同电压等级的电气设备，有不同的绝缘电阻要求，需要定期进行测试。

（2）测量绝缘电阻的理论依据。绝缘电阻的测量主要是测量被测对象相线与机壳之间的电阻。测量方式依照欧姆定律的原理，在相线与机壳之间加一个电压，然后分别测出此时的电压值与电流值，再分别将其带入欧姆定律公式 $R = U/I$，从而计算出电阻值。普通电阻的测量通常有低电压下测量和高电压下测量两种方式。由于绝缘电阻一般数值较高，通常会达到兆欧级，所以在低电压下的测量值不能反映在高电压条件下工作的真正绝缘电阻值。通常情况下，进行绝缘电阻的测量时，要根据被测对象的不同而对其施加一个较大的恒定电压（直流 500 V 或 1 000 V），并按规定维持一段时间，作为测量的标准。绝缘电阻测量到的绝缘电阻值为两个测试点之间及其周边连接在一起的各项关联网络所形成的等效电阻值。如果在规定的时间内，测得的绝缘电阻值始终保持在规定范围内，即可以确定该设备在正常状态下运转，较为安全。另外，绝缘电阻值越高表示绝缘性能越好。

（3）用兆欧表测量绝缘电阻。兆欧表也叫摇表、绝缘电阻表，它是测量绝缘电阻最常用的仪表。兆欧表是由高压手摇发电机及磁电式双动圈流比计组成，具有输出电压稳定、读数准确、噪声小、摇动轻等特点，且装有防止测量电路泄漏电流的屏蔽装置和独立的接线柱。它在测量绝缘电阻时，本身就有高电压电源，这就是它与其他测电阻仪表的不同之处。使用兆欧表来实现对绝缘电阻的测量既方便又可靠。常见兆欧表的外形如图 3—5 所示。

图 3—5　兆欧表

兆欧表的工作原理的接线如图 3—6 所示。兆欧表有两个相互垂直并固定在一起的线圈，分别为电压线圈L_V和电流线圈 L_A，它们处在同一个永久磁场中，R_V 和 R_A 为两个固定电阻分别与 L_V 和 L_A 成串联关系，G 为手摇直流发电机，端子 E 接被测物地端或外壳等处，端子 L 接被测物的另一极。摇动手摇直流发电机能够产生一定的直流电压，此时在 R_V、L_V 回路就会有与该电压成比例的电流 i_V流过，端子 E 经绝缘流到线端 L 的电流 i_A将流过 R_A 和 L_A，此电流反映了被测件绝缘中的泄漏电流。i_A和 i_V在流经各自的线圈时将受到永久磁场力的作用，而产生电磁转矩。设计兆欧表时这两个转矩的方向是相反的，那么在两转矩差值（即合转矩）的作用下，与两线圈固定在一起的指针将发生偏转，随着可动部分的旋转，两个线圈所受的力也随着改变，一直旋转到转动力矩与反力矩平衡时为止。由此可见，指针偏转角 α 的大小与两并联支路中电流的比值有关，即：

$$\alpha = f\left(\frac{i_V}{i_A}\right) \tag{3—1}$$

式中　i_V——流过电压线圈 L_A 的电流；

i_A——流过电流线圈 L_A 的电流。

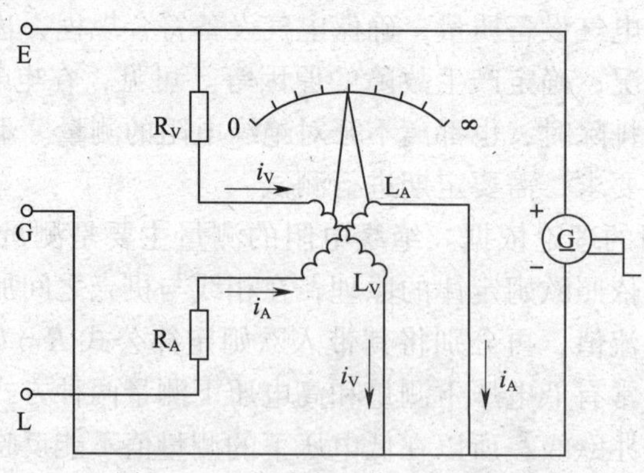

图 3—6　兆欧表工作原理接线图

因为并联支路中的电流分配与其电阻值的大小成反比关系，并且已经知道了 R_A、R_V 和两线圈的参数，所以被测绝缘电阻的大小可以通过指针的偏转角度反映出来。

选用兆欧表时，主要是根据其电压及测量范围。兆欧表的额定电压与被测电气设备的额定电压要相适应，额定电压小于 100 V 的电气设备，应选用 100 V 兆欧表；额定电压大于100 V且小于或等于500 V的电气设备，一般选用500～1 000 V的兆欧表；额定电压在500 V以上的电气设备，应选用2 500 V兆欧表；高压设备则必须选用2 500～5 000 V兆欧表。另外，兆欧表的测量范围应适应被测绝缘电阻的数值，以免读数时产生较大的误差。例如，兆欧表的读数并不都是从零开始，有一些表是从1 MΩ或2 MΩ开始的，而处在潮湿环境中的低压电气设备的绝缘电阻又极有可能是小于1 MΩ的，这时仪表将测不到准确读数，而导致使用者误认为绝缘电阻为零，得出错误的测量结果。

兆欧表在工作时，会产生高电压，而测量对象往往又是电气设备，所以必须正确使用，否则就会造成人身或设备事故。

1）使用兆欧表测量绝缘电阻之前，需要做到以下几点：

①测量前必须切断被测件电源，并完成对地短路放电。绝不允许在设备带电的情况下进行测量，以保证人身和被测件的安全，并确保测量结果的准确性。

②检查被测件表面的清洁性和干燥性，尽量减少接触电阻，以确保测量结果的准确性。

③通过开路试验和短路试验来鉴别兆欧表的好坏。即将兆欧表水平放置，在未接线之前，左手按住表身，右手摇动兆欧表摇柄，摇速约为120 r/min，观察表的指针是否可以指示到无穷大“∞”处；然后再将表上“L”和“E”两个接线端钮短路，慢慢摇动兆欧表摇柄，观察指针是否指在“0”处。如果试验的结果符合上述情况，说明兆欧表是好的，否则此表不能使用。注意，在摇动手柄时不得让“L”和“E”短接时间过长，否则将损坏兆欧表。

2）兆欧表的正确接线。做好上述准备工作后就可以进行测量，在测量时，还要注意兆欧表的正确接线，否则将引起不必要的误差甚至错误。

兆欧表共有3个接线端：一个为“L”即线端，一个为“E”即地端，还有一个“G”即屏蔽端（也叫保护环），一般被测件绝缘电阻都接在“L”和“E”两端之间。线端“L”与被测件同大地绝缘的导电部分相接；地端“E”与被测件外壳或接地部分相接；当被测件两端加上较高的额定电压，且绝缘阻值较高时，被测件表面受潮湿、污染引起的泄漏电流较大，指示值误差就大。在这种情况下，屏蔽端“G”必须与被测件的屏蔽环或不参与测量的部分相接，它是被测件表面泄漏的电流旁路，能使泄漏电流不经过仪表的测试回路，以消除泄漏电流引起的误差。如果将“L”和“E”接反了，流过绝缘体内及表面的漏电流就会经外壳汇集到地，由地经“L”流进测量线圈，使“G”失去屏蔽作用，导致测量产生很大的误差。另外，因为“E”端内部引线同外壳的绝缘程度比“L”端与外壳的绝缘程度要低，当兆欧表放在地上使用时，如果采用的是正确接线的方式，“E”端对仪表外壳和外壳对地的绝缘电阻就相当于短路，不会造成误差；而当“L”与“E”接反时，“E”对地的绝缘电阻同被测件绝缘电阻并联，会导致测量结果偏小，给测量带来较大误差。在测量电气元器件之间绝缘电阻时，可将“L”和“E”端接在任一组线头上进行。测量电动机相间绝缘时，三相可轮流交换，空出的一相应安全接地。

在摇测绝缘电阻时，转动手柄的速度应由慢渐快最后保持额定转速，一般为120 r/min。当测量物电容量较大时，为了避免指针摆动，可适当提高转速（如

130 r/min）。若发现指针指零时，不允许连续摇动，以防损坏线圈。

为保证测量结果的准确性，待摇测 1 min 后指针达到稳定状态时，方可读出绝缘电阻值。之所以这样要求，是因为在绝缘体上加上直流电压后，流过绝缘体的电流（吸收电流）强度将随时间的延长而呈逐渐下降的趋势。而绝缘的直流电阻率是根据稳态传导电流确定的，并且不同材料的绝缘体，其绝缘吸收电流的衰减时间也不同。通过试验证明，绝大多数材料的绝缘吸收电流经过 1 min 时间可基本达到稳定状态，所以规定以加压 1 min 后的绝缘电阻值来确定绝缘性能的好坏。

3）在使用兆欧表进行绝缘电阻的测量时，以下几个方面值得注意：

①为测量准确起见，开始计算时间时，加在被测件上的电压应尽量接近全电压。因此，应该在兆欧表摇到接近额定转速并开始计时的同时，再将“L”端接至被测物。

②在取得稳定值读数后，应慢慢降低摇速。停止摇动后应先将测量线“L”端离开被测件，然后再停止转动手柄，以防止因被测件放电而损坏兆欧表。

③测量完毕后，要立即对被测件进行充分放电。

④在测量电容器、电缆、大容量变压器和电动机等电容性电气设备的绝缘电阻时，会有一定的充电时间，电容量越大，充电时间就越长。

⑤摇动兆欧表时，不能用手接触兆欧表的接线柱和被测回路，以防触电。

⑥兆欧表接线柱引出的测量软线应具有良好的绝缘性能，两根导线之间和导线与地之间应保持适当距离，以免影响测量精度。

⑦对可能感应出高压的电气的设备，必须将这种可能性消除后再进行测量。

⑧使用兆欧表时，要远离大的外电流导体和外磁场，并应放在平稳、牢固的地方。

⑨避免长期剧烈振动，从而使表头轴尖、宝石受损而影响刻度指示。

由此可见，要想准确地测量出电气设备等的绝缘电阻，必须对兆欧表进行正确的使用，否则测量的准确性和可靠性将无法保证。

4）在下列情况下禁止进行绝缘电阻的测量：

①不能全停电的双回路架空线路和母线。

②具有 12 V 以上的感应电压的回路。

③雷雨时的架空线路或与架空线路相连接的电气设备。

2．泄漏电流试验

（1）泄漏电流概述。泄漏电流是指在没有故障施加电压的情况下，电气线路或设备中相互绝缘的金属零件之间，或带电零件与接地零件之间，通过其周围介质或绝缘表面所形成的电流。它是衡量电气绝缘性好坏的重要标志之一，其值的大小将对产品安全性能的高低产生直接影响。将泄漏电流值限制为一个很小的数值，对提高产品安全性能具有极其重要的作用。

按照美国安全试验所标准（UL）规定，泄漏电流是包括电容耦合电流在内的、能从家用电器可触及部分传导的电流。泄漏电流包括两部分，一部分是通过绝缘电阻的传导电流；另一部分则是通过分布电容的位移电流，后者容抗为 $X_C=1/(2\pi f_c)$，与电源频率成反比关系，分布电容电流会随频率的升高而增加，所以泄漏电流也随电源频率升高而增加。例如，用晶闸管供电，其谐波分量就会使泄漏电流增大。

若考核的是一个电路或一个系统的绝缘性能，那么这个电流不仅包括所有通过绝缘物质而流入大地（或电路外可导电部分）的电流，而且还应包括通过电路或系统中的电容性器件（分布电容可视为电容性器件）而流入大地的电流。当布线较长时，会形成较大的分布容量，使泄漏电流增大，在不接地的系统中应对这一方面应引起特别注意。

（2）泄漏电流试验方法、原理及特点

泄漏电流的测量原理与测量绝缘电阻的原理基本相同，测量绝缘电阻实际上也是在测量泄漏电流，只不过是以电阻的形式将测量结果表示出来而已。但是，与测量绝缘电阻相比泄漏电流的测量具有如下特点：

1）测量用直流电源一般由高压整流设备供给。

2）测量用电压高并可随意调节设备，绝缘本身的缺陷容易暴露，能发现一些尚未贯通的集中性缺陷。

3）电气设备的泄漏电流一般为 μA 级（0～数百 μA），所以用微安表来指示泄漏电流值的大小，要比兆欧表精度高。

4）通过测量泄漏电流和外加电压的关系有助于分析绝缘的缺陷类型。图 3—7 中绘出了测量某设备泄漏电流时可能出现的多种伏安特性曲线：若测量结果如图中曲线 1 所示，泄漏电流随试验电压成直线上升，且数值较小，表示绝缘基本良好；如曲线 2 所示，表示绝缘受潮；如曲线 3 所示，泄漏电流值在超过一定试验电压时剧烈增加，表示绝缘中有未贯通的集中性缺陷；如曲线 4 所示，泄漏值发生剧增的试验电压越低，说明缺陷越严重，绝缘有击穿的危险。

传统的泄漏电流测量电路由整流电路、滤波电路、放大电路和转换电路或指针表头等几部分组成。其测量原理是：泄漏电流的取样信号经过整流电路变成直流信号，再经滤波和放大进行指示（或通过 A/D 转换由数字指示）得到泄漏电流值。这种测量电路的优点是：通过整流，将交流信号转变为直流信号后，很容易进行数据采集和处理。

进行泄漏电流试验时，微安表的接入位置对测量结果具有一定影响。如图 3—8 所示，C_x 为被试件电容，R1 与 PA1 串联做直流高压电流测量用，PA2 为测量泄漏电流微安表，在这种接线方式下，由试验装置到被试件之间的连线在高压作用下会产生如图中虚线 I' 所示的电晕电流（导线周围空气游离对地产生泄漏），这些电流流经 PA2 会引起测量误差。

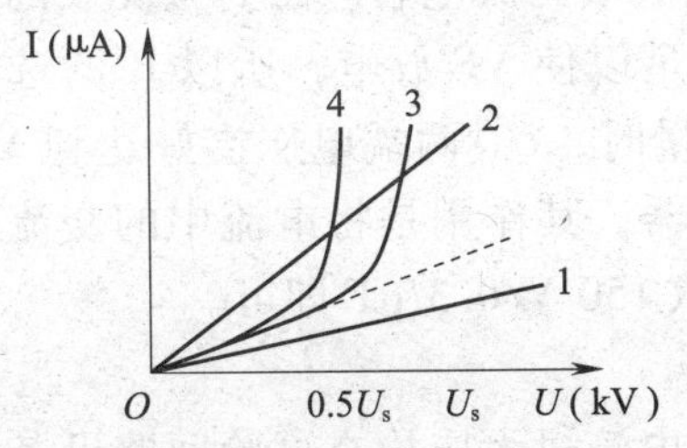

图 3—7　测量泄漏电流时的多种伏安特性曲线

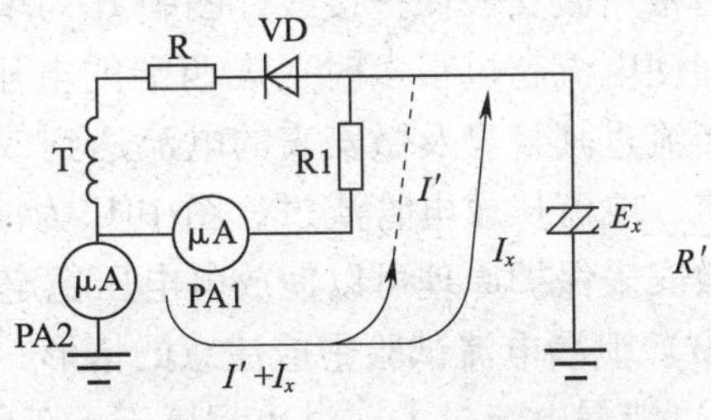

图 3—8　微安表接在低压端

在泄漏电流试验中常用以下两种接线方式：

1）微安表接在接地端。如图3—9所示，高压连线的对地泄漏电流I'不经过PA2，它所测的电流是被试件的泄漏电流I_x，但是这种接线要求被试件能够和地绝缘。开关底座、变压器外壳等都是接地的，就不能采取这种办法，而避雷器的底座是由一瓷底座与地绝缘的，可用此法。但是，如果绝缘瓷座严重脏污、劣化，还是会造成误差。虚线的R'表示被试件地端对地绝缘电阻。当绝缘良好时，可忽略不计R'中的分流，I_x全部通过PA2，没有测量误差；当绝缘不良时，就要考虑到R'中有分流，I_x的一部分通过PA2，造成测量误差。

2）微安表接在高压端。如图3—10所示，对于一端接地的设备，可将微安表接于高压端。当然，在这种情况下微安表读数将不太方便，同时要求PA2必须是对地绝缘的。PA2对地绝缘的泄漏及PA2至被试件C_x那段引线的电晕电流仍然流经PA2，这会影响到测量的精度。针对这一现象，现场常采用两种办法加以解决：

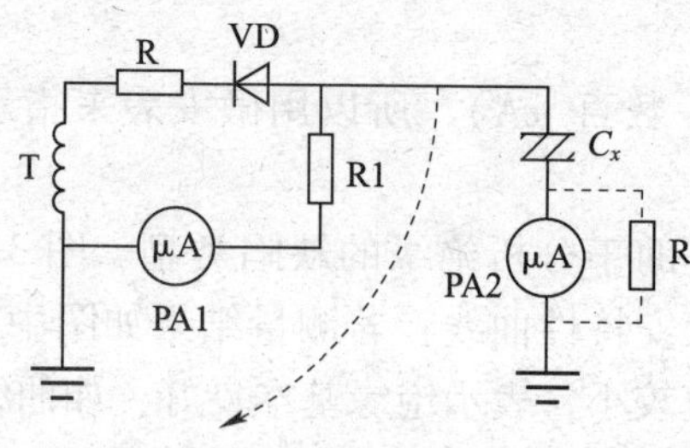

图3—9 微安表接在接地端

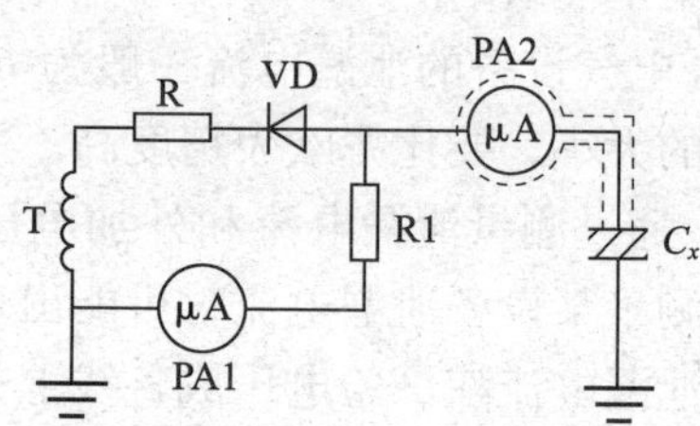

图3—10 微安表接在高压端

单元 3

①将微安表及其到被试件的连线全部屏蔽起来，如图中虚线所示。此屏蔽层接于PA2的电源侧，将与PA2处于同一高电位，由它引起的杂散电流不会流经PA2，这样，就使得PA2中的电流只有被试件的泄漏电流了。正是由于这种方法能够将杂散电流屏蔽掉，所以其测量准确度较高。但是，在实际应用中此法并不是很方便，主要因为整个试验引线处于高电位，在试验时，必须被支架起来，与人员及接地部位保持安全距离。

②将微安表屏蔽或良好绝缘，PA2至C_x的引线采用聚乙烯绝缘同轴射频电缆。这种电缆的泄漏电流非常小，芯线施加电压，屏蔽层接地，只有0~2 μA的泄漏电流。采用这种高强度绝缘屏蔽线既方便又安全。

如图3—11所示，当被试件和试验装置发生对地击穿时，电流强度会远远超过微安表的量程，将表烧毁。为避免这种情况的发生，应该对微安表加装过流保护。图3—12所示为常用微安表保护接线，图中R为增压电阻，VF为放电管。因为微安表的内阻较小，即使电流超过很多时，表两端的电压降也不足以使VF放电，所以R的选择应满足：当流过其自身及微安表的电流达到或超过限量时，U_{AB}两端电压恰好达到VF管放电电压，电流从放电管流过。图中C为滤波电容器，其作用是将电流中的交流成分滤掉。微安表保护原理可以使放电电压稳定，一般取150 V/0.3 μF即可。

（3）泄漏电流试验中应注意的情形

1）泄漏电流过大或过小都属于不正常现象。电流过大应检查试验回路设备状况和屏蔽是否良好，消除客观因素的影响；电流过小则应检查接线是否正确，以及微安表回路是否正常。

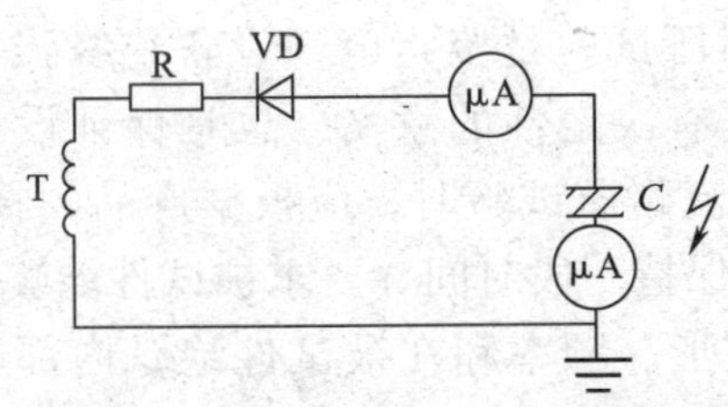

图 3—11　高压对地击穿时对微安表的损坏

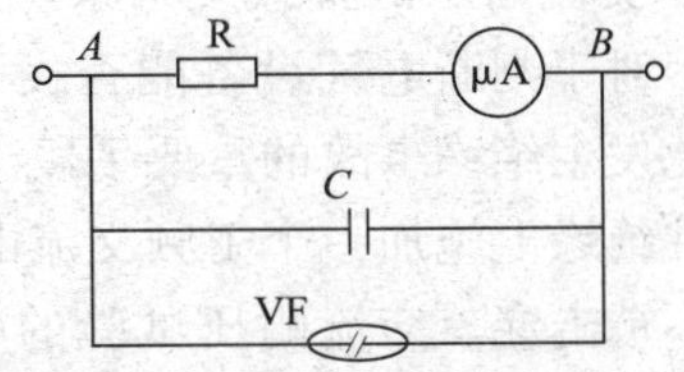

图 3—12　微安表保护接线

2）测试中若微安表指针来回摆动，但摆动幅度不大，则可能有交流分量流过，应检查微安表的保护回路和滤波电容器；若指针发生周期性摆动，且幅度比较大，则可能是被试件绝缘不良，发生周期性放电，必须要查明原因。

3）若试验过程中，指针向减小方向摆动，可能是电源不稳引起波动；若指针突然向增大方向摆动，有可能是被试件或试验回路闪络。

4）若随时间推移读数呈逐渐上升趋势，则可能是绝缘老化。

（4）泄漏电流的危害

1）当电流穿过绝缘层时会产生热量，致使绝缘层恶化，直到最终绝缘失效，造成设备发生故障，并形成火灾隐患。

2）泄漏电流必须返回至源极，它将流经任何可用的导体、线管、管道、水或大地返回到源极，这种不利的电流会产生危险电压。

3）泄漏电流是没有效率的。经绝缘层漏泄的电流并不能驱动电动机，而会发光或加热，但是仍然会产生消耗。

4）泄漏电流会引起过流保护装置跳闸，造成电动机和变压器等温度过高。

泄漏电流测试是诸多安规测试之中的一项，通常安规执行单位会要求某些产品必须做这项测试。泄漏电流测试为一种产品的漏电电流经由一组模拟人体阻抗电路作为量测依据的测试，这个模拟人体阻抗电路被称为“测量电路”。人体的阻抗会因为人机接触点的位置、面积和电流的流向不同而有所不同。基于上述这些理由，在选择测量电路规格时，必须要考虑到做何种测试以及所能允许的最大泄漏电流量方面的因素。产品泄漏电流的测量不但要做产品正常工作和一个故障时的测量，同时必须做电源极性交换时的测量，以避免当产品在输入电压的最高值（通常为输入电压额定值的 110% 或 106%）工作时，因故障或使用不当而引发的诸多问题和危险。

（5）功能单元漏电测试。电子产品功能单元的安装、调试和使用阶段，进行漏电测试多数采用观察法进行。观察检测主要包括以下内容：

1）电源线的绝缘层是否完好无损，电源线与电源变压器的初级连线是否套上绝缘套管，或使用聚氯乙烯（PVC）电气绝缘胶带包扎。

2）功能单元电路内部所有连接导线的绝缘层是否完好无损。

3）电气连接使用的插座与相应的插头连接是否可靠。

4）检查功能单元内部电路是否干净、整洁，定期进行除尘、除潮工作，避免由于以上原因造成漏电现象出现。

3. 交流耐压试验

（1）交流耐压试验意义与原理。交流耐压试验是鉴定电气设备绝缘强度最直接的方法，对于判断电气设备能否投入运行具有决定性的意义，也是保证设备绝缘水平、避免发生绝缘事故的重要手段。进行交流耐压试验时，应根据产品的技术要求，在被试件绝缘上施加一个工频交流电压，并保持一段时间，要求被试件能够经受这一试验而不被击穿。交流耐压试验的电压、波形、频率和在被试件绝缘内部电压的分布，均符合实际运行情况。因此，能有效地发现较危险的集中性缺陷，可严格准确的考验绝缘的程度。

（2）交流耐压试验要求。因为交流耐压试验电压很高，所以对绝缘不良的设备来说是一种破坏性试验。因此在试验之前，必须对被试件先进行绝缘电阻、吸收比、泄漏电流和介质损耗等项目的试验，若试验结果合格方能进行交流耐压试验。若在这些试验中已发现设备的绝缘情况不良（如受潮和局部缺陷等），应设法消除，待各项指标经重新试验合格后才能进行交流耐压试验，以避免造成不应有的绝缘损伤。

由于交流耐压试验是一种破坏性试验，对于固体有机绝缘来说，在较高的交流电压作用下，原来存在的绝缘弱点会进一步发展（但又不至于在耐压试验时击穿），使绝缘强度逐渐衰减，形成绝缘内部劣化的积累效应，这是非常不利的。因此，交流耐压试验的关键问题是选择合适的试验电压，既不能损伤设备，又能测试出设备的绝缘能力。试验电压越高，绝缘缺陷越容易被发现，但被试件被击穿的可能性也越大，积累效应也越严重；反之，试验电压过低，就有可能使设备在运行中发生击穿。实际上，国家已经规定了各种设备的出厂试验电压标准，该标准以设备的绝缘材质和可能遭受的过电压倍数为主要依据进行制定。对于具有夹层绝缘的设备来说，在长期运行电压的作用下，绝缘具有累积效应，因此现行有关标准规定，运行中设备的试验电压比出厂试验电压有所降低，且按不同设备的经济性和安全性来加以区别对待；对于纯瓷套管、充油套管及绝缘子来说，它们几乎没有累积效应，因此对运行中的设备就取出厂试验电压标准。

绝缘的击穿电压值与加压的持续时间有关，尤其是对有机绝缘来说，此现象尤为突出，其击穿电压随加压时间的增加呈逐渐下降趋势。根据有关标准规定，做耐压试验时，通常是在升压至试验电压后，再持续加压 1 min。这样做的目的是为了便于观察被试件情况，使有弱点的绝缘来得及暴露，这是因为固体绝缘发生热击穿需要一定的时间；同时，又可以避免因时间过长而使绝缘发生击穿。

（3）交流耐压试验仪器设备。图 3—13 所示为发电机交流耐压试验接线图。由图可见，交流耐压试验的主要设备有调压器、试验变压器、保护电阻、电流表、电压表和保护球间隙等。

1）试验变压器。试验变压器需要按照被试件要求进行适当的选择，在额定电压、电流下一般只允许运行 30 min，因为试验变压器是按短时工作设计的，较高电压等级（25 kV 以上）的变压器允许持续运行的时间甚至还不到 30 min。

2）调压器。一般情况下，调压器的容量要与试验变压器相同，5 kVA 及其以下采用自耦调压器，大容量则采用动圈调压器。

3）保护电阻。主要是以水为电阻，通常是在玻璃管中充入水，做成水电阻管。

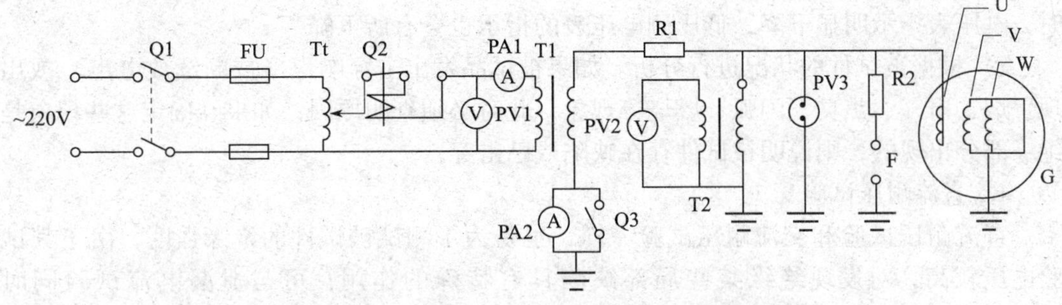

图 3—13　发电机交流耐压试验接线图

Q1—刀开关　FU—熔断器　Tt—调压器　Q2—电磁开关

T1—试验变压器　T2—电压互感器　PA1、PA2—电流表　Q3—短路刀开关

R1、R2—保护电阻　PV1、PV2—电压表　PV3—静电电压表　F—保护球放电间隙

4）保护球放电间隙。试验电压有可能突然升高，为防止这一情况发生，需要采用间隙进行保护，间隙的放电电压调整在试验电压的 115% ~120%。同时还要使用一个保护电阻与间隙进行串接，此保护电阻阻值需按 1 Ω/V 的标准来选择。

（4）试验方法

1）根据被试件和现有的试验设备，对接线与试验地点进行选择，要求接线时的布线要合理，保证高压部分对地满足安全距离，非试验的部分全部要可靠接地。

2）调整过压球隙的放电电压值为试验电压的 1.1 ~1.5 倍。在调整过程中，试验变压器至被试件的连接线必须被拆去，且毫安表要短接。

3）合上电源使电压逐渐升高，直到球隙放电。调整球隙，使 3 次放电电压值均接近整定值。最后将电压调至试验电压，持续 1 min 球隙不应放电。

4）接入被试件，合上电源，按一定的速度将试验电压由零升至全电压。如果没有明确规定升压的速度，最好在 10 ~15 s 内从 1/3 试验电压升至试验电压。

5）在不断升压的过程中，应对电压表进行监视。每加 0.5 倍试验电压时，就应读取一次被试件的电容电流值。毫安表短路开关在读数时应为打开状态，待读数完毕后须立即合上。当电压升至试验电压时便开始计时，持续 1 min（或规定时间），同时读取试验电压下的电容电流值。

6）1 min 后迅速均匀降压到零，切断电源。

7）被试物的绝缘状况在交流耐压试验前后，都须经过兆欧表的检查，并做好记录。

（5）试验分析。如果被试件的绝缘良好，在交流耐压中不应击穿，下述现象可用来判断是否击穿。

1）根据试验回路接入标记的指示进行分析。一般情况下，如果被试件已击穿，电流表指示值会突然上升。当被试件的容抗与试验变压器的漏抗之比等于 2 时，虽然被试件已击穿，电流表的指示不变。当被试件容抗与试验变压器漏抗的比值小于 2 时，被试件击穿后，电流表指示下降，因为此时的试验回路电抗增大。通常被试件容抗远大于试验变压器漏抗；不会出现上述情况，只有在被试件电容量很大或试验变压器容量不够时，才有可能发生。此时，应以接在高压端测量被试件上的电压表来判断，被试件击穿时，电压表指示明显下降，低压侧电压表的指示也会有所下降。

2）根据被试件的状况进行分析。如果被试品发出击穿响声（或断续放电声）或出现冒烟、出气、焦臭、闪弧、燃烧等现象，此时必须查明原因。如果经确定这些现象是绝缘部分出现的，则说明被试件存在缺陷或已击穿。

4. 直流耐压试验

直流耐压试验和交流耐压试验一样，也是为了测试被试件的绝缘强度，由于其试验电压较高，对发现绝缘某些局部缺陷具有特殊的作用，可与泄漏电流试验同时进行。

在进行直流耐压试验时，虽需在被试品的绝缘上加直流高压，但此时绝缘内并无绝缘损耗，即使长时间加直流电压也不会使绝缘减弱，可见直流耐压试验，对绝缘造成的损害比交流要小得多。直流耐压试验方法，对于电容量较大的设备，如电缆、电容器、电动机等，具有独特的优点，因为直流耐压下没有电容电流，要求电源容量小，加上可以用串励的方法产生高压直流，故试验设备可以做得轻小，适合现场预防性试验的要求。可以看出，直流耐压试验与交流耐压试验相比，试验设备轻便，对绝缘损伤小且易于发现设备的局部缺陷。但由于交、直流下绝缘内部的电压分布不同，直流耐压试验对绝缘的考验又不如交流耐压试验那样更接近实际。

5. 绝缘防护性试验中安全注意事项

（1）测量绝缘电阻安全注意事项

1）测量电气设备的绝缘电阻，应根据电气设备电压等级选择摇表。

2）测量电气设备绝缘电阻时，必须断开该电气设备的所有电源。

3）测量前，确保设备上无人工作；测量时，禁止无关人员接近被测试设备的导电部分，以防止发生触电事故。

（2）泄漏电流试验安全注意事项

1）确认接线正确，方可通电升压。

2）在断开电源前，不得触摸样品。

3）注意选择表头的量程，不要让测量值超过表头量程限值。

4）在潮态下试验时，应将被试件按要求放置好，测量引线的绝缘性能。

5）试验完毕，应对被试设备充分放电。

（3）交流耐压试验安全注意事项

1）被试件做系统耐压试验，须在其他非破坏性试验、绝缘油耐压试验合格后进行。

2）试验用的电源应尽量采用正弦波。

3）大容量的被试件在做交流耐压试验前，应考虑所用试验变压器及试验电源的容量。

4）试验前，应认真检查所配限流电阻是否符合规定，调压器是否在零位，电压表量程是否适用。

5）电气设备做交流耐压时，现场布置和线路连接应正确无误，高压部分需保持足够的安全距离，通电前做全面检查。

6）试验时，被试件和试验设备应妥善接地。

7）被试件表面应保持清洁、干燥，安置状况与实际使用情况相符。

8）在试验过程中，如发现电压表指针摆动很大，毫安表的指针急剧地增加，有冒烟及绝缘烧焦现象，被试件发生不正常的响声等，应立即拉开电源刀开关，停止试验，查明原因。

（4）直流耐压试验安全注意事项

1）对电气设备进行直流耐压试验，应由一人接线，另一人查对，确保接线无误后，方可进行试验。

2）所使用的微安表如处于高压接线时，必须采取良好的屏蔽措施，高压引线用屏蔽线，试验电缆用屏蔽罩。

3）在无专用试验装置时，试验电容量小的被试件，要加滤波电容器。

4）在半波整流装置中，必须保证整流管的使用电压最大不超过额定反峰电压值的一半。

5）高压测量用微安表应配备保护装置，保护用的电容器不应有漏电现象，要绝缘良好。

6）做电缆直流耐压试验时，导电回路中应接保护电阻，试验完毕应进行电阻放电。必要时，还要对附近设备进行放电或预先短接。

7）对于能分相进行试验的设备，必须分相进行，以便于观察比较各相的试验结果。

6．9651A 型安全性能综合测试仪

电气和电子产品在设计时，为确保设计的产品能达到要求的条件而进行功能测试；在生产时为确认生产的产品能达到要求的标准而进行规格测试；在对产品进行品质保证确认时，为确认产品的品质能符合安全规定的标准而进行确认测试；在维修后，为确认维修后的产品能符合安全规定的标准而进行安全测试。因此，为了保证产品达到安全要求，就需要使用“安全性能综合测试仪”对产品的安全性能进行测试。

9651A 型安全性能综合测试仪集电气强度（交流耐压）、接地电阻、绝缘电阻、泄漏电流、功率、启动性能等测试为一体，能快速准确地完成上述性能指标的测试，且具有输出方式先进、运行可靠、操作简单等特点。另外，该测试仪还备有 RS－232C 或 RS－485 串行通信接口，能方便地实现与计算机的通信，实现计算机对测试仪的控制和测试数据的采集，同时提供配套计算机软件，特别适合检测分析数据使用。

（1）测试原理。系统由单片机产生正弦波脉冲宽度调制（SPWM）信号，经过大功率 MOS 管驱动，再经过滤波电路生成50 Hz 或60 Hz 的正弦波，该正弦波经过转换电路生成耐压、接地和绝缘测试的源输出信号。源输出信号经控制继电器输出到外部接线柱。源输出信号和被测电压或电流信号经测量电路检测，通过显示电路将检测结果显示出来。泄漏电流的源输出信号是电网电压经隔离变压器产生，若隔离变压器输入用稳压电源则效果更好。综合测试仪工作原理框图如图 3—14 所示。其中测试电路将被测信号经预处理送至微处理器进行 A/D 转换，然后经计算、分析，最终判断被测电器是否合格，其工作原理框图如图 3—15 所示。

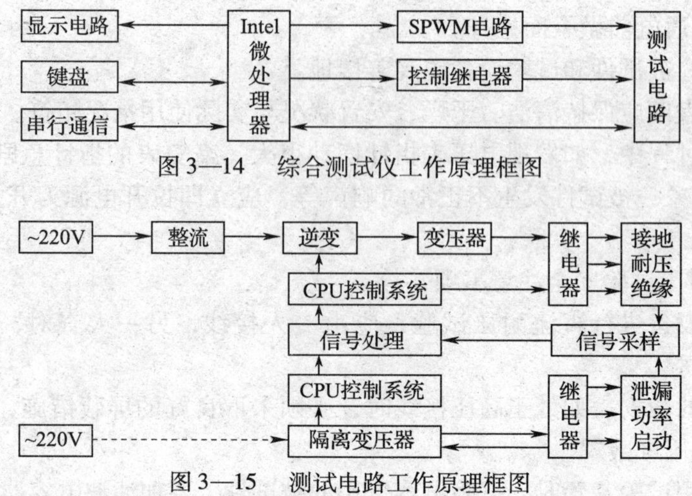

图 3—14 综合测试仪工作原理框图

图 3—15 测试电路工作原理框图

（2）技术参数。9651A 型安全性能综合测试仪测试绝缘电阻、电气强度和泄漏电流的相关技术参数见表 3—3。

表 3—3　　9651A 型安全性能综合测试仪部分技术参数

测量范围		输出电压	输出电压误差	时间设置范围
绝缘电阻	0.50～10.0～1 000 MΩ	直流 500 V 直流 1 000 V	±（设定值×5%）	2～300 s
电气强度	击穿电流 0.10～40.00 mA	冷态：交流 500～5 000 V	500～1 000 V： ±（设定值×5%） 1 000 V 以上： ±（设定值×2.5%）	1～600 s
		热态：交流 500～3 000 V		
泄漏电流	50.0～500～5 000 μA	1.06 或 1.11 倍输入电压	—	4～300 s

（3）面板简介

1）9651A 型安全性能综合测试仪前面板示意如图 3—16 所示，图中各序号表示的面板各控件名称及功能见表 3—4。

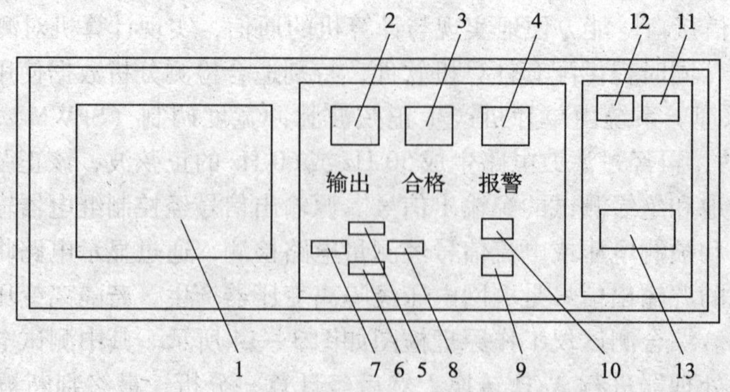

图 3—16　9651A 型安全性能综合测试仪测前面板示意图

表 3—4　　9651A 型安全性能综合测试仪前面板各控件名称及功能

序号	名称	作　用
1	液晶显示屏	显示汉字和字符，光标提示位置
2	输出灯	指示仪器是否有输出（橙色）
3	合格灯	指示测量结果合格（绿色）
4	报警灯	指示测量结果不合格（红色）
5	光标上移键	控制光标上移
6	光标下移键	控制光标下移
7	光标左移键	控制光标左移
8	光标右移键	控制光标右移
9	确认键	执行菜单命令，在设置状态下可改变增减的步长
10	打印键	打印当前测量数据
11	停止键	按此键即退出设置或测试状态，返回主菜单
12	启动键	按此键直接启动运行当前组的测试项目
13	电源开关	控制主机系统电源的通断

2）9651A 型安全性能综合测试仪后面板示意如图 3—17 所示。图中 POWER 为电源插座；COM 为串行口；Q 为断路器；隔离变压器的输入电压由后面板上 L、N 端子输入。

3）9651A 型安全性能综合测试仪侧面板示意如图 3—18 所示。侧面板包含用来连接测试仪和被测负载的接线盒与测试夹接线柱。接线盒上有容量分别为 10 A 和 16 A 的两个并联插座。

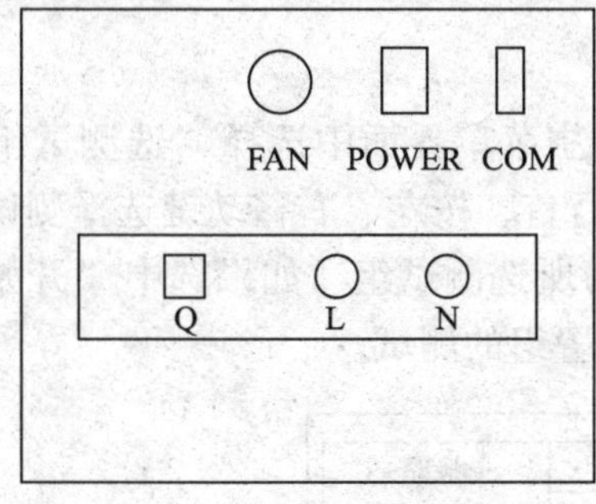

图 3—17　9651A 型安全性能综合测试仪后面板示意图

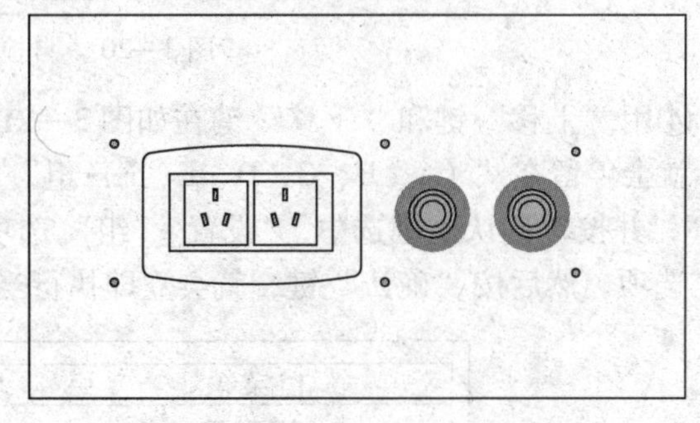

图 3—18　9651A 型安全性能综合测试仪侧面板示意图

（4）附件。9651A 型安全性能综合测试仪主要包括以下附件：一根电源线、两根串行通信线和一副鳄鱼测试夹，另外还会有一套测试软盘。

（5）使用方法

1）准备工作

①测试前，将综合测试仪外部测试夹上的接线端子与主机侧面板上接线柱对号连接。做泄漏电流、功率或启动测试时，还应首先断开断路器，将隔离变压器输入端接到

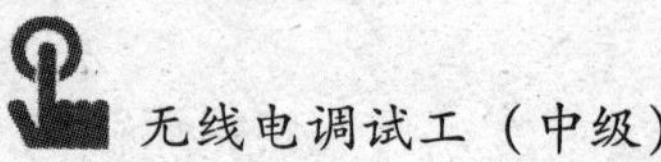

电网上或接到所匹配电源的输出。

②将 220 V/50 Hz 电源接入测试仪电源插座，按下前面板电源开关，启动测试仪。此时，提示的启动界面如图 3—19 所示，延时 5 s 后，将出现自检界面。

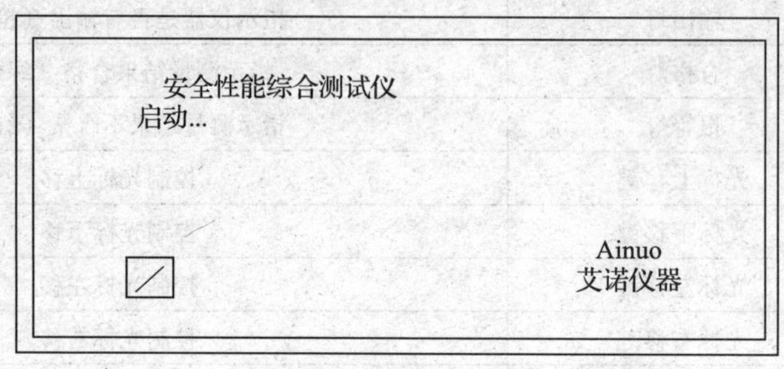

图 3—19　启动界面

③综合测试仪的自检界面如图 3—20 所示。这里要注意的是，一定要先确认接线盒上未连接待检设备，再按“确认”键，仪器开始自检。若自检无误，综合测试仪将自动进入主菜单。接下来，将测试仪后的断路器闭合。如果自检不正常或遇到故障时，一般要关机约 0.5 min，等系统充分掉电后，再重新启动测试仪。

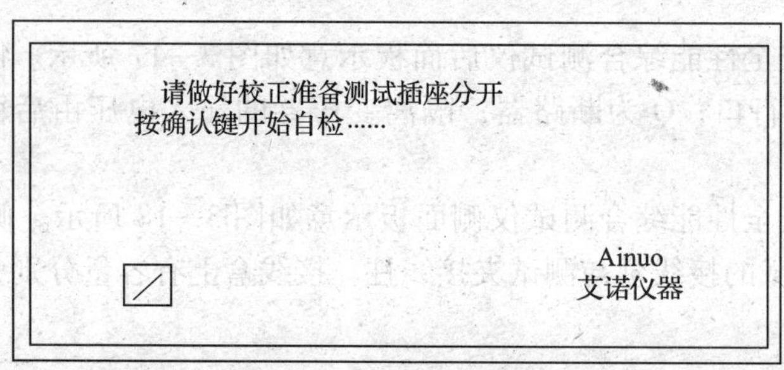

图 3—20　自检界面

④用“上移”键和“下移”键在如图 3—21 所示主菜单界面中选择“选测试组”，光标就会停留在“（A、B、C、D、E、F）组”行的行首，按左、右移动键选择测试组 A ~ F，并按“确认”键选中，“设置___组”选项变为所选测试组。如果选中“开始测试”选项，然后按“确认”键，就会立即执行当前设置组的测试。

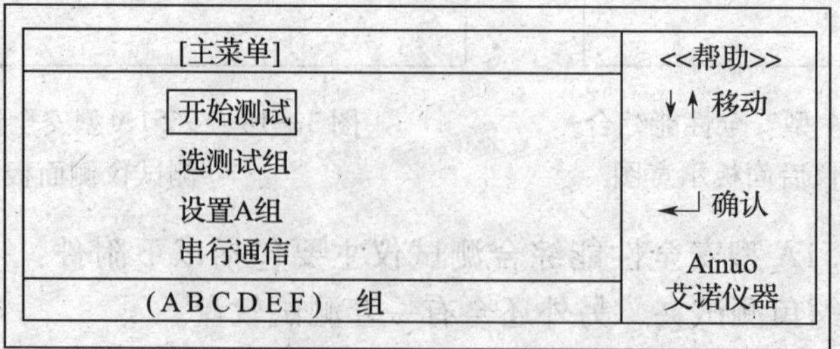

图 3—21　主菜单界面

⑤如果在主菜单界面中，将光标移至“设置 A 组”选项，按“确认”键会首先进入如图 3—22 所示的密码输入界面。用上移键和下移键增减密码数值，按下“确认”

键，增减的步幅为100。输入密码正确后，按“启动”键即可进入该组设置界面，设置该组测试技术指标；若输入的密码有误，按“停止”键或“启动”键，均会返回主菜单界面。如没有特殊说明，密码都为1999。

请输入密码:　0

<<帮助>>1 按↓↑输入密码
2 按确认键调整快慢
3 按启动键进入设置界面
4 按停止键回主菜单

图3—22　“密码输入”界面

⑥测试组设置界面如图3—23所示。按“上移”键或“下移”键可以循环选择“接地”“绝缘”“耐压”“泄漏”“功率”“启动”等测试项和空行。测试项被选中时，与其对应的设置参数项也一同显示在屏幕上。此时，光标可用左、右移动键来控制；上、下移动键则用来增减设定的参数值；“确认”键可改变增减的步幅大小，小步幅时在屏幕右下角显示单箭头，大步幅时显示双箭头。每一测试组最多可以设置6项测试项，这6项可以完全相同，也可以不同。如果只想测某一项或几项，将其他行设置为空行即可。当光标箭头移到“遇不合格项继续测试”行时，按“上移”键或“下移”键，当前显示可变为“遇不合格项中止测试”。当光标移到参数“___V”和“50 Hz”时，可按“上移”键或“下移”键将参数“50 Hz”改为参数“60 Hz”，决定本机测试电源的频率。将光标移到“确定”键处时，按“确认”键，该组设置被保存，同时返回主菜单；若将光标移到“取消”键处，按“取消”键，本次设置将无效，也返回主菜单。

接地 ←	10A	≤	300mΩ		2s	
绝缘	1000V	≥	2.5MΩ		2s	
耐压	1000V	≤	40.0mA		1s	冷
泄漏	260V	≤	5000μA		4s	动
功率	500W	+	50%	－	50%	1s
启动	250V	≤	1S		20A	50%
遇不合格项继续测试						↓↑
220V~50Hz	[确定] [取消]					[A组]

图3—23　测试组设置界面

需要注意的是：屏幕右下角“___组”为当前组别显示。测试组共有A、B、C、D、E、F6组，使用者可根据需要将A～E组设置为不同参数组：而F组作为自检组，通常只对绝缘测试进行自检，不可将该测试组设置为工作组。

2）绝缘测试

①选择绝缘测试项。在图3—23所示的测试组设置界面中移动指示箭头选择测试项目，出现“绝缘　___V，≥___MΩ，___S”时即可，如图3—24所示。

绝缘← 500 V ≥ 40 MΩ 5 s

图 3—24 选择绝缘测试项

②设置测试电压值、绝缘电阻下限值及测试时间。按“右移”键，使指示箭头移到参数“___ V”，有直流 500 V 或 1 000 V 挡，通过上（下）键进行切换，如图 3—25 所示。

绝缘 500 V← ≥ 40 MΩ 5 s

图 3—25 设置测试电压值

按“右移”键，使指示箭头移到参数“≥___ MΩ”，通过上（下）移键，设置绝缘电阻下限值。绝缘电阻下限值的设置范围为 0.1 ~ 1 000 MΩ，大步幅为 1，小步幅为 0.1，如图 3—26 所示。

绝缘 500 V ≥ 40 MΩ← 5 s

图 3—26 设置绝缘电阻下限值

按“右移”键，使指示箭头移到参数“___ s”，按“上（下）”移键，设置测试时间。绝缘电阻测试时间设置范围为 2 ~ 300 s，大步幅为 10 s，小步幅为 1 s，如图 3—27 所示。

绝缘 500 V ≥ 40 MΩ 5 s←

图 3—27 设置绝缘电阻测试时间

单元 3

③启动绝缘测试。设置完毕后，将被测负载电源插头插在接线盒上，测试夹夹住被测负载金属外壳，确认接线无误后，按“启动”键，输出指示灯亮。从第 2 s 开始判断测量值大小，若测量结果小于设定值则判为不合格，自动退出该项测试，报警灯亮，蜂鸣器发出 3 短声；如果测量结果大于设定值，则测试继续进行，直至设置时间到，合格灯亮，蜂鸣器发出 1 长声，并自动进行下一项测量。

进行绝缘测试时，第一个参数显示为输出电压设定值；第二个参数为绝缘电阻测量值；第三个参数为测试时间倒计时，如图 3—28 所示。

绝缘 500 V 90.2 MΩ 0 s ok

图 3—28 绝缘测试结果

3）耐压测试

①选择耐压测试项。在图 3—23 所示的设置界面中移动光标选择测试项目，出现“耐压 ___ V ≤___ mA ___ s 冷”时即可，如图 3—29 所示。

耐压← 1 800 V ≤ 2.5 mA 5 s 冷

图 3—29 选择耐压测试项

②设置测试电压值、击穿电流上限值、耐压测试时间以及被测设备工作状态。按“右移”键，使光标移到参数“___ V”，通过上（下）移键，预置要求输出的测试电压值。电压输出值设置范围为 0 ~ 5 000 V（冷态），或 0 ~ 3 000 V（热态），大步幅为

200 V，小步幅为 25 V，如图 3—30 所示。

耐压　1 800 V←　≤　2.5 mA　5 s　冷

图 3—30　设置测试电压值

按“右移”键，使光标移到参数“≤___ mA”，通过上（下）移键，设置击穿电流上限值。击穿电流上限值的设置范围：0.5～40.0 mA，大步幅为 1 mA，小步幅为 0.1 mA，如图 3—31 所示。

耐压　1 871 V　≤　2.5 mA←　5 s　冷

图 3—31　设置击穿电流上限值

按“右移”键，使光标移到参数“___ s”，通过上（下）移键，设置测试时间。耐压测试时间设置范围为 2～600 s，大步幅为 10 s，小步幅为 1 s，如图 3—32 所示。

耐压　1 871 V　≤　2.5 mA　5 s←　冷

图 3—32　设置耐压测试时间

按“右移”键，使光标移到最后一个参数，通过上（下）移键，切换被测设备工作状态为“冷”或“热”。在热态测试时，综合测试仪输出一工作电压，使被测设备工作，同时进行耐压测试，如图 3—33 所示。

耐压　1 871 V　≤　2.5 mA　5 s　冷←

图 3—33　设置被测负载工作状态

③启动耐压测试。设置完毕后，将被测负载电源插头插在接线盒上，测试夹夹住被测负载金属外壳，确认接线无误后，按启动键，输出指示灯亮。仪器从电压升到接近设定值时开始计时并开始判断电流测量值大小。若测量结果大于设定值则判为不合格，自动退出该项测试，报警灯亮，蜂鸣器发出 3 短声；如果测量结果小于设定值，则测试继续进行，直至设置时间到，合格灯亮，蜂鸣器发出 1 长声，并自动进行下一项测量。

进行耐压测试时，第一个参数显示为输出电压值，（在实际测量值与设定值误差不超过 100 V 时，显示值为设定值，否则为实际测量值）；第二个参数为击穿电流值；第三个参数为测试时间倒计时；第四个参数为被测设备工作状态，如图 3—34 所示。

耐压　1 871 V　2.01 mA　5 s　冷　ok

图 3—34　耐压测试结果

4）泄漏测试

①选择泄漏测试项。在图 3—23 所示的设置界面中，移动光标选择测试项目，出现“泄漏　___ V　≤___ μA　___ s　静”时即可，如图 3—35 所示。

泄漏←　220 V　≤150 μA　8 s　静

图 3—35　选择泄漏测试项

②设置测试电压值、泄漏电流上限值、泄漏测试时间以及被测设备工作状态。按“右移”键，使光标移到参数“___ V”，通过上（下）移键，预置要求输出的测试电压

值，电压输出值设置范围为 0～250 V，大步幅为 10 V，小步幅为 1 V，如图 3—36 所示。

泄漏　220 V←　≤150 μA　8 s　静

图 3—36　设置测试电压值

按“右移”键，使光标移到参数“≤___ μA”，通过上（下）移键，设置泄漏电流上限值，泄漏电流上限值的设置范围为 50～5 000 μA，大步幅为 200 μA，小步幅为 20 μA，如图 3—37 所示。

泄漏　220 V　≤150 μA←　8 s　静

图 3—37　设置泄漏电流上限值

按“右移”键，使光标移到参数“___ s”，通过上（下）移键，设置测试时间，泄漏测试时间设置范围为 4～300 s，大步幅为 10 s，小步幅为 1 s，如图 3—38 所示。

泄漏　220 V　≤150 μA　8 s←　静

图 3—38　设置泄漏测试时间

按“右移”键，使光标移到最后一个参数，通过上（下）移键，切换被测设备工作状态为“动”或“静”，如图 3—39 所示。

泄漏　220 V　≤150 μA　8 s　静←

图 3—39　设置被测设备工作状态

动态泄漏测量时综合测试仪测试插座的 L、N 端向被测负载输出工作电压，测量的是负载在工作状态下的泄漏电流；静态泄漏测量时安检仪测试插座的 L、N 端分别先后与被测负载的电源输入端相连接，测量的是负载在非工作状态下的泄漏电流。

③启动泄漏测试。设置完毕后，将被测负载电源插头插在接线盒上，测试夹夹住被测负载金属外壳，确认接线无误后，按启动键，输出指示灯亮。综合测试仪器开始判断电流测量值大小，若测量结果大于设定值则判为不合格，自动退出该项测试，报警灯亮，蜂鸣器发出 3 短声；如果测量结果小于设定值，则测试继续进行，直至设置时间到，合格灯亮，蜂鸣器发出 1 长声，并自动进行下一项测量。

进行泄漏测试时，第一个参数显示为输出电压值（在实际测量值与设定值误差不超过10 V时，显示值为设定值，否则为实际测量值）；第二个参数为泄漏电流值；第三个参数为测试时间倒计时；第四个参数为被测设备工作状态，如图 3—40 所示。

泄漏　220 V　150 μA　0 s　静　ok

图 3—40　泄漏测试结果

5）打印。将标准打印机接线 25 针一头接综合测试仪打印口，另一头接打印机。待综合测试仪启动完成自检后，打开打印机电源。当前设置组测试完成后，按“打印”键，即可将当前测试结果打印出来。

6）关机。先按“停止”键退出当前测试状态，然后去掉测试盒上的被测件并关断后面板上的断路器，最后关断综合测试仪前面板上的电源开关。

（6）注意事项

1）当环境相对湿度大于 60% RH 时，对大于 100 MΩ 的绝缘电阻测量精度影响较大。

2）在进行泄漏、功率、低压启动测试时，如要求的测量精度较高，应该外加稳压源作为输入源。

3）进行绝缘和耐压测试时，被测负载应与大地和周围物体保持良好的电气隔离。

4）本机工作电源要安全接地，将电源插座上“E”端与大地良好连接。

5）由于综合测试仪工作时有高电压、大电流输出，所以操作人员必须严格按说明书操作，严禁身体触及仪器带电部位和被测负载壳体，以免触电。

第二节　功能调试

→ 掌握一般开关、元器件基本概念
→ 了解硬、软键操作电路原理
→ 理解功能调试的概念
→ 能检测功能单元的故障并加以排除

一、一般开关、元器件基本概念

开关的作用是接通、断开或转换电路。

开关的“极”和“位”是了解开关必须掌握的概念。所谓的“极”指的是开关活动触点（或称为“刀”）；“位”则指静止触点（或称为“掷”）。图 3—41a 所示为单极单位开关，只能通短一条电路；图 3—41b 所示为单极双位开关，可选择接通或断开两条电路中的一条；图 3—41c 所示为双极双位开关，可同时接通或断开两条独立的电路；对于多级多位开关，可以此类推。

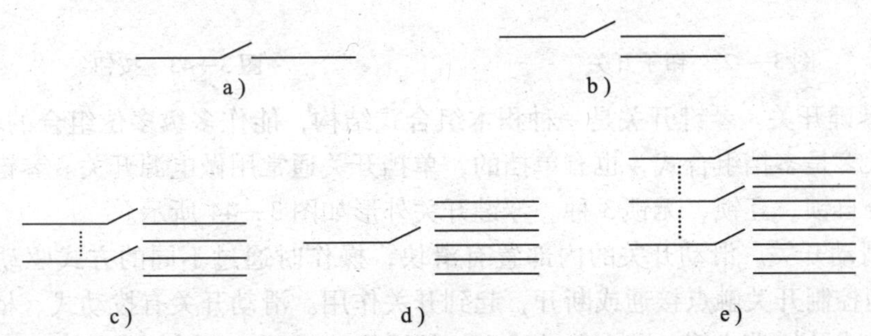

图 3—41　开关的“极”和“位”

a）单极单位　b）单极双位　c）双极双位　d）单极六位　e）三极三位

开关的主要技术参数有：额定电压、额定电流、接触电阻、绝缘电阻、耐压和工作寿命。

• 额定电压　是指开关在正常工作时所允许施加的最高电压。

• 额定电流　是指开关在正常工作时所允许通过的最大电流。当实际工作电流超过这一值时，会因电流过大而烧坏开关的触点。

• 接触电阻　是指开关接通后，两连接触点之间的接触电阻值。该值越小越好，一般开关接触电阻应在 20 mΩ 以下。

• 绝缘电阻　是指不相接触的开关导体之间的电阻值或开关导体与金属外壳之间的电阻值。该值越大越好，一般开关绝缘电阻应在 100 MΩ 以上。

• 耐压（抗电强度）　是指不相接触的开关导体之间所能承受的电压值。一般开关耐压应大于 100 V；电源开关要大于 500 V（交流 50 Hz）。

• 工作寿命　开关在正常工作条件下使用次数，一般开关为 5 000 ~ 10 000 次，要求较高的开关可达 $5\times10^4 \sim 5\times10^5$ 次。

1. 机械开关

机械开关是靠机械动作实现通断的开关，主要由实质性的接触来控制电路的闭合。由于机械开关操作方便、价格低廉、工作可靠，一直被广泛应用于电子设备中。这里介绍几种常见的机械开关。

（1）钮子开关。钮子开关的极位通常为单极双位或双极双位。钮子开关具有安装容易、操作方便、接触可靠等特点，适合在家用电器、仪器仪表及各种电子设备中作通断电源和换接电路之用。钮子开关外形如图 3—42 所示。

（2）按钮。按钮通过按动键帽使电路接通或断开，多数形状为圆形或方形。按钮外形如图 3—43 所示。

图 3—42　钮子开关

图 3—43　按钮

（3）琴键开关。琴键开关是一种积木组合式结构，能作多级多位组合的转换开关。琴键开关大多是多挡组合式，也有单挡的，单挡开关通常用做电源开关。琴键开关按锁紧形式可分自锁、互锁、无锁 3 种。琴键开关外形如图 3—44 所示。

（4）滑动开关。滑动开关的内部置有滑块，操作时通过不同的方式驱动滑块使其动作，从而控制开关触点接通或断开，起到开关作用。滑动开关有拨动式、杠杆式、旋转式、推动式及软带式等，其中拨动式和杠杆式最为常用。滑动开关外形如图 3—45 所示。

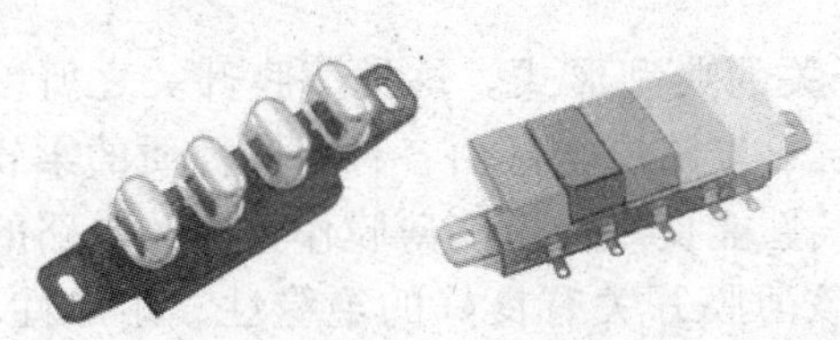

图 3—44　琴键开关　　　　图 3—45　滑动开关

（5）旋转开关。旋转开关又称波段开关或旋转式波段开关，主要用在收音机、收录机、电视机及各种仪器仪表中。旋转开关的结构如图 3—46 所示，它由绝缘基片、跳步定位机构、旋转轴、开关动片、定片以及其他固定件组成。开关动片由铆接在轴上绝缘体上的金属片制成，它能随开关旋转轴一起转动。固定在绝缘基体上不动的接触片叫做定片，定片可根据需要做成各种不同的数目，其中始终和开关动片相连的定片为"刀"，"刀"的多少代表开关的极数；其他的定片为"掷"。旋转开关上有多少个"刀"，开关就可以同时接通电路中多少个点；有多少个"掷"，开关就可以切换电路多少次。旋转开关外形如图 3—47 所示。

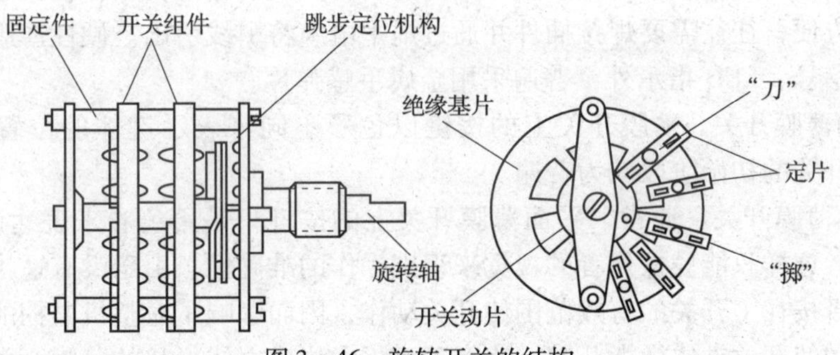

图 3—46　旋转开关的结构

2. 薄膜按键开关

薄膜按键开关即薄膜开关是一种电子开关，使用时轻轻点按开关按钮就可使开关接通，当松开手时开关即断开，其内部结构是靠金属弹片受力弹动来实现通断的。图 3—48所示为薄膜开关基本结构示意图。

图 3—47　旋转开关　　　　图 3—48　薄膜开关基本结构示意图

（1）薄膜开关类型。它主要有柔性薄膜开关、硬性薄膜开关、平面薄膜开关、立体薄膜开关和内装指示灯薄膜开关五种。

1）柔性薄膜开关。柔性薄膜开关是薄膜开关的典型形式。这类薄膜开关之所以称为柔性，是因为该薄膜开关的面膜层、隔离层、电路层全部由各种不同性质的柔软薄膜所组成。柔性薄膜开关的电路层多采用电气性能良好的聚酯薄膜作为开关电路的载体。由于聚酯薄膜所具有性质的影响，使得该薄膜开关有良好的绝缘性、耐热性、抗折性和较高的回弹性。柔性薄膜开关电路由开关的联机及其引出线均采用低电阻、低温条件下固化的导电性涂料印制而成，因此整个薄膜开关的组成具有一定的柔软性，不仅适合于平面体上使用，还能与曲面体配合。柔性薄膜开关引出线与开关体的本身是一体的，在制作群体开关的联机时，将其汇集于薄膜的某一处，并按设计指定的位置和标准的线距向外延伸，作为柔软的、可任意弯曲的、密封的引出导线与整机的后置电路相连接。

2）硬性薄膜开关。硬性薄膜开关是指开关的图形和线路是制作在普遍的印制线路覆铜板上。硬性薄膜开关的特点是取材方便、工艺稳定、阻值低，并可在其背面直接焊接电路中的某些组件。在面积不大的情况下，可省去硬质衬板层。硬性薄膜开关一般都采用金属导片作为导通触点，故有较好的手感。所不利的方面，是在整机中装联不及软性薄膜开关方便，往往需要焊接插件并通过扁平电缆将引线引出。硬性薄膜开关的信息反馈除蜂鸣信号、LED 指示外，普遍采用金属手感弹片。

单元 3

3）平面薄膜开关。薄膜开关上的按键以色彩不同来表示键体的位置、形体和大小，在薄膜开关的初始阶段较为普遍。

4）立体薄膜开关。通常，平面薄膜开关上的按键只是用色彩来表达键体的位置、形状和大小，这样只能凭操作者的视觉来识别操作的准确性，由于没有适当的反馈信息表明手指是否按在了开关的有效范围使开关动作，因而影响了对整机监控的自信和操作的速度。一种使开关键体微微凸起，略高于面板，构成立体形状的薄膜开关，称为立体薄膜开关。立体键不仅能准确地给定键体的范围，提高辨认速度，使操作者的触觉比较敏感，同时还增进了产品外观的装饰效果。立体键的制作必须在面板的设计阶段就要作好安排，备有工艺孔，以便在模具压制时有精确的定位，其立体凸起的高度一般不宜超过基材厚度的 2 倍。为使产品美观，立体薄膜开关的键体凸起可有多种变化。

5）内装指示灯薄膜开关。由于贴片元器件的大量应用，使其逐步渗入到薄膜开关的设计当中。目前贴片元器件在薄膜开关中的主要应用是预埋贴片 LED 灯，这样解决了仪器设备在光线不足条件下的照明问题。内置 LED 贴片指示灯的薄膜开关美观、实用，节省了成本和后置线路的空间，免除了二极管焊接及背板开孔的麻烦。此类薄膜开关的表面设计可为凸起型和不凸起型，灯窗颜色可为无色或彩色，面膜材料与普遍薄膜开关相同。

（2）薄膜开关的特点。薄膜开关被广泛应用于家用电器、办公设备、仪器仪表、机电产品及工业控制、玩具等整机产品中，主要因其具备以下特点：

1）小巧轻便。薄膜开关在设计上可以排列组合成薄膜键盘，其设置密度大，而且是由多层薄膜组合而成的密封薄片式结构，所有开关之间的连接线及引出线是由丝网印制一次性完成，总厚度在 1 ~ 3 mm，因此缩小了体积，减轻了质量，一般的薄膜开关质量为几克到几十克不等，非常便于携带和拆装。

2）密封性能好。由于薄膜开关是整体密封性结构，因此具有防水、防油、防污染、防静电干扰等功能，从而更适用于各种恶劣环境。

3）美观。薄膜开关可以根据使用者的设计构思，在色彩和图案的设计上体现个性化，在装饰效果上体现出材质美、装饰美、工艺美的综合特征。

4）导电性能良好。薄膜开关的电路可采用炭浆、银浆、铜铂等印制，导电层可随意折叠；且电阻可以控制在需要的任何阻值；采用特有技术制成的薄膜按键开关甚至可以接受十几万伏的高压电击而不损伤其功能。

5）成本低。有的薄膜开关的售价甚至只有几分钱，对一个集众多功能于一身的电子元器件产品来讲，其价格优势是其他同类产品所无法比拟的。

6）使用寿命长。因为薄膜开关所采用的材料具有良好的绝缘性、耐热性、抗折性和较高的回弹性；开关的触点是垂直接触、磨损量甚小；图案的印刷采用反面印刷，使丝印图案不致受损；所以，薄膜开关一般可使用 100×10^4 次以上。

3. 电磁继电器

电磁继电器是控制电路中常用的一种自动开关，被广泛应用于电子设备中。

（1）电磁继电器的结构与工作原理。电磁继电器一般由铁心、线圈、衔铁、触点等组成，其典型结构如图 3—49 所示。电磁继电器的触点有动触点和静触点之分，在工作过程中能够动作的称为动触点，不能动作的称为静触点。只要在线圈两端加上一定的电压，线圈中就会流过一定的电流，从而产生电磁效应，衔铁就会在电磁力吸引的作用下克服复原弹簧的拉力吸向铁心，从而带动衔铁的动触点与静触点（常开触点）吸合。当线圈断电后，电磁的吸力也随之消失，衔铁就会在弹簧的反作用力下返回原来的位置，使动触点与原来的静触点（常闭触点）吸合。这样吸合、释放的过程，达到在电路中导通、切断的目的。可见，电磁继电器的实质就是利用电磁铁控制工作电路通断的开关。

对于继电器的“常开、常闭”触点，可以这样来区分：继电器线圈未通电时处于断开状态的静触点，称为“常开触点”；处于接通状态的静触点称为“常闭触点”。

（2）电磁继电器的电气符号。电磁继电器的图形符号通常在方框旁加英文字母“K”表示，如图 3—50a 所示。继电器的触点有 H 型、D 型、Z 型 3 种形式，如图 3—50b 所示。触点画在方框旁边即可，这样比较直观；也可以根据电路连接的需要，将触点分别画在各自的控制电路中，并标上相关符号。按照规定，应按线圈不通电时的初始状态画出电磁继电器的触点状态。

（3）电磁继电器的分类。电磁继电器主要有以下几类：

1）直流电磁继电器。输入电路中的控制电流为直流的电磁继电器。按触点负载大小分为微功率、弱功率、中功率和大功率四种。

2）交流电磁继电器。输入电路中的控制电流为交流的电磁继电器。按线圈电源频率高低分 50 Hz 和 400 Hz 两种。

3）磁保持继电器。利用永久磁铁或具有很高剩磁特性的铁心，是电磁继电器的衔铁在其线圈断点后仍能保持在线圈通电时的位置上的继电器。

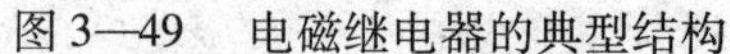

图 3—49　电磁继电器的典型结构

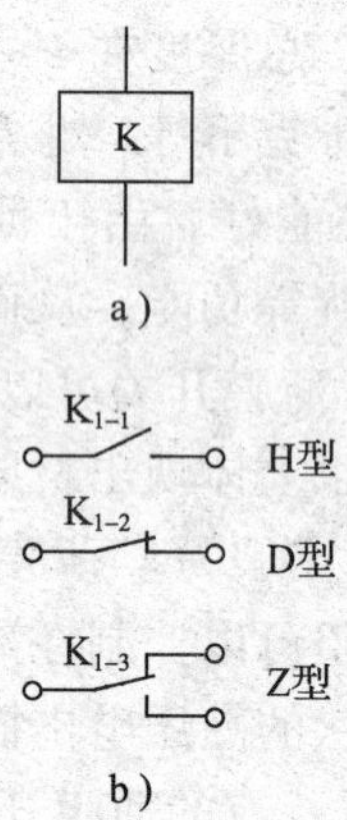

图 3—50　电磁继电器电气符号及触点
a）电气符号　b）触点

（4）电磁继电器主要特性参数。电磁继电器的主要特性参数有以下几项：

1）额定工作电压或额定工作电流。它是指继电器工作时线圈需要的电压或电流。同一种型号的继电器的构造大体是相同的，为了适应不同电压的电路应用，一种型号的继电器通常有多种额定工作电压或额定工作电流，并用规格型号加以区别。

2）直流电阻。它是指线圈的直流电阻。有些产品说明书中给出额定工作电压和直流电阻，这时可根据欧姆定律求出额定工作电流。若已知额定工作电流和直流电阻，亦可求出额定工作电压。

3）吸合电流。它是指继电器能够产生吸合动作的最小电流。在实际使用中，要使继电器可靠吸合，给定电流可以等于或略高于额定工作电流。一般不能大于额定工作电流的 1.5 倍，否则会将线圈烧毁。

4）释放电流。它是指继电器产生释放动作的最大电流。如果减小处于吸合状态的继电器的电流，当电流减小到一定程度时，继电器恢复到未通电时的状态，这个过程称为继电器的释放动作。释放电流比吸合电流小得多。

5）返回系数。它是指释放电流与吸合电流值之比，此值是可以调节的。

6）吸合时间和释放时间。吸合时间是指从线圈接受电信号到衔铁完全吸合所需的时间；释放时间是指从线圈失电到衔铁完全释放所需的时间。一般继电器的吸合时间与释放时间为 0.05 ~ 0.15 s，快速继电器为 0.005 ~ 0.05 s，它的大小影响继电器的操作频率。

7）触点负荷。它是指继电器触点允许的电压或电流。它决定了继电器能控制电压和电流的大小，应用时不能用触点负荷小的继电器去控制大电流或高电压。例如，JRX－13F型电磁继电器的触点负荷是 0.02 A × 12 V，就不能用它去控制 220 V 的电路通断。

（5）电磁继电器的应用

1）利用电磁继电器可以实现用低电压、弱电流的信号电路来控制高电压、强电流的工作电路。

2）工作场所温度高或环境不好，可以利用电磁继电器实现远距离控制。

3）在实际应用中，可以通过使用电磁继电器来实现电路的自动控制。

4. 干簧式继电器

（1）干簧管。干簧管是干式舌簧管的简称，是一种有触点的开关元件，被广泛地应用于各种通信设备中。由于干簧管是利用磁场信号来控制的一种线路开关元件，因此又叫“磁控管”。

干簧管的外壳一般是一段密封的玻璃管。在玻璃管中平行的封入两片既导电又导磁（磁感应强度高）的弹性簧片，两簧片一端重叠并有一定的空隙，作为触点。此外，玻璃管中还充有一种叫金属铑的惰性气体。

平时玻璃管中的两个簧片是分开的，当附近有强度足够大且方向合适的磁场时，管内的两个簧片就会被磁化，触点部分就感应出极性相反的磁极。由于磁极异性相吸，当吸引力大于簧片的弹力时，触点就会吸合在一起，使干簧管两个引脚所接的电路连通。当外加磁场强度减小到一定程度时，触点又会被簧片本身的弹力分开，线路也就断开了。

干簧管触点的常见形式有两种：一是常开触点（H 型），如图 3—51a 所示，平时打开，只有簧片被磁化时，触点才结合；二是转换触点（Z 型），如图 3—51b 所示，结构上有 3 个簧片，第一片用只导电不导磁的材料做成，第二、三片均使用既导电又导磁的材料做成，上中下依次是 1、3、2。平时，在弹力的作用下 1、3 相连，当有外界磁力时，2、3 被磁化并吸合，如此形成一个转换开关。

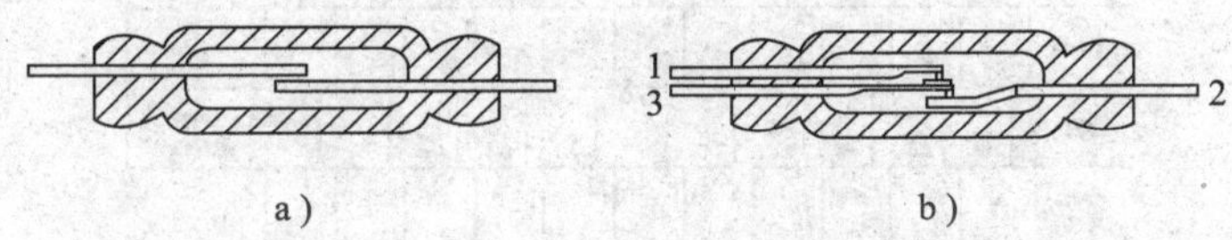

图 3—51　干簧管触点常见形式

a）常开触点（H 型）　b）转换触点（Z 型）

（2）干簧式继电器。将干簧管置于线圈内，就可以制成一个干簧式继电器，图 3—52 所示为 JAG－4 型干簧式继电器的外形尺寸与基本结构。由于干簧管的类型不同，干簧式继电器也分为常开（动合）式和转换式两种。另外，在同一干簧式继电器中可同时放置 2～4 个同类干簧管，以得到多对极点的干簧式继电器，来实现同时控制多条电路的通断或转换功能。

干簧式继电器的主要优点是：体积小，质量轻，成本低；簧片轻而短，有较高的固有频率，可提高触点的通断速度，通断时间仅为 1～3 ms，比一般的电磁继电器快 5～10 倍；触点与大气隔绝密封，可减少触点的氧化、炭化和污染。但是，干簧式继电器的开关容量小，触点容易产生抖动且接触电阻较大。

5. 软键

所谓的软键并不是按键实体，而是显示在“屏幕”上的。日常接触较多的软键形式要数 Windows 自带的软键盘，它是一种程序编写的模仿键盘功能的软件，在屏幕上会弹出一个键盘模样的界面，使用者可以通过单击鼠标来按下某个键位输入信息，如图 3—53 所示。一般在一些银行的网站上要求输入账号和密码的地方也容易看到一些类似的触摸式软键盘，使用其输入信息有助于防止键盘操作被记录下来而被他人盗取，从而提高输入资料的保密性。但是软键盘只能用鼠标来操作，所以输入速度比较慢。

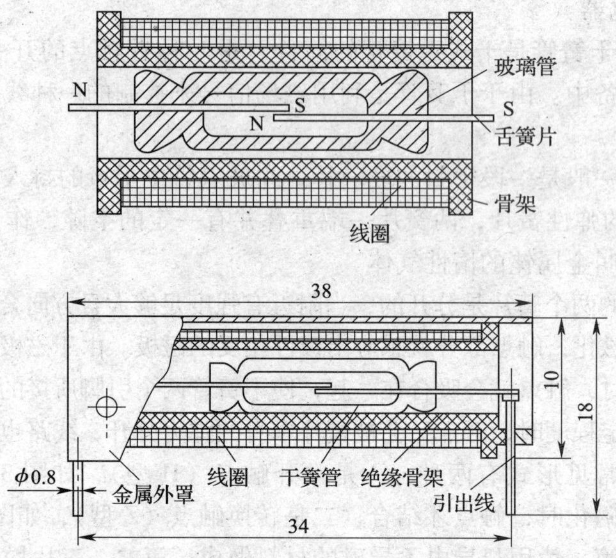

图 3—52　JAG－4 型干簧式继电器的外形尺寸与基本结构

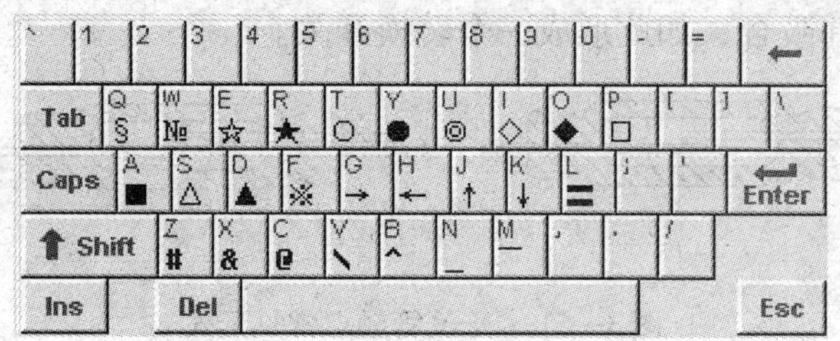

图 3—53　Windows 自带的软键盘

二、功能单元的功能调试与故障排除

功能单元指的是由材料、零件、元器件和（或）部件等经装配连接组成的具有独立结构和一定功能的产品。一般认为，功能单元是构成整机的基本单元。功能单元的划分，通常决定于结构和电气的要求。经常遇到的功能单元大致有：电源和电源模块，调制电路，放大电路，滤波电路，锁相环电路，自动频率控制（ACF）电路，自动增益控制（AGC）电路，变频电路，线性、非线性校正电路，视、音频处理电路，解调器，单板机等。

功能单元的功能则是指功能单元的监、控、调性能，一般是指能做什么事、什么指示灯能亮、能通过旋钮或数据（数字控制时）调节什么等。所谓功能调试，即是针对产品进行上述内容的相关调试。

1．功能单元功能调试一般程序、方法

功能单元的调试通常是循着信号的流向，由前至后逐级调试。其方法是由局部到整体，即在分步完成各基本组成电路调试的基础上，逐步扩大调试范围，最后完成整个功能单元的调试。采用这种调试方法的最大优点是能及时、准确地发现问题，并解决问题。

在功能单元安装完毕后，不要急于通电调试，必须先做好调试前的质量检查工作，质量检查主要包括焊接质量的检查、连线的检查、安装质量的检查。这些内容已在本书第二单元的第二节中进行了讲解，这里就不再一一介绍。

产品检查后，即可进行通电调试。通电后，应仔细观察电路有无异常现象，包括有无冒烟、是否有异常气味、用手摸元器件是否发烫以及电源有无被短路等。如果出现异常，应立即切断电源，并待排除故障后才能再次通电。

若初步通电观察无异常现象发生，便可进一步检查电路主要功能是否得以实现。例如，电路指示灯的指示功能是否正常；一些旋钮的开关、调节功能是否得以实现；是否具备信号的输入、输出功能等。一些具体的调试内容会因调试对象的不同而有所差异。

2. 检查与排除功能单元功能故障的基本方法

在电路的功能调试过程中，不可避免地会出现各种各样的故障现象，所以检查和排除故障是调试人员必须具备的基本技能。面对一个功能单元电路，要从大量的元器件和线路中迅速而准确地查找出故障，确实会有一些难度，且故障多种多样，这就要求调试者具备一些相关经验。一般来说，故障诊断过程是：从故障现象出发，通过反复测试，做出分析判断，逐步找出故障缘由。在具体讲解排除故障的方法之前，先来介绍一些常见故障及其产生原因。

（1）常见故障及产生原因

1）测试设备引起的故障。有可能测试设备本身就有故障，如功能失效或测试棒损坏等都将导致无法进行正常测试；还有可能是操作者对仪器的使用不正确，如示波器旋钮挡位选择不对，会造成波形显示异常甚至无波形显示。

2）环境状况引起的故障。由于空气潮湿，使电源变压器、高压变压器等受潮、发霉，或绝缘能力降低甚至损坏。

3）设计、工艺引起的故障。电路设计不完善，允许元器件参数的变动范围过窄，以致元器件参数稍有变化，功能单元就无法实现电路功能。

4）电路元器件本身引起的故障。如电阻、电容、半导体管及集成器件等特性不良或损坏。这种原因引起的故障现象通常是电路有输入而无输出或输出异常。

5）电路接触不良引起的故障。如焊接工艺不善造成的焊接点接触不良；插接件接触不良；元件的可动部分（如电位器的滑动端）接触不良；电路接地不良等。这种原因引起的故障一般是噪声增加、电路间歇或突然停止工作。

6）电路短路引起的故障。如元器件排布不当，管脚相互触碰引起的电路短路；焊接导线时，导线的绝缘外皮剥除过多或因过热而后缩，使导线的金属导电部分和周围的元器件或机壳接触而引起电路短路。

7）电路断路引起的故障。如某些接线在调试过程中被多次弯折而断裂造成的电路断路；焊接时，使用了具有腐蚀性的助焊剂，造成元器件引脚被腐蚀、断裂造成的电路断路。

8）装接错误引起的故障。如操作者将连线接错或漏接、未接，元器件参数选错，三极管管型搞错，二极管或电解电容极性接反等，都有可能导致电路无法正常工作。

9）各种干扰引起的故障。所谓干扰是指外界因素对电路有杂乱信号产生的扰动。干扰源种类很多，常见的有以下几种：

①接地处不当引入的干扰。如接地线的电阻太大时，电路和各部分电流一流过接地

线就会产生一个干扰信号，影响电路的正常工作。减小该干扰的有效措施是降低地线电阻，一般采用比较粗的铜线。

②直流电源滤波不佳引入的干扰。各种电子设备一般都是用 50 Hz 电压经过整流、滤波及稳压得到直流电压源。可是，此直流电压包含有频率为 50 Hz 或 100 Hz 的纹波电压，如果纹波电压幅度过大，必然会给电路引入干扰。这种干扰是有规律性的，要想将其减少，必须采用纹波电压幅值小的稳压电源或引入滤波网络。

③感应干扰。干扰源通过分布电容耦合到电路，形成电场耦合干扰；干扰源通过电感耦合到电路，形成磁场耦合干扰。这些干扰均属于感应干扰，将导致电路产生寄生振荡。排除和避免这类干扰的方法：一是采用屏蔽措施，屏蔽壳要接地；二是引入补偿网络。

（2）检查排除故障的基本方法

1）直接观察法。直接观察法是指不使用任何仪器，而只利用人的视觉、听觉、嗅觉以及直接碰摸（触觉）元器件作为手段来发现、寻找和分析故障。这种方法比较简单，也比较有效，通常在对电路进行初步检查时使用。

直接观察又包括通电前检查和通电观察两个方面。通电前，主要检查仪器的选用和使用是否正确；三极管、二极管的管脚以及集成电路的引脚有无错接；电解电容的极性是否接反；元器件间是否存在互碰短路；布线是否合理；印制板有无断线等。通电后，主要观察元器件有无发烫、冒烟现象；变压器有无焦味等。

2）对比法。当觉得某一电路有问题存在时，可将此电路的参数和工作状态与相同的正常电路进行逐项比对，以此来分析故障原因，判断出故障点。

3）部件替换法。部件替换法就是利用与故障电路同类型的电路部件、元器件或插件板来替换故障电路中被怀疑存在问题的部分，从而缩小故障范围，以便快速、准确地找出故障点。

4）断路法。断路法是一种逐步缩小故障范围的方法，用来检查短路故障是最为有效的。

第三节　指标调试

→ 能够对功能单元的静态参数进行设置或调整
→ 能够使用仪器、仪表对功能单元的各项指标逐项进行测试和调整

一、功能单元的指标调试

在电子产品的调试过程中，功能调试只是整个调试工作的一部分，接下来还要对其进行指标调试。经过通电观察，确认功能单元的电路功能已基本实现后，方可转入指标调试。

1. 指标调试一般程序、方法

对于电子电路，它的一个重要特点是交、直流并存，而且直流又是电路正常工作的基础。因此，无论是分调还是联调，都应遵循先调静态、后调动态的原则，具体内容如下：

（1）静态调试。所谓静态调试是指在没有外加信号的条件下所进行的直流测试和调整过程。通常情况下，为了防止外界干扰信号窜入电路，输入端与地之间往往需要短接。测量静态工作点使用的基本工具是万用表。为了测量方便，往往是用万用表直流电压挡测量各三极管 e、b、c 极对地的电压，然后计算该管的集电极电流等静态参数。但是在测试时，必须要考虑到万用表电压挡的内阻对被测电路的影响。例如500 型万用表直流电压挡的内阻为 20 kΩ/V，因此，2.5 V 挡的内阻为 20 kΩ/V × 2.5 V = 50 kΩ，50 V挡内阻就为 1 MΩ。通过静态测试，可以及时发现已经损坏的元器件，判断电路的工作状态，并及时调整电路参数，使电路工作状态与设计要求相符。

（2）动态调试。动态调试是指在静态调试的基础上进行的。调试的方法是在电路的输入端接入适当频率和幅值的信号，并循着信号的流向逐级检测各有关点的波形、参数和性能指标。通过调试，最后检查功能电路的各种指标（如信号的波形、幅值、相位关系、增益、输入阻抗和输出阻抗等）是否满足设计要求。如有必要，还可进一步对电路参数提出合理的修正。在动态调试过程中，要始终借助仪器进行观察，若使用示波器，最好将其信号输入方式置于“DC”挡，通过直接耦合方式，可同时观察被测信号的交、直流成分。电路在动态工作时，应注意到放大电路的前、后级之间是互相影响的。前级放大器相当于后级放大器的信号源，而后级放大器则是前级放大器的负载，两级之间会通过输出、输入电阻产生相互影响而互相牵制。另外，在进行动态调试过程中，所有测试仪器的接地端应与调试电路的接地端连接在一起，否则会引入一些干扰。这样不仅会使调试电路的工作状态发生变化，而且还会使测量结果出现误差，影响调试质量。

在进行指标调试时，一些常见的故障及产生原因与功能调试部分的相应内容十分相似，这里就不再重复叙述。关于检查和排除故障的方法，除了功能调试中所使用的直接观察法、对比法、部件替换法和断路法外，这里最为常用的还有参数测试法和信号跟踪法。

1）参数测试法。参数测试法就是借助仪器来帮助发现问题，并应用理论知识分析而找出故障原因。平时利用万用表检查电路的静态工作点就属于该测试法的运用。当发现测量值与设计值相差悬殊时，就可针对该问题进行分析，直至得以解决。

2）信号跟踪法。在被调试电路的输入端接入适当幅度与频率的信号，利用示波器按照信号的流向，由前级到后级逐级观察电压波形及幅值的变化情况。若哪一级发现异常，则故障就在该级，然后便可有的放矢地作进一步检查。这种方法被广泛的用于各种电路的动态调试中。

其实，在某些情况下，电子产品的功能调试往往是要与指标调试同时进行的，此两者缺一不可、密不可分。一般进行功能单元调试的常规做法是：首先采用直接观察法，排除明显故障；然后采用万能用表（或示波器）检查静态工作点；最后可用信号跟踪法对电路做动态测试。

2. 指标调试注意事项

（1）应先根据调试对象的工作原理拟定调试步骤和方法，确定测试点。一般电子产品在电路图和印制电路板上都标有测试点，有的还标有电位值及相应的波形图。指标调试时，可对相应的测试点进行调试。

（2）要正确选择测量点。用同一台测量仪器进行测量时，测量点不同，仪器内阻引进的误差大小也将不同。

（3）电路的调试顺序一般按信号流向进行。

（4）调试方法应方便可行。需要测试某电路的电流时，一般尽可能测电压而不测电流，因为测电压不必改动被测电路，比较方便。若需知道某一支路的电流值，可以通过测取该支路上电阻两端的电压，经过换算而得到。

（5）选择测量仪器、仪表的精度时，其精度应优于被调试设备。

（6）搭设调试工作台时，各种设备的摆设应便于操作，且便于观察测试结果。

（7）应正确使用测量仪器的接地端。

（8）在调试过程中，要认真观察和分析各种现象，做好记录，保证调试数据的完整可靠。这样将有利于发现电路设计上的问题，以便改进、完善设计方案。

（9）调试出现故障时，要认真查找原因，切不可一遇故障，若解决不了就拆掉线路重新安装。因为重新安装的线路仍可能存在各种问题，如果是原理上的问题，即使重新安装也解决不了。

二、串联型直流稳压电源的指标调试

1. 串联型直流稳压电源工作原理

图 3—54 所示是由分立元件组成的串联型直流稳压电源电路图。该电源采用单相桥式整流、电容滤波电路。稳压部分为串联型稳压电路，它由调整元件（三极管 VT1）；比较放大器 VT2、R7；取样电路 R1、R2、RP，基准电压 VZ、R3 和过流保护电路 VT3 管及电阻 R4、R5、R6 等组成。整个稳压电路是一个具有电压串联负反馈的闭环系统，其稳压过程为：当电网电压波动或负载变动引起输出直流电压发生变化时，取样电路取出输出电压的一部分送入比较放大器，并与基准电压进行比较，产生的误差信号经 VT2 放大后送至调整管 VT1 的基极，使调整管改变其管压降，以补偿输出电压的变化，从而达到稳定输出电压的目的。

由于在稳压电路中，调整管与负载串联，因此流过它的电流与负载电流一样大。当输出电流过大或发生短路时，调整管会因电流过大或电压过高而损坏，所以需要对调整管加以保护。在图 3—54 电路中，三极管 VT3、R4、R5、R6 组成减流型保护电路。此电路设计在 $I_{OP}=1.2\,I_O$ 时开始起保护作用，此时输出电流减小，输出电压降低。故障排除后，该电路应能自动恢复正常工作。在调试时，若保护提前作用，应减小 R6* 值；若保护作用滞后，则应增大 R6* 值。

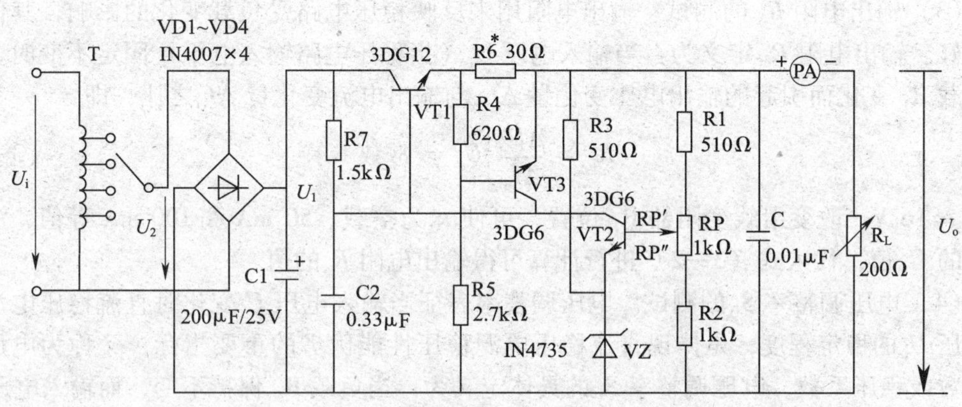

图 3—54　串联型直流稳压电源电路图

2. 主要性能指标的测试和调整方法

进行具体性能指标测试之前，应先对功能单元进行初测，也可以理解为功能调试，具体操作如下：

稳压器输出端负载开路，断开保护电路，接通 16 V 工频电源，测量整流电路输入电压 U_2，滤波电路输出电压 U_i（稳压器输入电压）及输出电压 U_o。调节电位器 RP，观察 U_o 的大小和变化情况，如果 U_O 能跟随 RP 线性变化，这说明稳压电路各反馈环路工作基本正常；否则，说明稳压电路有故障。因为稳压器是一个深负反馈的闭环系统，只要环路中任一个环节出现故障（某管截止或饱和），稳压器就会失去自动调节作用。此时可分别检查基准电压 U_2、输入电压 U_i，输出电压 U_o，以及比较放大器和调整管各电极的电位（主要是 U_{BE} 和 U_{CE}），分析它们的工作状态是否都处在线性区，从而找出不能正常工作的原因。排除故障以后，才可以进行性能指标的测试。

（1）输出电压 U_o 和输出电压调节范围的测试

1）测试设备的连接。输出电压和输出电压调节范围测试设备接线图如图 3—55 所示。

图 3—55　输出电压 U_O 和输出电压调节范围测试设备接线框图

2）测试方法。接入负载 R_L（滑线变阻器），并调节 R_L 接入电路的阻值，使输出电流 $I_o \approx 100$ mA。然后调节电位器 RP 打到最低位置，测出输出电压 U_{omin}，再调节电位器 RP 打到最高位置，测出输出电压 U_{omax}。且当 RP 动点在中间位置附近时，应满足 $U_o = 12$ V，若不满足要求，可对 R1、R2 阻值进行适当调整。

（2）三极管 VT1、VT2、VT3 各级静态工作点电压值的测试。调节输出电压 $U_o =$ 12 V，输出电流 $I_o = 100$ mA。此时可使用万用表测出三极管 VT1、VT2、VT3 的基极、发射极、集电极的对地电压值。需要指出的是：进行测量时，万用表笔一定要防止测量点与相邻点的短路。

单元 3

（3）输出电阻 R_o 的测试。输出电阻用来反映稳压电路受负载变化的影响，其值越小越好。输出电阻 R_o 定义为：当输入电压 U_i（指稳压电路输入电压）固定不变时，由于负载 R_L 变化而引起的输出电压变化量 ΔU_o 与输出电流变化量 ΔI_O 之比，即：

$$R_o = \frac{\Delta U_o}{\Delta I_o}\bigg| U_i = 常数 \qquad (3—2)$$

取 $U_2 = 16$ V，改变滑线变阻器 R_L 位置，可使 I_O 为空载、50 mA 和 100 mA 等值，测量相应的 U_O 值，代入式（3—2）进行计算可得输出电阻 R_o 的值。

（4）电压调整率 S_U 的测试。电压调整率表征当输入电压 U_i 变化时直流稳压电源输出电压 U_o 的稳定程度，是体现直流稳压电源稳压性能优劣的重要指标，又称为电压稳定系数或稳压系数。电压调整率 S_U 的具体定义为：当负载 R_L 保持不变，而输入电压 U_i 发生变化时，输出电压 U_o 的相对变化量 $\Delta U_o/U_o$ 与输入电压 U_i 的相对变化量 $\Delta U_i/U_i$ 之比，即：

$$S_U = \frac{\Delta U_o/U_o}{\Delta U_i/U_i}\bigg| R_L = 常数 \qquad (3—3)$$

调节负载 R_L 接入电路的阻值，使 $I_O = 100$ mA，取整流电路输入电压 U_2（模拟电网电压波动）为 14 V、16 V、18 V 等值，分别测出相应的稳压器输入电压 U_I 及输出直流电压 U_o，代入式（3—3）进行计算可得电压调整率 S_U 的值。

（5）输出纹波电压 U_{OP-P} 的测试。输出纹波电压是指在额定负载条件下，叠加在直流输出电压 U_o 上的交流电压分量，通常用有效值或峰-峰值表示。

单元 3

1）测试设备的连接。输出纹波电压的测试设备接线框图如图 3—56 所示。

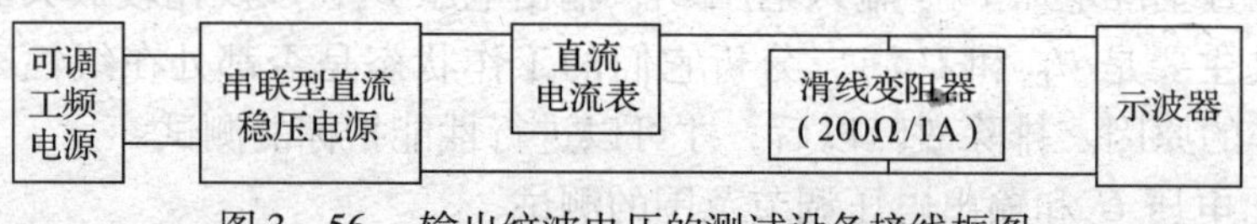

图 3—56　输出纹波电压的测试设备接线框图

2）测试方法。在图 3—54 串联型直流稳压电源电路中，取 $U_2 = 16$ V，$U_o = 12$ V，$I_o = 100$ mA，可使用示波器测量输出纹波电压 U_{op-p}。

（6）纹波抑制比 S_R 的测试。当直流稳压电源输入和输出条件保持不变时，纹波抑制比 S_R 为输入纹波电压峰值 U_{iP-P} 与输出纹波电压峰值 U_{oP-P} 之比，一般用对数表示，即：

$$S_R = 20\lg \frac{U_{iP-P}}{U_{oP-P}} \text{dB} \qquad (3—4)$$

1）测试设备的连接。纹波抑制比 S_R 的测试设备接线框图如图 3—57 所示。

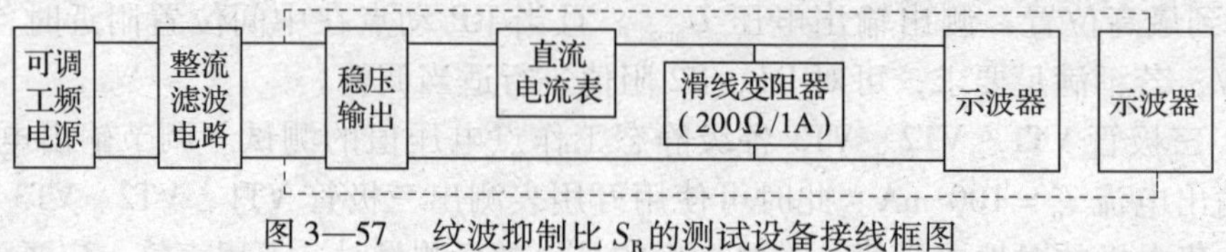

图 3—57　纹波抑制比 S_R 的测试设备接线框图

2）测试方法。在图 3—54 串联型直流稳压电源电路中，保持输入电压 U_i 不变，在额定输出电压、额定输出电流的情况下，用示波器测出整流前输入的纹波电压峰值 U_{iP-P}，同时测出输出电压中纹波电压的峰值 U_{oP-P}（注意，此时示波器的输入为“交流”）。将 U_{iP-P}和 U_{oP-P}的测量结果代入式（3—4）中，即可求出纹波抑制比 S_R。

（7）过流保护电路调试

1）断开工频电源，接上保护回路，再接通工频电源，调节 RP 及 R_L 使 $U_o=12$ V，$I_o=100$ mA，此时保护电路应不起作用。测出 VT3 管各级电位值。

2）逐渐减小 R_L，使 I_o增加到 120 mA，观察 U_o 是否下降，并测出保护起作用时 VT3 管各级的电位值。若保护作用过早或滞后，可通过改变 R6* 阻值的方式进行调整。

3）用导线瞬时短接一下输出端，测量 U_o值，然后去掉导线，检查电路是否能自动恢复正常工作。

第四节　调试结果记录与处理

→ 根据功能单元调试填写记录

一、功能单元调试记录内容和填写要求

功能单元调试记录包含的主要内容有标题、调试时间、调试地点、调试者、调试使用仪器设备、调试内容以及建议与意见等。

1. 标题

一般反映调试对象名称及对应的调试项目，应简明扼要。

2. 调试时间

进行调试的具体日期、时间。

3. 调试地点

一般指进行调试时所处的地点，往往填写的是单位或部门名称。

4. 调试者

通常指从事调试工作的具体人员，一般为责任人。

5. 调试使用仪器设备

它包括进行调试过程中涉及的任何仪器、仪表和其他设备，例如信号发生器、示波器、万用表、毫伏表、划线变阻器等。根据调试对象和调试项目的不同，填写的内容也不同。

6. 调试内容

这主要指调试方法、数据的记录以及故障的分析与排除方法。

7. 建议与意见

对此可填入一些关于调试结果的建议与意见。

在填写功能单元调试记录时，要做到信息准确、重点突出、数据真实可靠、内容清晰明确，以备需要时进行查询。

二、功能单元调试记录填写一般格式

功能单元调试记录填写一般格式如图3—58所示的表格。在实际工作中，其布局格式与内容安排可根据情况的不同进行适当调整。

××××调试记录				
调试时间				
调试地点				
调试使用仪器、设备、工具				
调试内容	调试项目	调试方法	数据记录	故障分析与排除
建议与意见				
调试人员				

图3—58　功能单元调试记录的一般格式

三、电源调试结果的记录

这里所讲的电源调试结果的记录是指本单元第三节中所讲的串联型直流稳压电源指标的测试和调整过程的数据记录。

1．输出电压U_o调节范围测试记录

输出电压U_o调节范围的测试记录见表3—5。

表3—5　　输出电压U_o调节范围的测试记录

$I_O \approx 100$ mA			
电位器RP	最低位置	中间位置	最高位置
输出电压U_o（V）		12	
输出电压U_o调节范围			

2．三极管VT1、VT2、VT3各级静态工作点电压值的测试记录

静态工作点电压测试记录见表3—6。

表 3—6　　晶体管 VT1、VT2、VT3 各级静态工作点电压值的测试记录

$U_2=16$ V　$U_o=12$ V　$I_o=100$ mA

三极管 / 测试点	VT1	VT2	VT3
基极电压 U_b（V）			
集电极电压 U_c（V）			
发射极电压 U_e（V）			

3．输出电阻 R_o的测试记录

输出电阻 R_o的测试记录见表 3—7。

表 3—7　　输出电阻 R_o的测试记录

$u_2=16$ V

序号	测试值		计算值 R_o（Ω）	
	I_o（mA）	U_o（V）	R_{012}	R_{023}
1	空载			
2	50			
3	100			

4．电压调整率 S_U的测试记录

电压调整率 S_U的测试记录如表 3—8 所示。

表 3—8　　电压调整率 S_U的测试记录

$I_o=100$ mA

序号	测试值			计算值	
	U_2（V）	U_i（V）	U_o（V）	S_U	
1	14			S_{U12}	
2	16		12		
3	18			S_{U23}	

5．输出纹波电压 U_{oP-P}及纹波抑制比 S_R的测试记录

输出纹波电压 U_{oP-P}及纹波抑制比 S_R的测试记录如表 3—9 所示。

表 3—9　　输出纹波电压 U_{oP-P}及纹波抑制比 S_R的测试记录

$U_2=16$ V　$U_0=12$ V　$I_o=100$ mA

输入纹波电压 U_{iP-P}		输出纹波电压 U_{oP-P}	
纹波抑制比 S_R			

6．过流保护电路调试记录

过流保护电路调试记录见表 3—10。

表 3—10　过流保护电路调试记录

I_o（mA）	U_o（V）	VT3		
		基极电压 U_b（V）	集电极电压 U_c（V）	发射极电压 U_e（V）
100	12			
120				

单元测试题

一、单项选择题（下列每题的选项中，只有 1 个是正确的，将其代号填在横线空白处）

1．关于人体触电规律表述不对的一项是________。

A．冬季的触电事故明显多于其他季节

B．中青年人和非专业电工触电事故多

C．错误操作的触电事故多

D．农村的触电事故多于城市

2．关于兆欧表的使用注意事项中，表述不正确的一项是________。

A．测量完毕后，要立即对被测物进行充分放电

B．摇动兆欧表时，不能用手接触兆欧表的接线柱和被测回路，以防触电

C．在取得稳定值读数后，应先停止转动手柄，然后再将测量线“L”端离开被测物

D．对可能感应出高压电的设备，必须将这种可能性消除后，再进行测量

3．关于泄漏电流危害的表述不正确的一项是________。

A．当电流穿过绝缘层时会产生热量，致使绝缘层恶化，直到最终绝缘失效，造成设备发生故障并形成火灾隐患

B．泄漏电流不会产生危险电压

C．泄漏电流是没有效率的。经绝缘层漏泄的电流并不能驱动电机、发光或加热，但是仍然会产生消耗

D．泄漏电流会引起过流保护装置跳闸，造成电动机和变压器等温度过高

4．关于交流耐压试验安全注意事项表述不正确的一项是________。

A．被试件做系统耐压试验，可以与其他非破坏性试验、绝缘油耐压试验同时进行

B．试验用的电源应尽量采用正弦波

C．试验时，被试件和试验设备应妥善接地

D．大容量的被试件，做交流耐压试验前，应考虑所用试验变压器及试验电源的容量

5．下列开关不属于机械开关的是________。

A．钮子开关　　B．按钮　　C．薄膜开关　　D．旋转开关

6．关于干簧式继电器的特点表述错误的是________。

A．体积小　　B．质量轻　　C．成本低　　D．触点接触电阻小

7．用来检查短路故障最为有效的方法是________。

A．直接观察法　　B．断路法　　C．参数测试法　　D．信号跟踪法

8．噪声增加、电路间歇或突然停止工作多为________。

A．测试设备引起的故障　　B．电路短路引起的故障

C．电路接触不良引起的故障　　D．电路断路引起的故障

9．关于指标调试表述有错误的一项是________。

A．应根据调试对象的工作原理拟定调试步骤和方法

B．应遵循先调静态、后调动态的原则

C．应视被调系统选择测量仪器、仪表，其精度应优于被调系统

D．调试出现故障时，通过拆掉线路重新安装，即可解决问题

10．功能单元调试记录中的“调试内容”部分不包含________。

A．调试方法　　B．数据的记录

C．调试使用的仪器设备　　D．故障的分析与排除方法

二、判断题（判断正确的打“√”，错误的打“×”）

1．人体触电的受伤害程度与触电时流经人体的电流频率没有关系。（　　）

2．在电气设备系统和有关的工作场所应该设置安全标志。（　　）

3．绝缘预防性试验可分为非破坏性试验和破坏性试验两类。（　　）

4．绝缘电阻是衡量电气设备绝缘性能的唯一指标。（　　）

5．泄漏电流过大属于不正常现象，但是泄漏电流过小为正常现象。（　　）

6．直流耐压试验和交流耐压实验一样，主要也是为了测试被试件的绝缘强度。（　　）

7．利用电磁继电器可以实现用低电压、弱电流的信号电路来控制高电压、强电流的工作电路。（　　）

8．在功能单元安装完毕后，即可马上通电调试。（　　）

9．静态调试是在没有外加信号的条件下进行的。（　　）

10．电路的调试顺序一般按信号流向进行。（　　）

三、技能题

按照图3—54所示的电路，自行组装一个串联型直流稳压电源，按本书中所述对其进行调试，并做好调试记录。

1．进行功能调试

2．进行主要性能指标的测试和调整

（1）进行输出电压 U_o 和输出电压调节范围的测试。

（2）进行三极管VT1、VT2、VT3各级静态工作点电压值的测试。

（3）进行输出电阻 R_o 的测试。

（4）进行电压调整率 S_U 的测试。

（5）进行输出纹波电压 U_{oP-P} 的测试。
（6）进行纹波抑制比 S_R 的测试。
（7）进行过流保护电路调试。

单元测试题答案

一、单项选择题

1. A 2. C 3. B 4. A 5. C 6. D 7. B 8. C 9. D 10. C

二、判断题

1. × 2. √ 3. √ 4. × 5. × 6. √ 7. √ 8. × 9. √ 10. √

三、技能题

按要求完成，答案依据实际观察或测试填写。

理论知识考核试卷

一、单项选择题（下列每题的选项中，只有1个是正确的，将其代号填在横线空白处。每题1分，共80分）

1. 三端稳压器W317L系列元件，可输出________A电流。

A. 0.2　B. 0.1　C. 0.5　D. 1

2. 对二极稳压管测量的表述不正确的是________。

A. 晶体管特性图示仪可以测稳压管的正向压降

B. 晶体管特性图示仪可以测稳压管的稳压值

C. 晶体管特性图示仪只可以估测稳压管的动态电阻

D. 晶体管特性图示仪可以精确测稳压管的动态电阻

3. 焊点的力学强度检测是对焊接部位进行________测定。

A. 电阻　B. 电流　C. 振动　D. 电击

4. 可变电容器的容量变化特性规律不包括________式。

A. 斜线　B. 直线　C. 三角　D. 指数

5. 中周线圈与________之间，只存在较小的分布电容。

A. 地　B. 屏蔽罩

C. 安装区元器件　D. 各层

6. 触电对人的伤害程度与电流频率有关，________Hz交流电对人体的伤害最严重。

A. 10～200　B. 25～300　C. 30～400　D. 50～450

7. 交流电有效值是用其热效应与相应的直流电作用于________的电量比较而确定的。

A. 相同的负载　B. 不同的负载　C. 相同的阻抗　D. 不同的阻抗

8. 无线电波在空间传播的基本方式有________种。

A. 2　B. 3　C. 4　D. 5

9. 步进电动机每输入________个电脉冲就前进一步。

A. 1　B. 2　C. 3　D. 4

10. 放大器通频带的上限频率与________和三极管结电容有关。

A. 输入电阻　B. 放大倍数　C. 负载电阻　D. 供电电压

11. 稳流电路中稳流二极管应与负载________联。

A. 混　B. 并　C. 串并　D. 串

12. 用模拟示波器信号对进行测量时，不能得出的参数为________。

A. 信号的电压幅值　B. 信号的周期

试卷

C. 信号频率　　D. 信号电流

13. 场效应晶体管也称＿＿＿＿＿。

A. FAT　　B. FBT　　C. FCT　　D. FET

14. 谐振回路在谐振时的＿＿＿＿＿之比叫品质因数。

A. 感抗与电阻　　B. 电压与电阻　　C. 电流与电阻　　D. 感抗与容抗

15. 绘制电路图时，所有元器件应采用＿＿＿＿＿来表示。

A. 文字符号　　B. 元器件参数　　C. 实物图　　D. 图形符号

16. 属于时序电路的是＿＿＿＿＿。

A. 编码器　　B. 译码器　　C. 加法器　　D. 计数器

17. 相位键控的英文缩写是＿＿＿＿＿。

A. ASK　　B. FSK　　C. PSK　　D. MSK

18. 家电遥控器常用波长为 1 μm 的近红外光，这是为了＿＿＿＿＿。

A. 价格低　　B. 功率大　　C. 抗干扰　　D. 易制造

19. 接地表述正确的是指接＿＿＿＿＿。

A. 信号地，不一定非接大地　　B. 信号地，一定非接大地

C. 地，一定接大地　　D. 供电电路的等电位点不等于接地

20. 嵌入式计算机中的实时操作系统的内核也叫＿＿＿＿＿。

A. HAL　　B. HBL　　C. HCL　　D. HDL

21. 职业道德建设与企业发展的关系是＿＿＿＿＿。

A. 没有关系　　B. 可有可无　　C. 至关重要　　D. 作用不大

22. 在较复杂的电子工程图中，有很多省略方法，例如＿＿＿＿＿。

A. 元器件标志简化

B. 元件管脚简化

C. 电源图标省略

D. 功能单元可用方框符号或端子功能图代替

23. 在计算机与各种仪器组成自动测试系统中，一般使用＿＿＿＿＿总线。

A. IPIB　　B. GPIB　　C. CPIB　　D. OPIB

24. 电气图形符号的国家标准是＿＿＿＿＿。

A. GB 4278　　B. GB 4728　　C. GB 2478　　D. GB 35478

25. 对国家职业标准表述不正确的是＿＿＿＿＿。

A. 它的依据是《劳动法》　　B. 它是以职业活动为导向的

C. 它是以职业技能为核心　　D. 它是以个人为核心

26. PCB 板表面绝缘电阻的检查方法是先在片状元件焊盘下设置＿＿＿＿＿测试图形。

A. A　　B. B　　C. Y　　D. M

27. 企业要做到文明生产，必须做到＿＿＿＿＿。

A. 开展职工技术教育　　B. 提高产品质量

C. 做好产品售后服务　　D. 提高职业道德素质

28. ________会在测量中引入仪表误差。

A. 仪表的挡位选择不正确　　B. 仪表的量程选择不正确

C. 仪表的摆放不正确　　D. 仪表的等级不够

29. 用晶体管特性图示仪测量三极管的直流参数，表述不正确的是________。

A. 三极管的直流参数不包括 h_{FE}　　B. 三极管的直流参数包括 I_{EBO}

C. 三极管的直流参数包括 I_{CEO}　　D. 三极管的直流参数包括 I_{CBO}

30. 复用电桥也叫________。

A. 音频电桥　B. 中频电桥　C. 高频电桥　D. 阻抗电桥

31. ________不会使三极管放大器静态工作点发生变化。

A. 温度影响　　B. 三极管参数变化

C. 元器件　　D. 信号特小

32. 消除放大器寄生振荡的办法是，首先________。

A. 找到正反馈的通路　　B. 找到负反馈的通路

C. 切断正反馈的通路　　D. 切断负反馈的通路

33. 数字式万用表在测量时，可采用________将高电压转换为低电压。

A. 分流电阻　B. 分压器　C. 整流器　D. 滤波器

34. 移位寄存器不包括________。

A. 左移位寄存器　　B. 右移位寄存器

C. 双向移位寄存器　　D. 代码寄存器

35. 已经归档的工艺文件需正式更改时，要________。

A. 填写更改通知单并通过会签才行

B. 填写更改通知单并通过领导批准才行

C. 通过领导批准就行

D. 填写更改通知单并通过会签后还要审核、批准才行

36. 指针万用表的红、黑表笔分别接被测二极管两管脚，读出阻值，表笔交换再交测，两次测量的阻值一大一小，则________。

A. 阻值大的一次，黑表笔接为二极管的正极

B. 阻值小的一次，黑表笔接为二极管的正极

C. 阻值大的一次，黑表笔接为二极管的负极

D. 不能确定二极管的正、负极性

37. 电子产品工艺文件一般以________。

A. 图为主　B. 文字为主　C. 简要说明为主　D. 符号为主

38. 示波器使用前应先将 Y 轴位移钮________。

A. 居左，AC/DC 置 AC　　B. 居中，AC/DC 置 DC

C. 居中，AC/DC 置 AC　　D. 居右，AC/DC 置 DC

39. 晶体管特性图示仪的三极管集电极扫描电压的频率是________Hz。

A. 10　B. 20　C. 50　D. 100

40. 电子产品实物装配图是以________为基础。

A. 实际元器件形状　　B. 实际元器件的绝对关系
C. 实际元器件颜色　　D. 实际元器件尺寸

41. ＿＿＿＿＿属于绝缘防护措施。
A. 电源开关接地　　B. 地面铺橡胶板
C. 降低电压　　D. 减低输出功率

42. 电子产品装配工况记录表真实地记录了具体实物的＿＿＿＿＿。
A. 逻辑连接　　B. 安装质量　　C. 加工状态　　D. 大小关系

43. 在实际工作中，文明生产主要是指＿＿＿＿＿。
A. 遵守职业道德　　B. 提高职业技能
C. 开展技术革新　　D. 降低产品成本

44. 对产品的内部电位器类的元件紧固，正确的选择是＿＿＿＿＿。
A. 平垫圈　　B. 弹簧垫圈　　C. 齿型垫圈　　D. 波型垫圈

45. 对 PCB 板洁净度目测检查方法＿＿＿＿＿。
A. 不用显微镜　　B. 用显微镜　　C. 用放大镜　　D. 用电子显微镜

46. 电子设备外壳防护国家标准为 IP55，它表示设备可以＿＿＿＿＿。
A. 防滴水　　B. 防淋水　　C. 防溅水　　D. 防喷水

47. 晶体管特性图示仪选择阶梯电压时，不要超过被测三极管＿＿＿＿＿。
A. 集电极最大功耗　　B. 集电极最大耐压
C. 基极最大功耗　　D. 基极最大耐压

48. 在整机装配安全要求中，以下错误的是＿＿＿＿＿。
A. 检修设备时先断开电源
B. 不用湿手触及电气元器件
C. 遇到较大体积电容器先检修再放电
D. 养成单手操作的电工习惯

49. 放大器的负反馈有＿＿＿＿＿种基本类型。
A. 2　　B. 3　　C. 4　　D. 5

50. 电子设备绝缘电阻测试时，表面潮湿会出现＿＿＿＿＿。
A. 泄漏大电流　　B. 泄漏小电流
C. 泄漏微小电流　　D. 泄漏电磁波

51. 印制电路板装配图＿＿＿＿＿。
A. 只有元器件位号，没有元器件型号
B. 有元器件型号，没有元器件位号
C. 有元器件型号和位号
D. 没有元器件型号和位号

52. 在万用表使用中，老打表针是因为＿＿＿＿＿。
A. 万用表太灵敏　　B. 万用表的电池电量太足
C. 万用表的挡位不合适　　D. 万用表的表笔电阻太小

53. 用晶体管特性图示仪进行测试时，三极管集电极功耗限制电阻分＿＿＿＿＿挡。

A. 3　B. 5　C. 7　D. 17

54. 使用电子计数器测频率，还可以测量＿＿＿＿＿＿。

A. 周期　B. 电流　C. 幅度　D. 电压

55. 多踪示波器可以利用＿＿＿＿＿＿实现多踪示波。

A. 电子开关或多束示波管　B. 多束示波管加多周期时钟

C. 同步触发　D. 多周期时钟

56. 使低频信号发生器输出电压范围可以在 0 ~ 5V 调节时，需要对输出衰减＿＿＿＿＿＿dB。

A. 0　B. 2　C. 5　D. 10

57. 高频信号发生器使用分压电缆可将信号衰减10倍，其输出阻抗为＿＿＿＿＿＿Ω。

A. 0　B. 4　C. 8　D. 16

58. 一般对电子设备，要求在输入交流电压（220 ± 10%）V、频率 50 Hz ± ＿＿＿＿＿＿Hz 时，设备应仍能正常工作。

A. 1　B. 2　C. 4　D. 8

59. 在调频信号发生器中，间接法是借助改变载波信号的＿＿＿＿＿＿达到调频的目的。

A. 幅度　B. 频率　C. 相位　D. 电压

60. 电子设备调试常用的电平指标有＿＿＿＿＿＿类。

A. 1　B. 2　C. 3　D. 4

61. 脉冲信号发生器有射频信号发生器与＿＿＿＿＿＿信号发生器两种。

A. 视频　B. 音频　C. 调频　D. 时钟

62. 绘制电路图一般不采用＿＿＿＿＿＿绘制方法。

A. 把复杂的电路分成单元　B. 串联的元件画在一条线上

C. 各元器件中心对齐　D. 从右到左、从上到下

63. 函数信号发生器用积分器将方波变成＿＿＿＿＿＿信号。

A. 正弦波　B. 钟形波　C. 三角波　D. 锯齿波

64. ＿＿＿＿＿＿属于调试工作的对象，它叫整件。

A. 偏转线圈　B. IC　C. 显像管　D. 主板

65. 对电子产品在仿真调试整各项功能时＿＿＿＿＿＿才可进行。

A. 不一定在整机完全组装完毕　B. 一定在整机完全组装完毕后

C. 一定有真实信号输入　D. 一定有真负载

66. 在电功率计算公式中，表述不正确的是＿＿＿＿＿＿。

A. 电压一定功率与电流正比　B. 电阻一定功率与电压平方正比

C. 电压一定功率与电阻正比　D. 电压一定功率与电阻反比

67. 分贝用＿＿＿＿＿＿代表。

A. AB　B. FB　C. dB　D. KB

68. 电路幅频特性失真原因是＿＿＿＿＿＿。

A. 信号基频幅度衰减　B. 信号基频幅度提升

C. 信号谐波幅度衰减　　D. 信号不同频率幅度衰减不同

69. 晶体管毫伏表________。

A. 使用前不要调零　　B. 测量时选择好接地点

C. 测量时要接地　　D. 测量时不接地

70. 信号相频失真的原因是________特性不理想。

A. 系统的传输函数时间　　B. 系统传输函数的振幅

C. 系统传输函数的相位　　D. 系统的非线性

71. 检查焊点是否虚焊最可靠办法是________。

A. 外观检查　　B. 看焊料用量

C. 重新焊一下　　D. 用镊子拉动管（引）脚

72. 555 时基电路内部的 R－S 触发器是由两个________门电路组成。

A. 与　　B. 与非　　C. 或　　D. 或非

73. ________会引起电路的谐波失真。

A. 电路中幅度调制　　B. 电路中频率调制

C. 电路中相位调制　　D. 电路中元器件的非线性

74. 串联型稳压电路中的调整管必须工作在________状态。

A. 导通　　B. 饱和　　C. 放大　　D. 截止

75. 一般不采用________进行幅频特性测量。

A. 多脉冲信号　　B. 扫频信号　　C. 多波群信号　　D. 多相位信号

76. ________有可能是干扰造成的。

A. 电视机的图像不同步　　B. 电视机图像中频特性变坏

C. 电视机没图像有声音　　D. 电视机没声音有图像

77. 对电路输入扫频信号会在输出得到响应包络，这是因放大电路________。

A. 高频特性不良　　B. 中频特性不良

C. 低频特性不良　　D. 对不同频率放大倍数不同

78. 对于矩形波通过电路时产生波形失真现象，正确的表述是________。

A. 高次谐波影响矩形波的顶部

B. 基波影响矩形波的边沿

C. 频率失真对于矩形波的影响大于相位失真

D. 相位失真对于矩形波的影响大于频率失真

79. 如果电阻器的阻值为 30 Ω，用万用表测量时，选择________挡测量结果比较准确。

A. $R\times1$　　B. $R\times10$　　C. $R\times100$　　D. $R\times1$ k

80. ________，叠加后成为驻波。

A. 两个振幅与频率相同的波在电路上方向相同

B. 两个振幅相同相位相同的波在电路上方向相反

C. 两个振幅相同的不相干波在电路上方向相

D. 两个振幅相同的相干波在电路上方向相反

二、判断题（判断正确的打“√”，错误的打“×”。每题1分，共20分）

1. 同事工作中有困难，你又有办法，应该放下自己的工作主动帮他（她）。（　）

2. 生产好了，职业道德建设自然也好。（　）

3. 在定性的仪器调试前要查仪器的合格证。（　）

4. 职业纪律一般来说有市场纪律、财经纪律和群众纪律。（　）

5. 仪表端庄是对从业人员的基本要求，代表企业的形象，应严格要求。（　）

6. 在晶体管毫伏表使用时，老打表针是因为该种仪表灵敏度太高。（　）

7. 交流电压的有效值与平均值之比叫功率因数。（　）

8. 断路检测法是采用割断印制电路的某一处，或者焊开某一元件，某一处接线来压缩故障判断范围的一种方法。（　）

9. 了解故障现象、进行分析、着手处理是对电子产品的故障排除的基本办法。（　）

10. 电子整机装配工艺过程应包括检验。（　）

11. 电子产品工艺文件中包括电路图。（　）

12. 在电路图上的元器件符号下角标，不能单独确定元器件的实际安装位置。（　）

13. 只有通过使用数字存储示波器，才可以观察到信号随时间变化的情况。（　）

14. 万用表使用完毕，应将挡位旋至交流电压最大挡。（　）

15. 接收机的接收频率取决于本振频率与中频的差值。（　）

16. 电子产品系统图的特点是非常简单明瞭。（　）

17. 烙铁质量差是导致电子产品焊点虚焊的主要原因。（　）

18. 直流稳压电源能向负载提供稳定的电压。（　）

19. 电子设备交流耐压测试不必在工作条件下进行。（　）

20. 在检测电视机时，应该选择电压灵敏度高的万用表。（　）

理论知识考核试卷答案

一、单项选择题

1. A　2. C　3. B　4. D　5. C　6. D　7. B　8. C　9. A
10. D　11. A　12. D　13. C　14. D　15. D　16. C　17. B　18. D
19. A　20. C　21. C　22. A　23. B　24. D　25. A　26. D　27. D
28. C　29. B　30. B　31. A　32. C　33. B　34. C　35. B　36. B
37. B　38. A　39. C　40. A　41. C　42. C　43. A　44. B　45. C
46. C　47. A　48. C　49. B　50. B　51. A　52. C　53. A　54. D
55. C　56. A　57. B　58. C　59. A　60. C　61. B　62. D　63. A
64. B　65. D　66. B　67. D　68. B　69. D　70. B　71. A　72. B
73. C　74. C　75. B　76. C　77. C　78. D　79. A　80. D

二、判断题

1. ×　2. ×　3. ×　4. ×　5. √　6. ×　7. ×　8. √　9. √　10. √
11. ×　12. √　13. ×　14. √　15. √　16. √　17. ×　18. √　19. ×
20. √

答案

操作技能考核试卷

试题 1　看电图找测试点

ZX－921 型超外差收音机电路图如卷图 1 所示。

（1）本题分值：10 分。

（2）考核时间：5 min。

（3）具体考核要求：根据卷图 1 找出测试点，并根据测试内容标出电路的相应测试点，标注正确，文字说明简单明瞭。

试题 2　确定调试方法

（1）本题分值：10 分。

（2）考核时间：5 min。

（3）具体考核要求：根据所调电路（卷图 1 所示电路）选择调试方法及调试步骤。

试题 3　用仪表进行通电故障排除

（1）本题分值：25 分。

（2）考核时间：60 min。

（3）具体考核要求：

1）在通电的情况下，凭借仪表检查电路（卷图 1 所示电路）短路、开路故障以及元器件好坏判断。

2）及时准确查出故障。

3）正确使用各种工具。

试题 4　调试电路性能指标

（1）本题分值：30 分。

（2）考核时间：60 min。

（3）具体考核要求：

1）根据工艺要求正确搭建调试环境。

2）根据工艺要求正确完成卷图 1 所示电路中三极管静态工作点调整，中频频率调整，接收频率范围调整以及灵敏度调整。

3）写出完整、规范的调试报告。

试题 5　辨析误差原因

（1）本题分值：10 分。

（2）考核时间：5 min。

（3）具体考核要求：

1）根据给定的一个有很大误差的调试过程，辨析误差原因与改进措施。

2）能够找出误差的原因。

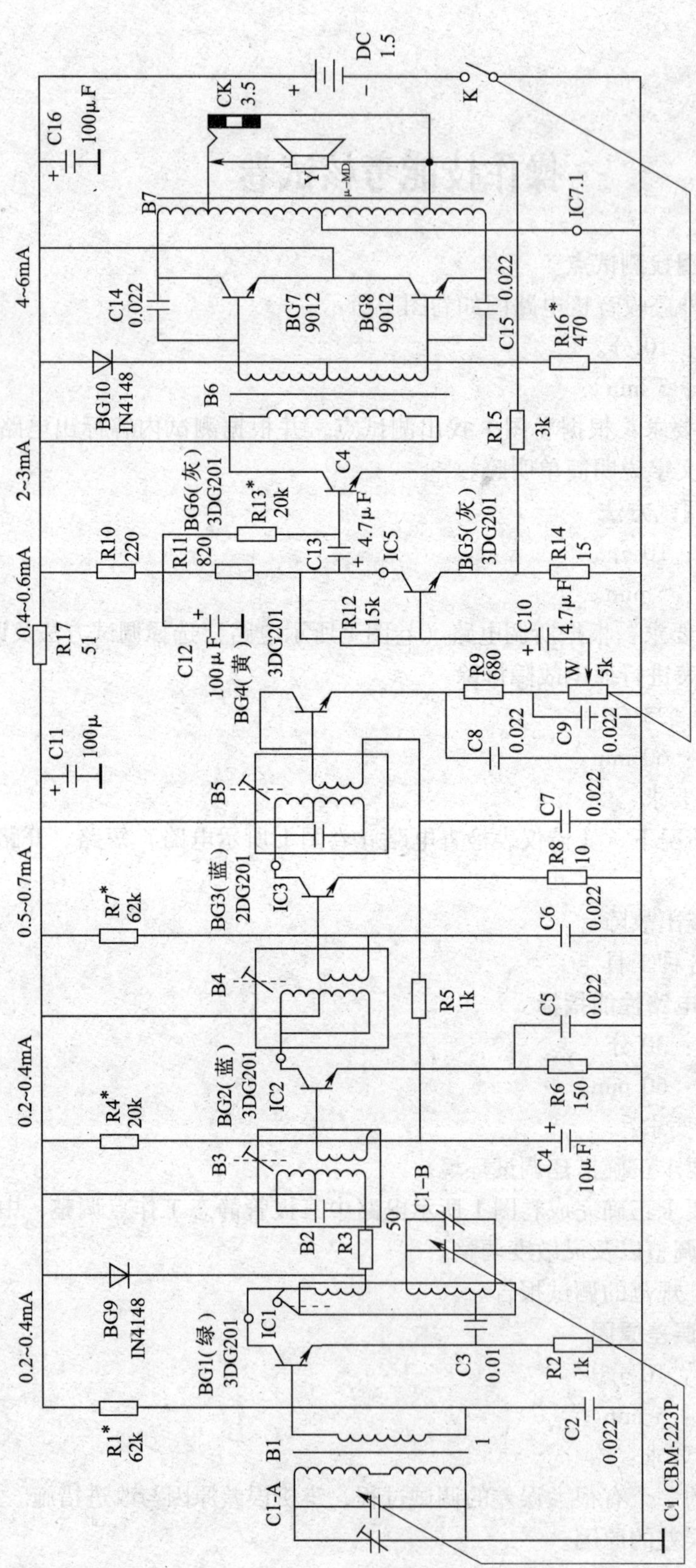

卷图1 ZX－921型超外差收音机电路图

3）能够分析误差的原因。

4）能够提出改进的措施。

试题 6　使用示波器

（1）本题分值：15 分。

（2）考核时间：15 min。

（3）具体考核要求：

1）仪器使用前的检查与调校。

2）测试正弦波形信号的周期并设定触发方式、扫描速度、垂直幅度。

3）正确对探头进行补偿调节。